고요하고 단단하게,
## 채근담

고요하고 단단하게,
# 채근담

홍자성 지음 · **최영환** 엮음

무너지지 않는 마음공부

RITEC
CONTENTS

프롤로그

## 채근담이란

『채근담(菜根譚)』은 명나라 시대 학자 홍자성(洪自誠)이 저술한 책으로 다양한 사상을 융합하여 인간의 도리와 삶의 지혜에 대해 말하고 있습니다. 이 책은 일상생활에서 실천할 수 있는 도덕적이고 철학적인 지침을 제시하며, 단순한 지식이 아닌 실제 삶에서 적용 가능한 방법들을 제시합니다. 또한, 짧은 격언과 철학적인 명언들로 구성되어 있어 고전을 처음 접하는 독자도 쉽게 이해하고 적용할 수 있습니다.

책의 제목인 『채근담』은 '채소 뿌리의 이야기'라는 뜻으로, 소박하고 검소한 삶을 지향하는 내용을 잘 나타냅니다. 『채근담』은 총 356편의 글로 구성되어 있으며, 각 글은 간결하지만 깊은 의미를 담고 있습니다.

『채근담』은 여러 가지 주제를 다루고 있는데, 그중에서도 어려운 상황에서도 자신을 단련하고 인내하는 것이 중요하다고 강조합니다. 또한, 마음의 평화를 유지하는 방법을 설명하며, 어떠한 상황에서도 흔들리지 않는 마음가짐을 가질 것을 주장합니다. 이는 불교의 참선(參禪), 유교의 수양(修養), 도교의 무위자연(無爲自然) 사상과도 일맥상통합니다.

또한, 『채근담』은 인간관계에서 성숙한 태도를 유지하는 방법을 제시합니다. 타인과의 관계 내에서 상호 존중과 배려를 잃지 않을 것을 강조합니다. 사람이 사회 속에서 올바르게 살아가기 위해서는 그 안에서 기준을 지키는 것이 중요하다는 것입니다.

### 현대인이 『채근담』을 읽어야 하는 이유

첫째로, 『채근담』은 마음의 평정을 유지하는 방법을 알려줍니다. 현대 사회는 스트레스와 불안이 많은 환경입니다. 치열한 경쟁으로 일상생활에서 많은 압박을 받는 현대인은 내면의 평화를 유지하는 것이 어렵습니다. 이때, 어려운 상황에서도 흔들리지 않는 마음가짐을 얻도록 도와주는 『채근담』의 가르침은 현대인이 스트레스를 관리하고, 더 평화롭고 안정된 삶을 살 수 있도록 도와줍니다.

둘째로, 현대 사회에서는 개인주의가 강해지면서 인간관계가 소홀해지는 경향이 있습니다. 따라서 사람 사이의 관계에서 상호 존중과 배려를 강조하는 『채근담』의 가르침은 삭막해진 현대 사회 속에서 우리에게 더 나은 인간관계를 맺는 발판을 마련할 수 있도록 해줍니다.

셋째로, 『채근담』은 현대인이 삶의 방향을 찾는 데 큰 도움을 줍니다. 현대 사회는 빠르게 변화하고 복잡해지며, 많은 이들이 삶의 방향을 잃고 방황합니다. 『채근담』은 이러한 사람들에게 인생의 기본적인 원칙과 도덕적 지침을 제공하여 안정된 삶을 살 수 있도록 도와줍니다. 또한, 이 책은 단순한 철학적 이론을 넘어 실제 생활에서 이를 적용할 수 있는 방법을 제공합니다.

넷째로, 『채근담』은 소박하고 검소한 삶의 가치를 강조합니다. 현대 사회는 물질주의와 소비주의가 만연하여, 많은 사람이 물질적인 풍요를 추구합니다. 그러나 이러한 삶의 방식은 종종 공허함과 불만족을 초래합니다. 『채근담』은 진정한 행복은 외부의 물질적인 것에서 오는 것이 아니라 내면의 평화와 만족에서 온다고 말합니다. 이러한 가르침은 현대인이 과도한 물질적 욕망을 줄이고, 더 만족스럽고 행복한 삶을 살 수 있도록 도와줍니다.

마지막으로, 『채근담』은 노력의 중요성을 강조합니다. 현대 사회는 즉각적인 만족을 추구하는 경향이 강합니다. 그러나 진정한 성취와 행복을 위해서는 시간이 걸리고 인내가 필요합니다. 『채근담』은 어려운 상황에서도 자신을 단련하는 것이 중요하다고 강조합니다. 이는 현대인이 장기적인 목표를 설정하고 이를 달성하기 위해 꾸준히 노력하는 데 큰 도움이 됩니다.

이처럼 『채근담』은 현대인에게 다양한 삶의 지혜와 가르침을 제공합니다. 이는 복잡하고 빠르게 변화하는 현대 사회에서 안정되고 행복한 삶을 살기 위한 중요한 지침서가 될 수 있습니다. 『채근담』을 통해 현대인은 마음의 평정을 유지하고, 더 나은 인간관계를 맺으며, 삶의 방향을 찾고, 소박하고 검소한 삶의 가치를 깨닫고, 노력의 중요성을 배울 수 있습니다.

### 이 책의 구성

『채근담』은 수백 년 동안 동아시아 지식인들에게 깊은 울림을 주어온 잠언집입니다. 채근담은 시대와 지역에 따라 다양한 판본(청대 주해본: 청나라 시기에 주석이 추가되어 널리 유통된 판본 전집 225편, 근대 통속본: 현대어로 약간 순화되거나, 간화자(简化字)로 표기됨)이 존재하지만, 이 책은 그중에서도 가장 정통성과 원형에 가까운 것으로 평가받는 명각본(明刻本)을 기준으로 삼아 번역과 에세이 형태의 설명을 추가하였습니다.

명각본은 명대 후기 간행된 초판 또는 초기 간행본으로, 전집 222편의 구절로 구성되어 있습니다. 이 전집은 일상의 삶 속에서 깨달음을 실천하는 '입세(入世)의 철학'을 중심으로, 우리가 세상 속에서 어떻게 처신해야 하는지를 가르쳐줍니다. 단순한 처세술이 아니라, 곧 내면의 기준을 잃지 않으며 세상을 살아가는 방법을 말합니다.

반면, 후대에 일부 판본에서 함께 전해진 후집 134편은 세상 속 삶을 넘어선, 한 차원 높은 개념을 담고 있습니다. 이는 '출세(出世)의 철학'이라 할 수 있는데, 자연과 그 안에서 흘러가는 삶의 고요함이 짙게 느껴집니다. 전집이 사람들 속에서 살아가는 태도를 말한다면, 후집은 한 걸음 물러나 자신을 관조하고 마음을 비우는 삶의 방식입니다. 그래서 후집은 단순한 보충이 아니라, 『채근담』이라는 수양서의 완결판이라 할 수 있습니다.

『채근담』은 늘 우리 각자에게 필요한 문장을 건넵니다. 특히 후집은 마흔 이후의 인생, 즉 삶의 유한함을 마주한 시점에서 '어떻게 살아야 후회 없는가'를 묻고 있습니다. 따라서 이 책은 그 물음에 귀 기울이고자 하는 이들을 위한 안내서입니다.

본문은 철학 에세이 형식으로 구성되었으며, 각 글의 하단에는 중국 고전 원문과 해석본을 별도로 수록하였습니다. 인문 고전에 대해서는 그 뜻을 곱씹고 사유하는 과정 그 자체가 공부이기 때문입니다.

이 책이 출간되기까지 기획 단계에서부터 수고해주신 출판사 관계자분들과 각종 조언 및 의견을 주신 지인 여러분들, 그리고 마지막으로 흔쾌히 도서 추천을 허락해주신 존경하는 스승님, 김형석 교수님에게도 다시 한번 감사 말씀을 드립니다.

최영환

차 례

프롤로그 … 4

## PART 1
# 마음을 다스리는 공부 _절제의 길

| | | |
|---|---|---|
| 001 | 잠깐의 외로움이 들려준 평온의 비밀 | … 28 |
| 002 | 투박한 마음의 품격 | … 29 |
| 003 | 하늘이 맑은 날, 마음도 그렇게 투명해질 수 있다면 | … 30 |
| 004 | 세상에 물들지 않는 단단한 중심 | … 31 |
| 005 | 쓴맛 속에 피어난 단단한 나 | … 32 |
| 006 | 오늘 내 마음의 날씨는 | … 33 |
| 007 | 담백하게 살아도 삶은 충분히 깊다 | … 34 |
| 008 | 고요 속에 머물고, 분주 속에 깨어 있기 | … 35 |
| 009 | 침묵 속 참된 나를 만나다 | … 36 |
| 010 | 기쁨이 유혹할 때, 고통이 다가올 때 | … 37 |
| 011 | 소박한 마음이 만드는 청명한 하루 | … 38 |
| 012 | 넓게 베푸는 이의 마음은 천천히 오래 남는다 | … 39 |
| 013 | 한 걸음 물러서면, 보이는 것들 | … 40 |
| 014 | 비워야 다다를 수 있는, 마음의 경지 | … 41 |
| 015 | 의로움과 순수함은 삶의 중심 | … 42 |
| 016 | 넘치지 않는 삶이 주는 고요한 위엄 | … 43 |
| 017 | 물러섬은 때론 강함이다 | … 44 |

| 018 | 공은 겸손으로, 죄는 뉘우침으로 덮는다 | 45 |
| 019 | 나눌 수 있는 빛, 감출 수 있는 그늘 | 46 |
| 020 | 여백을 남길 줄 아는 지혜 | 47 |
| 021 | 일상 속의 평범한 도(道) | 48 |
| 022 | 가장 고요한 순간에 살아 있는 힘 | 49 |
| 023 | 가르침의 거리, 꾸짖음의 무게 | 50 |
| 024 | 빛은 언제나 어둠의 끝에서 빛난다 | 51 |
| 025 | 비워낸 뒤 비로소 마주한 나 | 52 |
| 026 | 채움 끝에서 문득 찾아오는 깨달음 | 53 |
| 027 | 자연과 속세 사이의 현명한 삶 | 54 |
| 028 | 드러내지 않아도 향기는 남는다 | 55 |
| 029 | 균형 잡힌 마음, 조화로운 삶 | 56 |
| 030 | 처음의 다짐으로 끝까지 걷는 길 | 57 |
| 031 | 깊은 사람의 향기 | 58 |
| 032 | 고요함이 알려주는 삶의 중심 | 59 |
| 033 | 내려놓을 때 비로소 얻는 자유 | 60 |
| 034 | 과도한 영리함이 마음을 해친다 | 61 |
| 035 | 물러설 줄 아는 강함, 양보할 줄 아는 너그러움 | 62 |
| 036 | 보이는 태도보다, 그 안에 담긴 마음이 중요하다 | 63 |
| 037 | 진실된 사람이 남기는 이름 | 64 |
| 038 | 먼저 마음을 이겨야 세상도 이긴다 | 65 |
| 039 | 맑은 땅엔 맑은 씨앗을 심어야 한다 | 66 |
| 040 | 하나의 선택이 인생의 방향을 바꾼다 | 67 |
| 041 | 마음이 깊을수록 삶은 따뜻해진다 | 68 |

| 042 | 뜻이 분명하면 운명도 길을 비킨다 | … 69 |
| 043 | 고요함 속에서 마주하는 진짜 나 | … 70 |
| 044 | 물러서야 비로소 보이는 것들 | … 71 |
| 045 | 한마음으로 모이는 힘 | … 72 |
| 046 | 자비는 누구에게나, 아름다움은 어디에나 | … 73 |
| 047 | 유혹 앞에 서는 단단한 마음 | … 74 |
| 048 | 보이지 않는 기운이 인생을 만든다 | … 75 |
| 049 | 보이지 않는 데서 조짐은 시작된다 | … 76 |
| 050 | 덜 생각할수록 삶은 맑아진다 | … 77 |
| 051 | 지혜로운 사람은 중심을 잃지 않는다 | … 78 |
| 052 | 기억은 맑게, 잊음은 가볍게 | … 79 |
| 053 | 은혜는 따지지 않고, 마음은 잊지 않는다 | … 80 |
| 054 | 세상은 내 뜻대로 흐르지 않는다 | … 81 |
| 055 | 맑은 마음이 먼저여야 한다 | … 82 |
| 056 | 내 삶을 지키는 나만의 속도 | … 83 |
| 057 | 겉이 아닌 본질을 따르는 사람 | … 84 |
| 058 | 마음의 울림으로 삶을 회복하기 | … 85 |
| 059 | 기쁨 속 경계, 괴로움 속 가능성 | … 86 |

### PART 2

# 세상을 살아가는 지혜 _처세의 이치

| | | |
|---|---|---|
| 060 | 뿌리가 없으면 꽃은 오래 피지 못한다 | … 88 |
| 061 | 살아 있음은 말과 행동으로 드러난다 | … 89 |
| 062 | 치열함과 여유, 삶을 지탱하는 두 기둥 | … 90 |
| 063 | 진짜는 말없이 빛난다 | … 91 |
| 064 | 가득 채우기보다 비워야 흐른다 | … 92 |
| 065 | 밖보다 안을 다스리는 사람이 강하다 | … 93 |
| 066 | 밝은 빛 하나가 세상을 덮는다 | … 94 |
| 067 | 부족함 속의 충만함 | … 95 |
| 068 | 겉으로 드러낸 선은 때로는 악보다 못하다 | … 96 |
| 069 | 하늘조차 꺾지 못하는 굳센 마음 하나 | … 97 |
| 070 | 유연하게 마음을 다스리고 | … 98 |
| 071 | 기쁨은 복을 부르고, 분노는 화를 불러온다 | … 99 |
| 072 | 작은 실수에 공든 탑이 무너진다 | … 100 |
| 073 | 따뜻한 마음은 복이 머무는 자리 | … 101 |
| 074 | 우리가 걷는 길은 결국 마음의 방향 | … 102 |
| 075 | 단련된 끝에 비로소 오는 흔과 앎 | … 103 |
| 076 | 비우되 공허하지 않게 | … 104 |
| 077 | 너그러움이 깊이를 만든다 | … 105 |
| 078 | 깨어 있는 아픔이 더 강하다 | … 106 |
| 079 | 탐욕은 가장 먼저 인간성을 허문다 | … 107 |
| 080 | 마음을 지킬 때, 비로소 삶이 선다 | … 108 |

| 081 | 지키는 것이 결국 대비하는 것이다 | … 109 |
| 082 | 균형 위에 선 사람의 품격 | … 110 |
| 083 | 머무르지 않고 스쳐가는 마음 | … 111 |
| 084 | 절제의 선을 그리다 | … 112 |
| 085 | 궁핍 속에서도 잃지 않는 마음의 단정함 | … 113 |
| 086 | 보이지 않는 곳에서 쌓이는 진짜 힘 | … 114 |
| 087 | 생각 하나가 인생의 길을 바꾼다 | … 115 |
| 088 | 마음을 비추는 거울 | … 116 |
| 089 | 고요와 기쁨이 주는 진짜 얼굴 | … 117 |
| 090 | 내려놓고 베풀 때 비로소 덕이 된다 | … 118 |
| 091 | 하늘을 이기는 마음은 따로 있다 | … 119 |
| 092 | 무심한 자에게 깃드는 복 | … 120 |
| 093 | 마지막 순간이 모든 것을 말해준다 | … 121 |
| 094 | 지위가 아닌 덕으로 기억되는 사람 | … 122 |
| 095 | 받은 복은 지키고, 남길 복은 생각하라 | … 123 |
| 096 | 진심 없는 선행은 위선보다 악하다 | … 124 |
| 097 | 봄바람처럼 부드러운 가족의 온도 | … 125 |
| 098 | 마음이 둥글면 세상도 둥글게 보인다 | … 126 |
| 099 | 겸손 속에 숨은 곧음, 단단함 속의 여유 | … 127 |
| 100 | 역경은 약이 되고, 순탄함은 칼이 된다 | … 128 |
| 101 | 불꽃 속에서도 서늘한 마음을 잃지 마라 | … 129 |
| 102 | 진심은 조용히, 그러나 가장 멀리 간다 | … 130 |
| 103 | 완성은 자연스러움 속에 있다 | … 131 |
| 104 | 허상 너머에서 진실을 보다 | … 132 |

| | | |
|---|---|---|
| 105 | 절제된 마음에 평온한 하루를 만든다 | ··· 133 |
| 106 | 관계의 덕목, 덮어주는 마음 | ··· 134 |
| 107 | 가벼움과 무거움 사이의 균형을 걷다 | ··· 135 |
| 108 | 지금 이 순간, 단 한 번뿐인 삶 | ··· 136 |
| 109 | 은혜도, 원망도 흐르게 하라 | ··· 137 |
| 110 | 정점에서 가장 조심해야 한다 | ··· 138 |
| 111 | 소리 없이 퍼지는 선행의 힘 | ··· 139 |
| 112 | 순간의 이익보다 영원한 당당함을 | ··· 140 |
| 113 | 굽은 평화보다 진실한 곧음이 낫다 | ··· 141 |
| 114 | 가족에겐 부드럽게, 친구에겐 진솔하게 | ··· 142 |
| 115 | 진짜 영웅은 조용한 순간에 드러난다 | ··· 143 |
| 116 | 작은 진심이 깊은 인연을 만든다 | ··· 144 |
| 117 | 드러나지 않지만 힘 있는 지혜 | ··· 145 |
| 118 | 세상도 인생도 순환한다 | ··· 146 |
| 119 | 이치를 지킨다는 것은 멀리 보는 것이다 | ··· 147 |
| 120 | 한순간의 마음이 인생을 되돌린다 | ··· 148 |

### PART 3
# 운명과 시련을 대하는 자세 _역경 속의 도

| | | |
|---|---|---|
| 121 | 흔들릴 때 지켜야 할 마음의 법칙 | ··· 150 |
| 122 | 단점을 품고 완고함을 녹이는 지혜 | ··· 151 |
| 123 | 속은 깊게, 말은 조심히 다루라 | ··· 152 |

| | | |
|---|---|---|
| 124 | 분산과 집중 사이에서 균형을 찾다 | ⋯ 153 |
| 125 | 흐르는 감정, 멈추지 않는 마음 | ⋯ 154 |
| 126 | 욕망을 이겨내는 두 가지 내면의 힘 | ⋯ 155 |
| 127 | 침묵은 품격이고, 평정은 지혜다 | ⋯ 156 |
| 128 | 시련은 영혼을 단련하는 풀무와 망치 | ⋯ 157 |
| 129 | 작은 마음 하나가 우주를 움직인다 | ⋯ 158 |
| 130 | 해치지 않되 속지 않는다는 것 | ⋯ 159 |
| 131 | 고집을 벗고 원칙을 지키는 길 | ⋯ 160 |
| 132 | 조용한 분별, 깊은 관계의 시작 | ⋯ 161 |
| 133 | 위대함은 언제나 보이지 않는 곳에서 자란다 | ⋯ 162 |
| 134 | 가장 가까운 사이엔 계산이 필요 없다 | ⋯ 163 |
| 135 | 자랑이 없으면 비교도 멀어진다 | ⋯ 164 |
| 136 | 가장 아픈 상처는 가장 가까운 데서 온다 | ⋯ 165 |
| 137 | 공정함과 온정, 두 마음의 저울 | ⋯ 166 |
| 138 | 지나침은 모자람만 못하다 | ⋯ 167 |
| 139 | 보이지 않는 곳에 진짜 모습이 있다 | ⋯ 168 |
| 140 | 재능은 덕을 따라 흐른다 | ⋯ 169 |
| 141 | 물러날 길을 남겨두는 것이 지혜다 | ⋯ 170 |
| 142 | 함께 나눌 수 없는 것들 | ⋯ 171 |
| 143 | 말 한마디가 남기는 큰 울림 | ⋯ 172 |
| 144 | 차가운 눈과 따뜻한 마음의 균형 | ⋯ 173 |
| 145 | 큰 덕은 큰 그릇에 담긴다 | ⋯ 174 |
| 146 | 고요 속에서 깨어나는 진심 하나 | ⋯ 175 |
| 147 | 비난 대신 성찰을 택할 때 성장한다 | ⋯ 176 |

| 148 | 세월을 견디는 건 정신의 힘이다 | ... 177 |
| 149 | 지혜의 끝에서 겸허가 시작된다 | ... 178 |
| 150 | 진심과 융통성, 사람됨의 두 축 | ... 179 |
| 151 | 버림 속에서 닦음은 태어난다 | ... 180 |
| 152 | 생각 하나, 말 한마디, 발 한 걸음의 무게 | ... 181 |
| 153 | 기다림은 조급함을 이기는 가장 단단한 힘 | ... 182 |
| 154 | 기교보다 마음을 먼저 단련하라 | ... 183 |
| 155 | 물러설 줄 알고, 베풀 줄 아는 마음 | ... 184 |
| 156 | 맑은 벗과 나누는 깊은 말 한마디 | ... 185 |
| 157 | 바탕이 곧으면 길도 오래간다 | ... 186 |
| 158 | 나를 낮추지도, 높이지도 말고 중심에 머물라 | ... 187 |
| 159 | 진리는 일상 속에 숨 쉬고 있다 | ... 188 |
| 160 | 믿음은 나를 지키는 조용한 힘이다 | ... 189 |
| 161 | 마음은 봄바람처럼 따뜻해야 한다 | ... 190 |
| 162 | 보이지 않는 선과 악의 열매 | ... 191 |
| 163 | 오래될수록 새롭게, 약할수록 강하게 | ... 192 |
| 164 | 진짜 미덕이 흐려질 때 세상은 소란스러워진다 | ... 193 |
| 165 | 꾸준한 걸음의 힘 | ... 194 |
| 166 | 자신에겐 엄격하게, 타인에겐 너그럽게 | ... 195 |
| 167 | 자연스러움 속에 숨어 있는 특별함 | ... 196 |
| 168 | 은혜와 위엄, 그 균형의 리듬 | ... 197 |
| 169 | 비워야 진짜 마음이 드러난다 | ... 198 |
| 170 | 타인의 규정에 갇히지 않는 나 | ... 199 |
| 171 | 생명을 품는 마음, 사람됨의 시작 | ... 200 |

| | | |
|---|---|---|
| 172 | 감정은 흘러가야 한다 | ··· 201 |
| 173 | 고요할 땐 깨어 있고, 바쁠 땐 고요하라 | ··· 202 |
| 174 | 판단은 냉정하게, 실행은 담대하게 | ··· 203 |
| 175 | 권세 앞에서도 중심은 잃지 마라 | ··· 204 |
| 176 | 드러내지 않아도 스스로 빛나는 삶 | ··· 205 |
| 177 | 사람을 바꾸는 건 결국 진심이다 | ··· 206 |
| 178 | 한순간의 자비가 세상을 밝힌다 | ··· 207 |
| 179 | 무던한 덕이 소란한 세상을 잠재운다 | ··· 208 |

## PART 4

# 자연과 더불어 사는 삶 _세상을 초월한 미학

| | | |
|---|---|---|
| 180 | 참음은 삶을 지탱하는 가장 단단한 기둥이다 | ··· 210 |
| 181 | 외적 성취 없이도 충분히 사람답게 | ··· 211 |
| 182 | 고요는 준비된 마음 위에 온다 | ··· 212 |
| 183 | 지나침이 없을 때 남는 단단한 울림 | ··· 213 |
| 184 | 공정과 용서, 청렴과 절제의 길 위에서 | ··· 214 |
| 185 | 풍요 속에서도 겸손하게, 젊음 속에서도 연민을 품고 | ··· 215 |
| 186 | 포용은 지혜이고, 지나침은 경계다 | ··· 216 |
| 187 | 침묵 속의 품격, 거리를 둔 품위 | ··· 217 |
| 188 | 이치를 거스른 고집은 병을 낳는다 | ··· 218 |
| 189 | 깊은 수양은 느리게, 무겁게 다가온다 | ··· 219 |
| 190 | 달콤한 칭찬보다 쓴 꾸짖음이 더 큰 사랑이다 | ··· 220 |

| | | |
|---|---|---|
| 191 | 이익보다 무서운 것은 명예에 대한 집착이다 | ··· 221 |
| 192 | 은혜를 잊고 원망만 새기려는 마음을 경계하라 | ··· 222 |
| 193 | 험담은 드러나고, 아첨은 영혼을 해친다 | ··· 223 |
| 194 | 부드러운 자리에서 생명은 숨 쉬고 자란다 | ··· 224 |
| 195 | 융통성 있는 자만이 길을 열 수 있다 | ··· 225 |
| 196 | 세상 속을 살아가는 균형의 미학 | ··· 226 |
| 197 | 늦게 피는 꽃은 그 향도 오래 간다 | ··· 227 |
| 198 | 조용한 강함이 더 깊은 울림을 남긴다 | ··· 228 |
| 199 | 과하지 않은 덕이 가장 오래가는 빛 | ··· 229 |
| 200 | 흔들림 없이 중심을 지켜가는 사람 | ··· 230 |
| 201 | 겉이 아닌 속을 먼저 닦는 삶 | ··· 231 |
| 202 | 고통 속에서 길어 올린 기쁨 하나 | ··· 232 |
| 203 | 넘치기 전에 멈추는 지혜, 꾸러지기 전에 쉬는 용기 | ··· 233 |
| 204 | 냉정함 속에서 피어나는 통찰 | ··· 234 |
| 205 | 넓은 마음에 오래도록 복이 머문다 | ··· 235 |
| 206 | 경솔한 말 하나가 관계를 무너뜨린다 | ··· 236 |
| 207 | 고요한 마음은 복이 머무는 그릇이다 | ··· 237 |
| 208 | 까다롭지도 너그럽지도 않게 | ··· 238 |
| 209 | 위기와 유혹 앞에서도 흔들리지 않는 마음 | ··· 239 |
| 210 | 의로움엔 온화함을, 명예엔 겸손을 더하라 | ··· 240 |
| 211 | 엄정과 온화 사이, 균형의 미학을 걷다 | ··· 241 |
| 212 | 겸손과 신중함이 품격을 만든다 | ··· 242 |
| 213 | 비교의 방향이 마음의 평온을 가른다 | ··· 243 |
| 214 | 감정에 휩쓸리지 않는 삶의 중심 | ··· 244 |

| 215 | 내면을 보는 지혜 | ⋯ 245 |
| 216 | 하늘의 이치를 거스르는 교만을 경계하라 | ⋯ 246 |
| 217 | 지나친 생각이 걸음을 묶는다 | ⋯ 247 |
| 218 | 입은 침묵을 배우고, 생각은 경계를 배워라 | ⋯ 248 |
| 219 | 관용엔 평정이, 성찰엔 성장이 따르리라 | ⋯ 249 |
| 220 | 초심의 불꽃이 가능성의 크기를 결정한다 | ⋯ 250 |
| 221 | 두려움 없는 마음이 울타리를 만든다 | ⋯ 251 |
| 222 | 늦게 피어난 향기가 더 깊다 | ⋯ 252 |

## PART 5
# 마음을 비우는 공부 _백지의 여백에서

| 223 | 말없이 전하는 침묵의 지혜 | ⋯ 254 |
| 224 | 내면을 꿰뚫어 보는 깊은 지혜 | ⋯ 255 |
| 225 | 화려함은 스쳐가고, 본질만이 머문다 | ⋯ 256 |
| 226 | 바쁨은 내 안에서 시작된다 | ⋯ 257 |
| 227 | 기쁨은 멀리 있지 않고, 지금 여기 있다 | ⋯ 258 |
| 228 | 나를 깨우는 종소리 하나 | ⋯ 259 |
| 229 | 모든 존재가 어느 날 문득 스승이 된다 | ⋯ 260 |
| 230 | 빈손과 무명의 깨달음 | ⋯ 261 |
| 231 | 높고 투명한 마음을 지니라 | ⋯ 262 |
| 232 | 쾌락의 끝에는 허무만이 남는다 | ⋯ 263 |
| 233 | 한 치 마음에 담긴 무한한 세계 | ⋯ 264 |

| 234 | 허무 속에서 진실을 꿰뚫는 눈 | ⋯ 265 |
| 235 | 찰나 속의 가치는 허무하다 | ⋯ 266 |
| 236 | 고요 속에도 깨어 있으라 | ⋯ 267 |
| 237 | 지금 멈출 줄 아는 지혜 | ⋯ 268 |
| 238 | 고요함의 깊이를 알 때까지 | ⋯ 269 |
| 239 | 자유는 바로 곁에 있다 | ⋯ 270 |
| 240 | 넓은 하루를 걸으며, 깊은 마음을 품다 | ⋯ 271 |
| 241 | 덜어내고 남은 것의 진짜 무게 | ⋯ 272 |
| 242 | 삶을 완성시키는 내면의 단속 | ⋯ 273 |
| 243 | 화려함은 순간이고, 고요함은 길게 스민다 | ⋯ 274 |
| 244 | 구름과 달빛이 머무는 자리 | ⋯ 275 |
| 245 | 죽음을 생각할 때, 욕망은 저절로 식는다 | ⋯ 276 |
| 246 | 물러나는 자리에서 담백함이 꽃핀다 | ⋯ 277 |
| 247 | 평온 속에 길러야 할 내면의 중심 | ⋯ 278 |
| 248 | 세상의 저울 밖에서 사는 삶 | ⋯ 279 |
| 249 | 덜어낸 마음이 머무는 곳, 참된 평안의 자리 | ⋯ 280 |
| 250 | 앞으로 나설 땐, 물러날 길도 생각하라 | ⋯ 281 |
| 251 | 만족을 아는 마음이야말로 가장 큰 부유함 | ⋯ 282 |
| 252 | 드러냄보다 숨김이, 능숙함보다 단순함이 더 깊다 | ⋯ 283 |
| 253 | 스스로 만족하는 마음엔 하늘이 머문다 | ⋯ 284 |
| 254 | 흔들림 없이 흐르는 물처럼 살아가기 | ⋯ 285 |
| 255 | 담백함 안에 숨어 있는 진정한 기쁨 | ⋯ 286 |
| 256 | 무심 속에서 피어나는 지혜 | ⋯ 287 |
| 257 | 흐름 속에서도 고요를 찾고, 고요 속에서도 길을 걷다 | ⋯ 288 |

| | | | |
|---|---|---|---|
| 258 | 마음이 만든 천국과 고해 | … | 289 |
| 259 | 고요함 속에서 피어나는 기억의 등불 | … | 290 |
| 260 | 고요함이 열어주는 자유의 문 | … | 291 |
| 261 | 담백함이 고상함을 낳는다 | … | 292 |
| 262 | 세속 속의 초월, 마음속의 깨달음 | … | 293 |
| 263 | 고요한 마음이야말로 가장 흔들리지 않는 것 | … | 294 |
| 264 | 고요 속에서 우주의 숨결을 듣다 | … | 295 |
| 265 | 욕망을 내려놓은 자는 세속도 두렵지 않다 | … | 296 |
| 266 | 풍경에 기대어 흐트러진 마음을 다스리다 | … | 297 |
| 267 | 가을의 고요 속에서 마음은 정화된다 | … | 298 |

### PART 6

# 세상을 비추는 눈 _속세를 초월한 관조

| | | | |
|---|---|---|---|
| 268 | 배움을 넘어 깨달음으로 스며들다 | … | 300 |
| 269 | 마음으로 보는 진짜 세상 | … | 301 |
| 270 | 무심의 경지에서 만나는 흔들림 없는 자유 | … | 302 |
| 271 | 있는 그대로를 바라보는 투명한 시선 | … | 303 |
| 272 | 시듦 속에 숨은 가치 | … | 304 |
| 273 | 고요는 바깥이 아닌 마음 깊은 곳에 있다 | … | 305 |
| 274 | 가볍게 살아야 더 깊은 평안을 얻는다 | … | 306 |
| 275 | 자연 속에서 이루어지는 가장 순수한 공부 | … | 307 |
| 276 | 자연스러움과 자유로움 속에 깃든 조화 | … | 308 |

| 277 | '나'라는 착각에서 벗어날 때 | ⋯ 309 |
| 278 | 노인의 눈으로 젊음을 볼 때 | ⋯ 310 |
| 279 | 흐름 속에 나를 놓고, 집착을 내려놓다 | ⋯ 311 |
| 280 | 내면의 균형이 주는 지혜 | ⋯ 312 |
| 281 | 소박함이 지켜주는 깊은 평안 | ⋯ 313 |
| 282 | 자연과 나의 경계를 허물다 | ⋯ 314 |
| 283 | 성공보다 생명, 소유보다 여유 | ⋯ 315 |
| 284 | 달빛도 물을 흔들지 않는다 | ⋯ 316 |
| 285 | 자연은 침묵으로 가르치는 스승 | ⋯ 317 |
| 286 | 아무리 채워도 비어 있는 마음의 골짜기 | ⋯ 318 |
| 287 | 고요한 마음 위에 푸른 싹이 피어난다 | ⋯ 319 |
| 288 | 스스로에게 돌아가는 가장 조용한 길 | ⋯ 320 |
| 289 | 바람도 물도 의식하지 않는 진짜 자유 | ⋯ 321 |
| 290 | 폐허 위에서 시간은 교훈을 남긴다 | ⋯ 322 |
| 291 | 흔들림 없이 흐름을 따르는 삶 | ⋯ 323 |
| 292 | 잘못된 욕망과 지혜의 중요성 | ⋯ 324 |
| 293 | 얻고도 놓지 못하는 마음을 놓아야 할 때 | ⋯ 325 |
| 294 | 냉정함은 욕망을 녹이는 불꽃이다 | ⋯ 326 |
| 295 | 진정한 기쁨은 본질에 있다 | ⋯ 327 |
| 296 | 욕망이 사라진 마음, 달빛처럼 맑다 | ⋯ 328 |
| 297 | 조용한 걸음에서 피어나는 시심(詩心) | ⋯ 329 |
| 298 | 오래 엎드린 자만이 가장 높이 난다 | ⋯ 330 |
| 299 | 끝에 이르러 비로소 드러나는 진실 | ⋯ 331 |
| 300 | 텅 비지도, 가득 차지도 않은 진실의 자리 | ⋯ 332 |

| 301 | 마음의 무게가 곧 삶의 무게다 | … 333 |
| 302 | 다 겪고 나면 조용히 웃을 수 있다 | … 334 |
| 303 | 무념은 애써 구하지 않아도 스며드는 것 | … 335 |
| 304 | 자연스러움 속에서 피어나는 참된 아름다움 | … 336 |
| 305 | 맑은 마음 하나가 수행의 전부다 | … 337 |
| 306 | 비워낸 자리에서 피어나는 향기 | … 338 |
| 307 | 속세 속에서 발견한 진리, 진흙 속에서 건진 옥 | … 339 |
| 308 | 옳고 그름을 넘어선 시선 | … 340 |
| 309 | 소박함 속에 숨어 있는 진짜 맛 | … 341 |
| 310 | 극락세계는 마음 안에 있다 | … 342 |
| 311 | 단순한 것들이 보여주는 진짜 풍경 | … 343 |
| 312 | 고요함 속에서 다시 깨어나는 나 | … 344 |

## PART 7
# 자연과 하나 된 삶 _삶의 해탈

| 313 | 수렴과 방임 사이에서 찾는 균형의 길 | … 346 |
| 314 | 마음은 자연을 비추는 거울이다 | … 347 |
| 315 | 서툰 것이야말로 진심을 담는 그릇 | … 348 |
| 316 | 내 마음의 주인이 되는 단단한 걸음 | … 349 |
| 317 | 비워낼수록 더 단단해지는 고요의 힘 | … 350 |
| 318 | 꾸밈없는 삶이 주는 맑고 자유로운 기쁨 | … 351 |
| 319 | 태어나기 전, 사라진 뒤의 나를 묻는다 | … 352 |

| 320 | 행복 속의 위험, 삶 속의 죽음을 아는 지혜 | ··· 353 |
| 321 | 막이 내린 뒤에 남는 것의 의미 | ··· 354 |
| 322 | 고요한 사람들만의 세계 | ··· 355 |
| 323 | 소박함이 열어주는 첫 번째 깨달음의 문 | ··· 356 |
| 324 | 차별 없이 바라보는 지혜로운 시선 | ··· 357 |
| 325 | 떠날 줄 아는 자, 머물지 않는 자의 지혜 | ··· 358 |
| 326 | 고요로 지키고, 세속 속에서 단련돼라 | ··· 359 |
| 327 | 고요에 머물지 말고, 놓아라 | ··· 360 |
| 328 | 자연 안에서 깨어나는 마음의 빛 | ··· 361 |
| 329 | 구름 머무는 그 자리에 마음도 쉰다 | ··· 362 |
| 330 | 한 생각이 운명을 가르고, 삶을 바꾼다 | ··· 363 |
| 331 | 자연의 흐름, 그 사이의 길을 걷다 | ··· 364 |
| 332 | 마음이 쉬는 곳이 곧 고요한 산이다 | ··· 365 |
| 333 | 마지막 순간, 다시 피어나는 뜻 하나 | ··· 366 |
| 334 | 고요한 마음에 울리는 세상의 진짜 소리 | ··· 367 |
| 335 | 자연 안에서 깨어나는 본래의 나 | ··· 368 |
| 336 | 넓은 마음이 만들어 내는 가벼운 세상 | ··· 369 |
| 337 | 욕망을 다스리는 자가 세속을 초월한다 | ··· 370 |
| 338 | 세속을 넘어가려면 먼저 나를 내려놓아야 한다 | ··· 371 |
| 339 | 고요와 분주함 사이, 삶의 중심을 지키는 법 | ··· 372 |
| 340 | 고요한 마음이 비추는 세상의 진실 | ··· 373 |
| 341 | 기쁨과 근심을 함께 건너는 지혜 | ··· 374 |
| 342 | 비움이야말로 평온의 첫걸음 | ··· 375 |
| 343 | 속세를 탓하기 전에 마음을 먼저 돌아보라 | ··· 376 |

| 344 | 반쯤 피었기에 더욱 아름다운 것들 | ··· 377 |
| 345 | 세상에 물들지 않는 향기를 품고 살다 | ··· 378 |
| 346 | 풍경 너머에서 찾는 조용한 즐거움 | ··· 379 |
| 347 | 맑게 살아가는 단단한 품격 | ··· 380 |
| 348 | 분수 밖의 복은 결국 덫이 된다 | ··· 381 |
| 349 | 실을 쥔 자가 삶의 방향을 정한다 | ··· 382 |
| 350 | 고요함은 가장 크고 깊은 공(功)이다 | ··· 383 |
| 351 | 극단은 언제나 또 다른 극단을 부른다 | ··· 384 |
| 352 | 한가운데 있으면서도 마음은 바깥에 머무는 법 | ··· 385 |
| 353 | 덜어냄에서 시작되는 비움의 철학 | ··· 386 |
| 354 | 마음의 얼음과 불을 다스릴 때, 봄은 스스로 온다 | ··· 387 |
| 355 | 모자람 속에 숨겨진 충만의 미덕 | ··· 388 |
| 356 | 흐름에 순응하며, 제자리에 머무는 기술 | ··· 389 |

에필로그 ··· 390

PART
1

# 마음을 다스리는 공부
_절제의 길

#내면수양 #겸손 #욕심 #절제

『채근담』의 핵심인 "마음을 다스리고 덕을 기르는 삶"에 대한 가르침이 펼쳐집니다.
마음의 평정, 성찰, 정직함 등 내면수양을 이야기합니다.

## 001
# 잠깐의 외로움이 들려준
# 평온의 비밀

　우리는 자주 선택의 갈림길에 놓입니다. 지금 당장의 편안함을 좇을 것인가, 아니면 오래도록 지킬 수 있는 가치를 따를 것인가. 권세를 좇는 삶은 겉보기에 화려해 보이지만, 그것이 사라진 뒤엔 허무와 후회만이 남습니다.

　반면, 도덕과 원칙을 지키는 삶은 처음엔 외롭고 때론 불이익을 감수해야 하지만, 시간이 지나면 흔들림 없는 평온과 존경이 따라옵니다.

　진정으로 지혜로운 사람은 순간의 외로움에 굴복하지 않고, 긴 흐름 속에서 스스로를 지켜낼 줄 아는 사람입니다. 삶의 진정한 무게는 겉이 아니라 내면에서 드러나는 법입니다.

**전집 001**
棲守道德者、寂寞一時；依附權勢者、淒涼萬古。故達人觀物外之物、思身後之身、寧受一時之寂寞、毋取萬古之淒涼。
도덕을 지키며 사는 사람은 한때 외로울 수 있습니다. 그러나 권력에 기대어 사는 사람은 영원히 쓸쓸할 수 있습니다. 그러므로 현명한 사람은 눈앞의 이익 너머를 바라보고, 죽은 뒤의 삶까지 생각합니다. 차라리 잠깐의 외로움을 감수할지언정, 영원한 쓸쓸함을 선택하지 않습니다.

## 002

## 투박한 마음의 품격

세상을 많이 겪을수록 눈치와 계산에 익숙해지고, 마음은 점차 복잡해지기 쉽습니다. 반면, 순수하고 진실한 사람은 흔히 세상 물정을 모른다며 부족하다고 여겨지곤 합니다.

세련된 삶이 꼭 바람직한 것은 아닙니다. 때로는 투박하고 어설퍼 보여도 순박한 진심이 더 귀하고, 지나친 조심보다는 자유로운 태도가 오히려 삶을 건강하게 만듭니다.

복잡함은 인간관계를 피로하게 만들고, 지나친 계산은 진심을 해치게 됩니다. 차라리 단순하게 살아가는 사람이 다른 이의 마음을 얻고, 자신도 편안할 수 있습니다. 꾸미지 않은 솔직한 태도가 오히려 세상을 더 깊이 이해하게 만드는 법입니다.

**전집 002**
涉世淺、點染亦淺 ; 歷事深、機械亦深。故君子與其練達、不若樸魯 ; 與其曲謹、不若疏狂。
세상을 적게 겪은 사람은 물들어도 얕아 보이고, 많은 일을 겪은 사람은 마음속 셈법도 깊어집니다. 그래서 현인은 지나치게 세련되기보다는 차라리 투박하고 어수룩하며, 지나치게 조심스럽기보다는 차라리 솔직하고 자유롭습니다.

## 003

## 하늘이 맑은 날, 마음도 그렇게 투명해질 수 있다면

정직한 사람의 마음은 숨길 것이 없습니다. 이는 곧 현인의 마음은 음지에 머무르지 않고, 언제나 맑게 드러나 있다는 뜻입니다.

오늘날에도 진실한 태도는 가장 강력한 신뢰의 근거가 됩니다. 누군가가 말과 행동에서 꾸밈이 없고 마음이 명료하다면, 그 사람은 자신을 내세우지 않아도 자연스럽게 존중받습니다.

진정한 품격은 조심스럽게 숨기는 것이 아니라, 누가 보아도 분명한 모습에서 나옵니다. 복잡한 세상일수록 진심은 더 빛을 발합니다.

---

**전집 003**
君子之心事、天青日白、不可使人不知。君子之才華、玉韞珠藏、不可使人易知。
현인의 마음과 생각은 하늘이 푸르고 해가 밝은 것처럼 투명하고 당당해야 하며, 사람들이 모를 수 없을 만큼 분명하고 정직해야 합니다.

## 004

# 세상에 물들지 않는 단단한 중심

　세상의 부귀와 화려함은 쉽게 사람의 마음을 흔듭니다. 이를 멀리하며 청렴을 지키는 것도 훌륭하지만, 더 어려운 일은 그 한가운데서도 물들지 않는 것입니다.

　세속적인 이익 앞에서도 흔들리지 않고, 자신의 기준과 가치를 지켜내는 사람, 그 사람의 침착함과 단단함은 조용한 감동으로 다가옵니다.

　복잡한 세상일수록 바깥을 단절하는 것보다 내면을 다스리는 일이 더 어렵고 중요합니다. 외부로부터 자신을 막는 깨끗함보다 안에서 지키는 고요한 절제가 더 깊은 품격을 드러냅니다.

---

**전집 004**
勢利紛華, 不近者為潔, 近之而不染者為尤潔; 智械機巧, 不知者為高, 知之而不用者為尤高。
부귀와 화려함을 멀리하는 사람은 깨끗한 사람이고, 그것을 가까이하면서도 물들지 않는 사람은 더욱더 지조가 있는 사람입니다.

## 005
# 쓴맛 속에 피어난 단단한 나

삶에서 마주하는 불편한 말, 마음을 거스르는 일들은 때론 우리를 성장시키는 가장 좋은 연마제가 됩니다. 듣기 좋은 말만 들으며, 늘 기분 좋은 일만 겪는 삶은 그럴듯해 보일지 몰라도, 결국 자아를 성장시키지 못하고, 삶의 깊이만 얕아질 뿐입니다.

말 한마디에도 사건 하나에도 내면이 흔들릴 때, 그것을 되돌아보며 다듬는 과정이야말로 참된 수양입니다. 달콤함만 좇는 삶은 결국 인생을 망치는 독이 되고, 쓴맛을 견디는 삶은 결국 단단한 지혜를 남깁니다.

전집 005
耳中常聞逆耳之言, 心中常有拂心之事, 纔是進德修行的砥石。若言言悅耳、事事快心, 便把此生埋在鴆毒中矣。
귀에 거슬리는 말을 자주 듣고, 마음을 불편하게 하는 일을 자주 겪는 것이야말로 덕을 닦고 수양하는 숫돌이 됩니다. 만약 듣는 말마다 기분 좋고, 겪는 일마다 만족스럽기만 하다면, 그 삶은 이미 독약 속에 묻힌 것이나 다름없습니다.

## 006

# 오늘 내 마음의 날씨는

자연은 우리 삶을 비추는 거울입니다. 자연에서 바람이 거세게 불고 비가 내리면 새들도 불안에 떨고, 햇빛이 맑고 바람이 부드러우면 풀과 나무조차 환하게 웃습니다.

우리의 마음도 이와 다르지 않습니다. 한 사람의 마음에 온화한 기운이 깃들면 주변도 따뜻해지고, 그 안에 기쁨이 살아 있으면 삶 전체가 생기를 되찾습니다.

하루를 살더라도, 온화한 마음과 작은 기쁨을 놓치지 않아야 합니다. 화창한 날을 바라는 것처럼 마음의 날씨 또한 우리가 가꿔야 할 중요한 풍경 중 하나입니다.

---

**전집 006**
疾風怒雨, 禽鳥戚戚 ; 霽日光風, 草木欣欣。可見天地不可一日無和氣, 人心不可一日無喜神。
거센 바람과 사나운 비가 몰아치면 새들도 슬픔에 젖고, 맑은 햇살과 부드러운 바람이 불면 풀고·나무도 기쁨에 찹니다. 하늘과 땅도 하루라도 온화한 기운이 없으면 안 되듯, 사람의 마음도 하루라도 기쁨의 기운이 사라져서는 안 됩니다.

## 007

# 담백하게 살아도 삶은 충분히 깊다

자극적인 맛이 일시적인 즐거움을 줄 수는 있어도, 오래도록 마음에 남는 참된 맛이 되지는 못합니다. 진정한 맛은 오히려 심심한 듯 담백한 것에서 나옵니다.

사람도 마찬가지입니다. 기이하고 눈에 띄는 재능보다 조용히 제 자리를 지키며 평범한 일상을 성실히 살아내는 사람이야말로 진정으로 깊은 인물입니다.

삶의 본질은 화려함보다 조화에 있고, 진정성은 강렬함보다 담백함 속에 있습니다.

---

전집 007
醲肥辛甘非眞味、眞味只是淡 ; 神奇卓異非至人、至人只是常。
진하고 기름지고 자극적인 맛은 참맛이 아니며, 참된 맛은 담백한 데 있습니다. 신비롭고 뛰어난 사람이 참된 사람은 아니며, 반드시 참된 사람은 오히려 평범한 이들 속에 있습니다.

## 008

# 고요 속에 머물고, 분주 속에 깨어 있기

겉으로는 고요히 보이는 자연도 그 안에서는 끊임없이 생명력이 움직이고 있습니다. 밤낮으로 소리 없이 달리는 해와 달처럼, 진리는 조용히 제 자리를 지키며 흐릅니다. 이처럼 우리 삶도 외적인 분주함과 내적인 고요함이 조화를 이루어야 합니다.

한가한 순간에도 느슨해지지 않고 마음을 다잡는 자세, 바쁜 와중에도 스스로를 돌아볼 여유를 지닌 태도야말로 현명한 사람의 길입니다.

진정한 평정심은 한가함 속에 깃든 긴장감과 바쁨 속에 숨겨진 여유에서 비롯됩니다.

**전집 008**
**天地寂然不動, 而氣機無一息少停; 日月晝夜奔馳, 而貞明則萬古不易. 故君子閒時要有喫緊的心思, 忙處要有悠閒的趣味.**
하늘과 땅은 고요하고 움직이지 않는 듯하지만, 그 안의 기운은 한순간도 쉬지 않고 흐르고 있습니다. 해와 달은 밤낮으로 달리지만, 그 밝음과 바름은 영원히 변하지 않습니다. 그러므로 현인은 한가할 때도 긴장을 잃지 말아야 하고, 바쁠 때도 여유를 즐길 줄 알아야 합니다.

## 009

# 침묵 속 참된 나를 만나다

세상이 조용해지는 밤, 혼자 앉아 자신의 마음을 바라보는 순간은 가장 진실에 가까워지는 시간입니다. 번잡한 생각들이 멈추고 나면, 마음속 깊은 곳에 감춰진 참된 자아가 서서히 모습을 드러냅니다.

그 깨달음은 우리에게 삶의 본질에 대한 깊은 통찰을 선물합니다. 그와 동시에 참됨 앞에서 우리는 여전히 남아 있는 허위와 집착을 직면하게 됩니다. 그때 자신의 부족함을 부끄러워하고, 다시 마음을 다잡으려는 겸허함이 생겨납니다.

고요함 속의 자아성찰은 깨달음과 반성이라는 두 가지 선물을 동시에 선사합니다.

---

전집 009
夜深人靜, 獨坐觀心, 始覺妄窮而眞獨露, 每於此中得大機趣; 旣覺眞現而妄難逃, 又於此中得大慚忸.
밤이 깊고 세상이 고요할 때 홀로 앉아 마음을 들여다보면, 허망한 생각이 끝나고 참된 마음이 비로소 드러납니다. 그 가운데서 크고 깊은 깨달음을 얻게 됩니다. 하지만 참된 본심이 드러난 뒤에도 망상이 쉽게 사라지지 않음을 알게 되면, 또한 그 속에서 깊은 부끄러움과 참회 또한 일어납니다.

## 010

## 기쁨이 유혹할 때, 고통이 다가올 때

인생에서 가장 경계해야 할 순간은 의외로 기쁨이 클 때입니다. 모든 것이 순조롭고 원하는 대로 이루어질 때, 사람은 자만에 빠지기 쉽고, 자만이 뜻하지 않은 해를 부르기도 합니다.

반대로, 실패하고 낙담한 순간은 의외의 전환점이 될 수 있습니다. 고통의 자리에서 견디며 물러서지 않는다면, 그 자리에서 다시 희망이 움틀 수 있습니다.

인생은 늘 우리의 예측을 벗어나며, 진정한 성숙은 이 기대 밖의 변화를 받아들이는 데서 비롯됩니다.

**전집 010**
恩裏由來生害, 故快意時, 須早回頭 ; 敗後或反成功, 故拂心處, 莫便放手。
은혜 속에서도 때로는 해로움이 생기기 마련이니, 일이 잘 풀리고 마음이 흐뭇할 때일수록 조심스럽게 돌아볼 줄 알아야 합니다. 실패가 도리어 성공의 씨앗이 될 수 있으니, 일이 뜻대로 되지 않는다고 너무 쉽게 포기해서는 안 됩니다.

## 011

# 소박한 마음이 만드는 청명한 하루

화려한 환경이 반드시 사람을 고귀하게 만드는 것은 아닙니다. 오히려 검소한 삶 속에서 진정한 품격이 자랍니다. 소박한 식사, 평범한 옷차림으로도 흔들리지 않는 자존과 청렴을 가져올 수 있습니다.

반대로 호화로운 환경은 쉽게 사람의 마음을 흐리게 만들고, 타인에게 굽신거리며 자신의 존엄을 잃게 만들 수 있습니다.

삶의 겉모습보다 내면의 지조를 더 귀하게 여겨야 합니다. 맑은 뜻은 담백한 마음에서 비롯되며, 굳센 절개는 검소한 삶에서 길러지는 법입니다.

**전집 011**
藜口莧腸者、多冰淸玉潔；袞衣玉食者、甘婢膝奴顔。蓋志以澹泊明、而節從肥甘喪也。
나물로 입을 달래고 된장국으로 배를 채우는 사람은 대체로 마음이 맑고 깨끗합니다. 비단옷을 입고 호화로운 음식을 즐기는 사람은 아첨하고 굽신거리는 데 익숙합니다. 이는 곧 뜻은 소박함 속에서 더욱 분명해지고, 절개는 사치 속에서 쉽게 무너진다는 의미입니다.

## 012

# 넓게 베푸는 이의 마음은
# 천천히 오래 남는다

인생은 지금 눈앞의 이익을 독점하는 것이 아니라 함께 나눌 때 빛이 납니다. 누군가를 배제하거나 억울하게 만들지 않도록 마음의 밭을 넓게 쓰는 사람은 자연스럽게 신뢰를 얻고, 그 존재만으로도 주변에 온기를 남깁니다.

또한, 자신의 은혜가 사라지지 않고 오랫동안 흐르도록 하는 사람은 떠난 뒤에도 이 세상에 따뜻한 기억을 남깁니다.

베풂이란 단순한 시혜가 아니라, 긴 시간에 걸쳐 흐르는 울림입니다. 앞을 향한 여유와 뒤를 위한 배려가 곧 사람됨의 깊이를 갈해 줍니다.

**전집 012**
面前的田地要放得寬、使人無不平之歎;身後的惠澤要流得長、使人有不匱之思。
앞에 있는 마음의 밭 넓게 베풀어 누구도 억울하다고 느끼지 않게 하고, 뒤에 남길 은혜는 오래도록 흐르게 하여 사람들 마음에 결핍이 없도록 해야 합니다.

## 013

# 한 걸음 물러서면, 보이는 것들

인생의 여정은 넓은 길보다 오히려 비좁은 골목을 지나듯 복잡하고 겹겹이 얽혀 있습니다. 그럴수록 한 걸음 물러서서 남에게 자리를 양보하는 마음이 진정한 평화를 만듭니다.

또한, 나를 위한 욕망만을 가득 채우기보다는 작은 기쁨도 조금 덜어 함께 나누는 것이 인생을 더욱 깊고 풍요롭게 만듭니다.

남을 배려하는 것은 결코 손해가 아닙니다. 오히려 내 마음의 여유를 지키고, 인간관계를 부드럽게 흐르게 하는 지혜입니다.

---

전집 013
徑路窄處、留一步與人行；滋味濃的、減三分讓人嗜。此是涉世一極安樂法。
길이 좁은 곳에서는 한 걸음 물러서 남이 지나갈 자리를 내어주고, 맛있는 음식은 세 조각쯤 덜어 다른 이가 즐기게 해야 합니다. 이것이 세상을 편안히 살아가는 하나의 가장 지혜로운 방법입니다.

## 014
## 비워야 다다를 수 있는, 마음의 경지

인생의 가치는 눈에 띄는 성취에만 있지 않습니다. 호려한 성공이나 높은 자리를 추구하지 않더라도, 속세의 욕망과 감정에서 벗어나는 순간, 그 사람은 이미 품격 있는 삶을 살아가는 것입니다.

마찬가지로, 학문도 방대한 지식의 축적과 같이 마음을 얽매는 세속적 욕심을 덜어낼 때 비로소 깊이에 다다릅니다.

덜어냄은 비움이 아니라 깊어짐이며, 놓아버림은 포기가 아니라 자유입니다. 내면을 정리하고 단순함을 추구하는 삶은 결국 가장 고귀한 성취로 우리를 이끕니다.

**전집 014**
作人無甚高遠事業、擺脫得俗情、便入名流; 爲學無甚增益工夫、減除得物累、便超聖境。
사람됨에 있어 반드시 거창하고 위대한 일을 이루지 않더라도, 속된 감정에서 벗어나기만 해도 명망 있는 사람 반열에 오를 수 있으며, 학문에 있어 다양한 지식을 쌓지 않더라도 세속의 집착을 덜어내면 성인의 경지에 다다를 수 있습니다.

## 015
# 의로움과 순수함은 삶의 중심

사람을 사귐에 있어 의리 없이 이해타산만 따진다면, 그 관계는 오래가지 못합니다. 적어도 세상 앞에서 친구를 위할 줄 아는 담대함과 의지는 있어야 진정한 우정이 싹틉니다.

또한, 자신을 가꾸는 데는 순수하고 정직한 마음, 즉 세속에 물들지 않은 한 점의 진심을 지키는 일이 무엇보다 중요합니다.

세상이 복잡하고 사람 사이의 관계가 얽히고설켜도, 마음속에 단단한 중심 하나만 있다면 흔들리지 않습니다. 의로움과 순수함, 이 두 가지는 시대를 초월한 가치입니다.

---

**전집 015**
交友須帶三分俠氣, 做人要存一點素心。
사귀는 사람에게는 약간의 의협심을 지녀야 하고, 사람됨에 있어서는 한결같고 순수한 마음을 간직해야 합니다.

## 016

# 넘치지 않는 삶이 주는 고요한 위엄

겸손은 사람됨의 기초입니다. 남보다 앞서 보이려는 마음, 더 많이 가지려는 욕심은 결국 관계를 해치고 내면을 흔듭니다.

덕과 업적은 조용히 쌓되 스스로의 기준에서 뒤처지지 않으려는 마음가짐이 필요합니다.

무엇을 받아 누리든, 자신이 마땅히 감당할 수 있는 만큼에서 멈추고, 자신을 갈고닦는 일은 언제나 자신의 기준을 넘겨야 합니다. 과욕 없이 분수를 지키고, 수양을 게을리하지 않는 이가 결국 가장 오래 신뢰받습니다.

**전집 016**
寵利毋居人前、德業毋落人後；受享毋踰分外、修爲毋減分中。
은혜나 이익은 남보다 앞서 차지하지 말아야 하고, 덕과 업적은 남보다 많이 뒤처지지 않도록 해야 합니다. 받아 누리는 것은 분수 밖으로 넘지 말아야 하고, 자기 수양은 자신의 기준보다 부족하지 않도록 해야 합니다.

## 017

# 물러섬은 때론 강함이다

인생은 앞만 보고 나아간다고 해서 반드시 진보하는 것이 아닙니다. 때로는 한 걸음 물러서는 지혜가 가장 멀리 나아가는 디딤돌이 됩니다. 양보는 더 넓은 시야를 가진 사람만이 할 수 있는 여유입니다.

마찬가지로, 사람을 대할 때도 엄격하기보다는 너그러워야 합니다. 양보는 단순한 행동이 아니라 삶을 품격 있게 만드는 마음의 선택입니다.

**전집 017**
處世讓一步爲高, 退步即進步的張本 ; 待人寬一分是福, 利人實利己的根基。
세상을 살아갈 때 한 걸음 물러서는 것이 오히려 가장 좋은 지혜이며, 물러남은 결국 앞으로 나아가는 바탕이 됩니다. 사람을 대할 때 조금 더 너그러워지는 것은 복을 짓는 일이며, 타인을 이롭게 하는 것은 결국 자신을 이롭게 하는 근본입니다.

## 018

## 공은 겸손으로,
## 죄는 뉘우침으로 덮는다

공을 세운 사람은 자칫 교만함으로 인해 자신이 쌓아온 모든 업적을 무너뜨릴 수 있습니다.

반면, 큰 잘못을 저지른 사람도 진심 어린 참회가 있다면 다시 일어설 수 있습니다.

인생은 행위의 크기보다 그것을 대하는 마음의 방향에 따라 달라집니다. 겸손은 공을 지켜주고, 뉘우침은 죄를 녹여줍니다. 결국, 인간의 가치는 외적 성취보다 내면의 자세에 달려 있습니다. 진정한 지혜는 자랑보다 반성, 과시보다 자각 속에 있는 것입니다.

**전집 018**
蓋世功勞, 當不得一個矜字 ; 彌天罪過, 當不得一個悔字。
세상을 뒤흔드는 큰 공이라 해도 '뽐내는 마음' 하나로 그 모든 가치를 잃을 수 있고, 하늘을 찌를 만큼 큰 죄라 해도 '뉘우치는 마음' 하나로 다시 시작할 수 있습니다.

## 019

# 나눌 수 있는 빛, 감출 수 있는 그늘

오늘날 우리는 성공과 명예를 독차지하려는 유혹에 자주 노출됩니다. 업적을 쌓으면 칭송을 받고, 평판이 좋아지면 스포트라이트가 따라옵니다. 그러나 이러한 명예를 타인과 나눌 때, 우리는 자신을 해로부터 지키고 삶의 균형을 유지할 수 있습니다.

반대로, 실수나 비난은 모두 남에게 떠넘기기보다는 일부 책임을 자신이 지려는 자세가 중요합니다. 이러한 태도 속에서 진정한 인격은 길러지고, 덕은 더욱 깊어집니다.

겸양과 자각의 태도는 외적인 평판보다 오래가며, 결국 자신의 빛이 조용하게 멀리 퍼지도록 합니다.

**전집 019**
完名美節, 不宜獨任, 分些與人, 可以遠害全身 ; 辱行汚名, 不宜全推, 引些歸己, 可以韜光養德.
완전한 명예나 아름다운 평판은 혼자서 모두 감당하지 말고, 일부를 남에게 나누어야 해를 피하고 몸을 온전히 지킬 수 있습니다. 반대로 수치스러운 일이나 오명은 전부 남에게 떠넘기지 말고, 일부는 자신에게 돌림으로써 자신의 빛을 감추고 덕을 기를 수 있습니다.

## 020

## 여백을 남길 줄 아는 지혜

세상일은 가득 채우는 것보다 조금 비워두는 데서 지혜가 시작됩니다. 모든 일을 완벽히 끝내려는 마음은 자칫 교만으로 흐르고, 지나친 성취는 타인의 시기나 운명의 반작용을 불러올 수 있습니다.

여백을 남기면 바람은 흐르고 숨 쉴 공간이 생기며, 자연의 이치와도 조화를 이룹니다.

마음에도 공간이 필요하듯, 삶에도 여유가 필요합니다. 채우기보다는 덜어내고, 이룬 후에 멈출 줄 아는 것. 그것이 오래도록 복을 누리는 길입니다.

---

**전집 020**
事事留個有餘不盡的意思、便造物不能忌我、鬼神不能損我。若業必求滿、功必求盈者、不生內變、必召外憂。
모든 일에 있어서 조금 남기는 여유를 두면, 하늘도 나를 시기하지 않고 신도 해치지 못합니다. 반면, 일마다 완벽을 추구하고 공이 반드시 가득 차야 한다고 고집한다면, 마음속에서 변화가 일어나거나 밖으로부터 화가 찾아올 것입니다.

## 021

# 일상 속의 평범한 도(道)

우리는 자주 도를 먼 데서 찾고, 진리를 깊은 명상 속에서 찾으려 합니다. 하지만 따뜻한 말 한마디, 부드러운 미소, 진심 어린 태도가 바로 수행의 시작입니다.

가정은 가장 가까운 도량이며, 일상은 가장 깊은 참선의 장입니다. 가족 간의 따뜻한 정서적 교류는 마음의 갈등을 푸는 열쇠이며, 내면을 맑게 하는 가장 강력한 수행입니다.

조용한 명상보다 서로의 마음을 어루만지는 말 한마디가 더 큰 울림을 전해줄 수 있습니다. 작지만 진실한 실천이 진정한 도를 이룬다는 사실을 기억해야 합니다.

**전집 021**
家庭有個眞佛、日用有種眞道。人能誠心和氣、愉色婉言、使父母兄弟間、形骸兩釋、意氣交流、勝於調息觀心萬倍矣。

가정 안에는 참된 부처가 있고, 일상생활 속에는 진실한 도(道)가 숨어 있습니다. 사람이 진심을 다하고 부드러운 기운을 지니며, 얼굴에 웃음을 띠고 따뜻한 말로 대한다면, 부모와 형제 간에 몸과 마음이 함께 풀리고, 정서가 깊이 교류됩니다. 이것은 숨을 고르고 마음을 닦는 명상보다도 수만 배 더 값진 일입니다.

## 022
# 가장 고요한 순간에 살아 있는 힘

삶은 역동성과 고요함 사이에서 균형을 이루어야 합니다. 너무 활동적인 사람은 외부의 자극에 휘둘리고, 너무 고요하기만 한 사람은 생명의 흐름을 잃습니다.

진정한 도의 마음은 잔잔한 물처럼 보이지만 그 안에는 에너지가 살아 있고, 겉으로는 조용하지만 내면에는 생동하는 기운이 깃들어 있습니다.

정적 속에 생동감을 품는 마음, 그 균형이야말로 삶을 깊고 탄력 있게 이끄는 지혜입니다. 겉으로 드러나는 화려함이나 무심함이 아닌 중심을 잡고 조화롭게 살아가는 마음이야말로 깨달음의 본질입니다.

전집 022
好動者、雲電風燈；嗜寂者、死灰槁木。須定雲止水中、有魚躍鳶飛氣象、纔是有道的心體。
지나치게 활동적인 사람은 마치 구름, 번개, 바람, 등불처럼 요란하기만 하고, 지나치게 고요함만을 좋아하는 사람은 꺼진 재나 마른나무처럼 생기가 없습니다. 진정한 도의 마음은 고요한 구름과 멈춘 물속에서도 물고기가 뛰고 솔개가 날아오르는 듯한 생동감을 지닌 상태입니다.

## 023

## 가르침의 거리, 꾸짖음의 무게

사람의 마음은 섬세하고 복잡합니다. 잘못을 지적받을 때 그 말이 옳다 해도, 방식이 너무 가혹하면 마음은 닫히고 관계는 멀어집니다.

반대로, 선을 가르칠 때도 너무 높은 기준을 들이대면 오히려 낙담하게 만들 뿐입니다. 중요한 것은 상대의 입장을 살피고, 그가 받아들일 수 있을 만큼만 다가가는 일입니다.

사람을 변화시키고 싶은 진심이 있다면, 그 마음은 반드시 부드러움과 배려를 품고 있어야 합니다.

---

**전집 023**
攻人之惡, 毋太嚴, 要思其堪受; 教人之善, 毋過高, 當使其可從.
남의 잘못을 꾸짖을 때는 너무 심하게 하지 말고, 그 사람이 감당할 수 있을지를 먼저 헤아려야 합니다. 또한, 남에게 선한 길을 가르칠 때는 너무 높은 이상을 제시하지 말고, 그가 실천할 수 있도록 해야 합니다.

## 024

# 빛은 언제나 어둠의 끝에서 빛난다

세상에서 가장 추하고 어두운 것들이, 시간이 흐른 뒤 가장 고결하고 빛이 나는 것을 자주 봅니다. 이러한 사실은 우리에게 '지금의 처지'가 곧 '영원한 본질'은 아니며, 고통과 누추함 속에도 성장의 기회가 숨어 있음을 말해 줍니다.

누군가는 절망 속에서 자신을 정제하고, 어둠 속에서 빛날 준비를 합니다.

그러니 오늘이 힘겹고 초라해 보여도, 그 속에 이미 내일의 가능성이 자라고 있다는 것을 잊지 마세요. 빛은 언제나 어둠 속에서 태어납니다.

**전집 024**
糞蟲至穢、變爲蟬而飮露於秋風；腐草無光、化爲螢而耀采於夏月。固知潔常自汚出、明每從晦生也。
굼벵이는 더러운 존재이지만, 결국 매미로 변하여 가을바람 속에서 이슬을 마시며 삽니다. 썩은 풀도 스스로 빛은 나지 않지만, 시간이 지나면 반딧불이로 탈바꿈하여 여름밤을 밝힐 수 있습니다. 깨끗함은 더러움에서 나오고, 밝음은 어둠 속에서 태어나는 것입니다.

## 025

# 비워낸 뒤 비로소 마주한 나

사람은 때때로 자신을 과시하고 높이려는 마음에 빠지곤 합니다. 하지만 그런 태도는 진짜 내면에서 우러난 당당함이 아니라, 외부에 보여주기 위한 허상일 뿐입니다. 오히려 그것을 내려놓을 때 비로소 진정한 올곧음이 드러납니다.

마찬가지로, 욕망과 집착은 모두 마음속의 혼탁한 그림자입니다. 그 그림자를 걷어낸 후에야 진실한 마음이 비로소 모습을 드러냅니다.

우리 삶은 자신을 비우는 과정으로 더 맑고 단단해집니다. 겉을 내세우기보다는 속을 다듬는 일이야말로 오래 남는 길입니다.

**전집 025**
矜高倨傲, 無非客氣, 降伏得客氣下, 而後正氣伸; 情欲意識, 盡屬妄心, 消殺得妄心盡, 而後真心現。
거만함과 오만함은 모두 겉으로 드러나는 기운일 뿐이며, 이 외적인 기운을 누르고 나서야 올바른 기운이 드러납니다. 또한, 욕망과 의식은 모두 헛된 마음에서 비롯되니, 이 헛된 마음이 사라지고 나서야 참된 마음이 드러납니다.

## 026

# 채움 끝에서 문득 찾아오는 깨달음

종종 무언가를 지나치게 욕할 때, 그것이 얼마나 유의미한지 판단하지 못하고 휘둘리곤 합니다. 배고플 때는 모든 음식이 간절하고, 외로울 때는 감정의 이름도 혼동됩니다.

그러나 욕구가 충족된 후 돌아보면, 그토록 갈망하던 대상이 사실은 그렇게 절실한 것도 아니었음을 깨닫게 됩니다. 이처럼 사후(事後)의 반성은 순간의 욕망보다 훨씬 더 깊은 통찰을 줍니다.

삶은 갈망을 따르는 것이 아니라, 갈망이 지나간 자리를 성찰하는 데서 정제됩니다. 성찰하는 마음이 자리 잡을 때, 우리의 행동은 바르고, 마음은 고요해질 수 있습니다.

**전집 026**
飽後思味、則濃淡之境都消;色後思淫、則男女之見盡絕。故人常以事後之悔悟、破臨事之癡迷、則生定而動無不正。
배부른 뒤에 맛을 생각하면 진하거나 싱거운 맛의 구별이 모두 사라집니다. 욕정을 채운 뒤에 다시 음욕을 떠올리면 남녀의 차이에 대한 집착도 사라집니다. 그러므로 사람은 언제나 일이 지나간 뒤에 오는 후회와 깨달음으로 일이 닥쳤을 때의 어리석음을 깨뜨릴 수 있어야 하며, 그럴 때 비로소 마음이 안정되고, 행동은 흐트러짐이 없게 됩니다.

## 027

# 자연과 속세 사이의 현명한 삶

삶의 균형은 언제나 두 세계 사이에서 지켜져야 합니다. 권세와 화려함 속에 있을지라도 자연의 고요함과 겸허한 정신을 잊지 않아야 하며, 비록 은둔 속에 있다고 해도 세상의 큰 흐름을 살피고 공공의 뜻을 품을 수 있어야 합니다.

한쪽으로 치우친 마음은 시야를 좁히고, 결국 자신을 닫힌 세계에 가두게 됩니다.

참된 사람은 환경에 흔들리지 않고, 높은 곳에서도 낮은 마음을 지니며, 고요한 자리에서도 큰 뜻을 놓지 않습니다. 이러한 균형이야말로 삶을 깊이 있게 만드는 진정한 지혜입니다.

**전집 027**
居軒冕之中、不可無山林的氣味；處林泉之下、須要懷廊廟的經綸。
높은 자리에 앉아 있을 때도 자연 속의 소박한 기운을 잃지 말아야 하며, 산골과 시냇가에서 지낼 때도 나라를 이끌 계획을 마음에 품고 있어야 합니다.

## 028
# 드러내지 않아도 향기는 남는다

공을 세우고 덕을 베푸는 일이 반드시 남의 인정을 통해 완성되는 것은 아닙니다. 세상은 때때로 조용한 성실함을 알아주지 않지만, 허물이 없는 삶은 그 자체로 이미 공로입니다.

남에게 베푼 호의가 돌아오지 않더라도 원망이 없다면, 그 순수한 마음이 바로 덕의 뿌리가 됩니다. 바라는 것 없이, 묵묵히 자신의 길을 걸어가는 사람이야말로 진정한 인격의 소유자입니다.

이처럼 조용한 삶 속에도 깊은 울림이 있고, 보이지 않는 자리에서 피는 덕은 오래도록 향기를 남깁니다.

---

전집 028
處世不必邀功, 無過便是功; 與人不求感德, 無怨便是德.
세상을 살아가며 굳이 공을 드러내려 애쓸 필요는 없습니다. 허물이 없다면 그것이 곧 공이 됩니다. 남을 도와줄 때도 보답을 바라지 않아야 합니다. 원망이 없다면 그것이 이미 덕입니다.

## 029
# 균형 잡힌 마음, 조화로운 삶

삶에는 균형이 필요합니다. 부지런하고 책임감 있는 태도는 분명 미덕이지만, 그것이 지나쳐 자신을 강하게 몰아세우면 오히려 마음의 여유와 삶의 기쁨을 잃습니다.

마찬가지로, 청렴하고 검소한 삶은 고결한 길이지만, 너무 말라버린 나무처럼 되어버리면 자신만을 위한 고요에 머무를 뿐 타인에게도 세상에도 온기를 나누기 어렵습니다.

진정한 도는 치우침 없이 중심을 잡는 데 있습니다. 자신을 다스리되, 자신과 타인의 삶을 함께 그릴 수 있는 여백을 남기는 것, 그것이 바로 조화로운 삶의 지혜입니다.

---

**전집 029**
憂勤是美德, 太苦則無以適性怡情; 澹泊是高風, 太枯則無以濟人利物.
근면함은 아름다운 덕이지만, 지나치게 자신을 고되게 하면 마음을 편히 하고 감정을 기쁘게 할 수 없습니다. 청빈한 삶은 고결한 기풍이지만, 지나치게 메말라 있으면 사람을 돕거나 세상에 이로움을 주기 어렵습니다.

## 030

# 처음의 다짐으로 끝까지 걷는 길

인생의 진가는 시작이나 성공이 아닌, 위기의 순간과 마지막 발걸음에서 드러납니다. 일이 잘 풀리지 않을 때 흔들리기 쉽고, 실패 앞에서 자신을 부정하기도 합니다.

그럴 때일수록 처음 가졌던 순수한 뜻과 마음을 돌아보는 것이 중요합니다.

처음과 끝이 흐트러지지 않는 길, 그것이 곧 한 사람의 인격을 완성하는 길이며, 오래도록 존중받는 삶의 기준이 됩니다.

**전집 030**
人至事窮勢蹙, 宜原其初心; 士當行滿功成, 要觀其末路.
일이 막히고 형세가 어려워졌을 때는 처음 품었던 마음을 살펴야 하고, 길을 다 걷고 공을 이루었을 때는 마지막 길이 어떤지를 살펴야 합니다.

## 031

# 깊은 사람의 향기

사람의 가치는 소유의 크기가 아니라 품성의 너그러움에서 드러납니다. 재산과 권위를 지닌 사람이 인색하고 시기심에 휘둘릴 때, 그 부는 외형일 뿐 내면은 그저 빈곤하다는 것이 보입니다.

마찬가지로, 뛰어난 재능을 가진 이가 자신을 자랑하고 앞세울 때, 그 총명함은 오히려 몰락을 부르는 교만으로 바뀝니다.

진정한 부유함과 지혜는 겸손과 절제 속에 있습니다. 자신을 낮추되 중심을 잃지 않는 사람만이 그 가치를 오래도록 지킬 수 있습니다.

**전집 031**
富貴家宜寬厚、而反忌刻、是富貴而貧賤其行矣、如何能享? 聰明人宜斂藏、而反炫耀、是聰明而愚懵其病矣、如何不敗?
부귀한 사람일수록 넉넉하고 너그러워야 합니다. 시기하고 각박하게 군다면 마음은 가난한 것과 다르지 않습니다. 총명한 이도 조용히 자신을 감출 줄 알아야 합니다. 드러내기를 즐긴다면 지혜로워 보여도 실은 어리석음을 지니고 있는 셈입니다.

## 032

## 고요함이 일러주는 삶의 중심

사람은 경험을 통해서만 비로소 진실을 압니다. 낮은 자리에 있을 때 비로소 높은 자리의 불안정을 이해하고, 조용한 시간을 가져봐야만 끝없는 활동의 피로함을 체감합니다.

밝은 곳의 화려함은 처음에는 매혹적이지만, 그 이면에는 드러남의 위험이 함께합니다. 반면, 어둠과 고요 속에서는 내면의 눈이 열리고, 외적인 소란이 얼마나 불필요했는지를 알게 됩니다.

삶은 균형입니다. 너무 높지도, 너무 시끄럽지도 않게 조용히 자신을 다듬을 줄 아는 사람만이 어지러운 세상 속에서도 중심을 지킬 수 있습니다.

---

전집 032
居卑而後知登高之為危、處晦而後知向明之太露；守靜而後知好動之過勞、養默而後知多言之為躁。
낮은 자리에 있어 봐야 높은 자리가 얼마나 우험한지 알게 되고, 어두운 곳에 머물러 봐야 낡은 자리가 얼마나 노출되는지 알 수 있습니다. 고요함을 지켜봐야 움직임의 피로를, 침묵을 길러봐야 말의 번잡함을 깨닫게 됩니다.

## 033

# 내려놓을 때 비로소 얻는 자유

삶에서 진정으로 자유로워지기 위해서는 집착을 내려놓아야 합니다. 명예와 부귀는 사람을 끌어당기는 가장 큰 유혹이지만, 그것을 비워 낼 수 있을 때 비로소 속세의 굴레에서 벗어나게 됩니다.

더 깊은 경지는, 도덕과 인의라는 '옳음'조차 마음에 두지 않을 때 펼쳐집니다. 선을 행하되 그 선조차 의식하지 않는 상태, 그것이 바로 성인의 길입니다.

모든 것을 내려놓을 때, 비로소 모든 것에 이르게 된다는 역설 속에, 깊은 지혜가 깃들어 있습니다.

**전집 033**
放得功名富貴之心下, 便可脫凡; 放得道德仁義之心下, 纔可入聖。
명예와 부귀에 대한 마음을 내려놓으면 속세를 벗어날 수 있고, 도덕과 인의조차 내려놓을 수 있다면 성인의 경지에 이를 수 있습니다.

## 034

## 과도한 영리함이 마음을 해친다

사람이 살아가며 이익과 욕망을 완전히 끊기란 쉽지 않습니다. 그러나 그것이 반드시 해가 되는 것은 아닙니다. 오히려 문제는 자신의 견해에 집착할 때 벌어집니다. 그때부터는 마음의 문이 닫히고, 타인의 말을 듣지 않으며, 변화나 성찰이 무디게 됩니다.

마찬가지로, 눈과 귀를 자극하는 감각적 즐거움이 도의 길을 막는다고 단정할 수는 없습니다. 하지만 자신의 지혜를 지나치게 믿는 마음은 오히려 자신의 길을 가로막는 울타리가 되기도 합니다.

삶의 진정한 깨달음은 때론 단순함 속에서 때론 부족함 속에서 피어납니다. 자신이 알고 있다고 믿는 것을 잠시 내려놓을 때 길은 열립니다.

**전집 034**
利慾未盡害心、意見乃害心之蟊賊；聲色未必障道、聰明乃障道之藩屏。
이익과 욕망이 남아 있어도 해롭지 않을 수 있지만, 생각에 집착하면 마음을 해치는 병이 됩니다. 아름다움이 꼭 도를 막진 않지만, 영리함은 도를 가리는 울타리가 될 수 있습니다.

---

035

# 물러설 줄 아는 강함,
# 양보할 줄 아는 너그러움

　세상은 언제나 우리가 원하는 방향대로 흐르지 않습니다. 인간관계는 변덕스럽고, 삶의 길은 평탄하지 않습니다. 이런 복잡한 세상에서 지혜롭게 살아가려면, 고집보다는 유연함이 필요합니다. 일이 잘 풀리지 않을 때는 억지로 밀고 나가려 하지 말고, 잠시 한 걸음 물러서며 여지를 두는 것이 중요합니다.

　반대로 일이 순조로울 때는 그것을 자만하거나 독점하지 말고, 일부를 나누고 양보하는 마음이 필요합니다.

　한 걸음 물러섬은 후퇴가 아니라 더 멀리 가기 위한 준비이고, 세 걸음 양보는 약함이 아니라 함께 가기 위한 강함입니다.

---

**전집 035**
人情反復, 世路崎嶇。行不去處, 須知退一步之法 ; 行得去處, 務加讓三分之功。
사람들의 인정은 자주 변하고, 세상의 길은 험하고 굴곡이 많습니다. 앞이 막혀 나아갈 수 없을 때는 한 걸음 물러서는 지혜를 알아야 하고, 막힘없이 나아갈 수 있을 때는 반드시 세 걸음 양보하는 덕을 더해야 합니다.

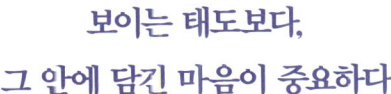

# 보이는 태도보다,
# 그 안에 담긴 마음이 중요하다

우리가 사람을 대할 때, 겉모습으로는 쉽게 그 태도를 만들어내기 마련입니다. 소인에게 엄격해지는 것은 어렵지 않습니다. 그러나 그들을 마음속으로 미워하지 않고 대하는 것은 내면의 수양이 필요합니다.

마찬가지로, 현인에게 공손하게 굴기는 쉽습니다. 하지만 그 공손함이 진심 어린 예의로 이어지게 하는 것은 다른 차원의 덕목입니다. 결국 인간관계의 진정성은 마음에서 비롯됩니다.

사람됨은 누구에게나 존중과 절제를 담은 태도로 드러나야 하며, 그 속에 숨은 감정까지 다스리는 것이야말로 인격 수양의 본질입니다.

전집 036
待小人, 不難於嚴, 而難於不惡; 待君子, 不難於恭, 而難於有禮.
소인에게는 엄격하게 대하는 것이 어렵지 않지만, 미워하지 않는 것이 더 어렵고, 현인에게는 공손하게 대하는 것이 어렵지 않지만, 진심으로 예를 갖추는 것은 더 어렵습니다.

## 037

# 진실된 사람이 남기는 이름

세상은 똑똑하고 화려한 사람을 높이 평가하지만, 때로는 그 총명함이 지나쳐 교만으로 흐르고, 그 화려함이 탐욕으로 번지기도 합니다.

참된 사람은 오히려 어리숙해 보이더라도 바른 마음을 지키고자 하며, 빛나는 자리를 마다하고 조용한 삶을 택합니다. 자신의 이름을 하늘과 땅에 부끄럽지 않게 남기고자 하기 때문입니다.

진정한 총명함이란 때로는 어리석음을 감내하는 지혜이고, 참된 명예는 조용히 세상을 건너는 청렴에서 비롯되는 것입니다.

**전집 037**
寧守渾噩而黜聰明, 留些正氣還天地; 寧謝紛華而甘澹泊, 遺個淸名在乾坤.
차라리 어리석은 듯 살아가며 총명함을 버리고, 그 속에 바른 기운을 남겨 하늘과 땅에 되돌려주는 편이 낫습니다. 차라리 화려함을 물리고 담담하고 소박한 삶을 즐기며, 세상에 맑고 깨끗한 이름 하나 남기는 것이 낫습니다.

## 038

# 먼저 마음을 이겨야 세상도 이긴다

세상과 싸우기 전에 먼저 자신의 마음과 싸워야 합니다. 악한 기운은 바깥에 있는 것 같지만, 사실은 마음속의 혼란과 분노가 그것을 끌어들이는 법입니다.

자기 내면을 다스리지 못한 채 바깥의 어지러움을 다스리려 한다면, 끝없는 갈등만 이어질 뿐입니다.

마음이 고요하고 기운이 평정하다면, 외부의 거센 바람조차도 이내 잠잠해질 것입니다. 평화는 결코 밖에서 오는 것이 아니라, 내면에서 먼저 시작됩니다.

---

전집 038
降魔者, 先降自心, 心伏, 則群邪退聽; 馭橫者, 先馭此氣, 氣平, 則外橫不侵。
외부의 악을 물리치려면 먼저 마음을 다스려야 합니다. 마음이 고요하면 사악함도 물러납니다. 강한 사람이나 상황도 내 분노를 먼저 조절하면 쉽게 다가오지 못합니다.

## 039

# 맑은 땅엔 맑은 씨앗을 심어야 한다

사람은 누구와 함께하느냐에 따라 삶의 방향이 달라집니다. 교육 또한 마찬가지입니다. 제자를 가르칠 때는 단순히 지식을 전달하는 것을 넘어, 그의 삶의 습관과 사람됨까지 살펴야 합니다.

특히 초기의 만남과 환경이 매우 중요합니다. 불순한 인연은 겉으로는 아무렇지 않아 보여도, 결국 그 영향을 지울 수 없게 만들기 때문입니다.

사람과 관계를 맺는다는 건 처음의 작은 흔들림조차도 조심스러워야 하는 일입니다. 좋은 사람을 곁에 두고, 좋은 기운을 심는 것. 그것이 결국 삶 전체를 바꾸는 출발점이 됩니다.

**전집 039**
教弟子、如養閨女、最要嚴出入、謹交遊。若一接近匪人、是清淨田中、下一不淨種子、便終身難植嘉禾矣。
제자를 가르치는 일은 딸을 기르는 것과 같아, 외출과 교제에 있어 가장 엄격하고 조심스러워야 합니다. 한 번이라도 불순한 사람과 가까이하면 맑은 밭에 더러운 씨앗 하나를 심는 것처럼, 평생토록 좋은 곡식을 가꾸기 어려워집니다.

## 040

## 하나의 선택이 인생의 방향을 바꾼다

욕망의 길은 언제나 우리를 유혹합니다. 손쉽고 빠르게 해결될 것 같지만, 한순간의 선택이 평생을 끌어내릴 수도 있습니다.

반대로 옳고 바른 길은 처음엔 어렵고 멀게만 보이고, 그 길에서 한 걸음 물러서는 순간 다시는 다가가기 힘든 거리만 남게 됩니다.

결국, 삶에서 중요한 선택은 쉽고 빠른 것이 아니라, 어렵더라도 바른 길을 향해 묵묵히 나아가는 용기에 달려 있습니다. 욕망을 경계하고, 진리를 향한 인내를 지키는 것. 그것이 자신을 지키는 첫걸음입니다.

---

**전집 040**
慾路上事、毋樂其便而姑爲染指、一染指便深入萬仞；理路上事、無憚其難而稍爲退步 一退步便遠隔千山。
욕망의 길에서는, 편하다고 하여 가볍게 손을 대지 말아야 합니다. 한 번 손을 대면 순식간에 깊은 나락으로 빠져들게 됩니다. 도리의 길에서는, 어렵다고 하여 쉽게 물러서지 말아야 합니다. 한 걸음 물러나면 이내 진리와는 곧 수천 개 산의 거리처럼 멀어집니다.

## 041

## 마음이 짙을수록 삶은 따뜻해진다

사람의 마음은 그 깊이와 농도가 관계의 결을 만듭니다. 마음이 깊고 따뜻한 이는 자신을 존중하면서 남에게도 너그러우며, 그의 주변은 늘 온기가 감돕니다.

반대로, 마음이 얕고 메마른 이는 자신도 타인도 가볍게 대하며 결국 외롭고 허전한 세계에 머물게 됩니다. 내면의 태도가 결국 삶 전반에 퍼지게 되는 것입니다.

현인의 삶이란 감정의 농도를 잘 다스리는 일입니다. 지나치지도 모자라지도 않게 그 적당한 온도를 지키는 일이 곧 삶의 지혜입니다.

**전집 041**
念頭濃者、自待厚、待人亦厚、處處皆濃;念頭淡者、自待薄、待人亦薄、處處皆淡。故君子居常嗜好、不可太濃豔、亦不宜太枯寂。
생각이 깊은 사람은 자신을 깊이 아끼고 남에게도 너그러우며, 모든 관계가 깊고 따뜻합니다. 반면, 생각이 얕은 사람은 자신을 가볍게 여기고 남에게도 무심하니, 모든 것이 희미하고 메마릅니다. 그러므로 사람은 일상의 취향이나 기호조차도 지나치게 진하거나 지나치게 메마르지 않도록 조절해야 합니다.

## 042

# 뜻이 분명하면 운명도 길을 비킨다

삶의 가치는 외적인 조건에 따라 흔들리지 않습니다. 누군가는 부를 가졌고 누군가는 높은 자리에 있을지라도, 진정한 현인은 인(仁)과 의(義)라는 내면의 기준을 따릅니다.

또한, 인간의 의지와 결단은 운명을 뛰어넘을 수 있다는 믿음은 자신을 주체로 세우는 용기를 북돋습니다. 내 안의 정의와 선함을 기준으로 길을 선택하는 것, 이것이 곧 현인의 자세입니다.

세상의 틀에 자신을 끼워 맞추기보다 자신의 신념으로 세상을 마주하는 삶이 바로 강인하고 자유로운 삶입니다.

**전집 042**
彼富我仁、彼爵我義, 君子固不爲君相所牢籠; 人定勝天, 志壹動氣, 君子亦不受造物之陶鑄。
그가 부유하다 해도 나는 인을 따르고, 그가 높은 지위에 있어도 나는 정의를 좇으니, 현인은 결코 권력이나 신분에 얽매이지 않습니다. 또한, 사람의 뜻이 하늘을 이길 수 있고, 하나로 모인 의지가 기운을 움직이니, 현인은 결코 운명이나 세상의 틀에 갇히지 않습니다.

## 043

## 고요함 속에서 마주하는 진짜 나

삶의 본질은 시끄럽고 요란한 순간보다 고요한 순간에 더 선명하게 드러납니다. 모든 것이 잠잠한 물결처럼 잦아들고, 소리마저 멀어진 자리에 서 있을 때, 우리는 인생의 진실한 결을 마주하게 됩니다.

진짜 나의 마음은 욕망이 잠시 멈추고, 감각이 고요해질 때 비로소 드러납니다. 내면의 평온은 절제되고 단순한 일상에서 자신을 돌아보는 데서 비롯됩니다.

세상과 자신을 깊이 이해하고자 한다면, 먼저 그 고요의 자리로 들어가야 합니다. 고요함은 비움이 아니라, 가장 충만한 성찰의 시작입니다.

전집 043
風恬浪靜中、見人生之眞境 ; 味淡聲希處、識心體之本然。
바람이 잔잔하고 물결이 고요할 때 비로소 인생의 참된 경지를 볼 수 있습니다. 맛이 담백하고 소리가 드문 그 고요 속에서 마음의 본래 모습을 깨닫게 됩니다.

## 044

## 물러서야 비로소 보이는 것들

한 걸음 물러서는 것은 삶의 여유를 지키는 지혜입니다. 사람들은 앞서 나가고 높이 오르는 것단을 성공이라 생각하지만, 오히려 잠시 멈추고 자신을 다듬는 시간이 필요합니다.

남보다 앞서기 위해 무리하게 나아가면, 결국 자신을 해치는 방향으로 달려갈 수도 있습니다. 나방이 불빛에 끌려드는 것처럼 멈추지 못하는 욕망은 자기를 태우는 불이 되기도 합니다.

자신의 자리를 돌아보고, 한 걸음 물러설 줄 아는 사람만이 마음의 평안과 진정한 성장을 이룰 수 있습니다.

**전집 044**
立身不高一步立、如塵裏振衣、泥中濯足、如何超達；處世不退一步處、如飛蛾投燭、羝羊觸藩、如何安樂。
몸가짐에서 한 걸음 더 높이 서지 못한다면, 이는 마치 먼지 속에서 옷을 털고, 진흙 속에서 발을 씻는 것과 같아 벗어날 수 없습니다. 세상을 살아가다 한 걸음 물러설 줄 모른다면, 이는 불빛에 뛰어드는 나방이나 울타리에 머리를 찧는 숫양과 같아 편안함을 얻을 수 없습니다.

## 045

# 한마음으로 모이는 힘

한마음으로 나아간다는 것은 단순히 집중을 의미하지 않습니다. 그것은 삶의 방향을 하나의 중심축에 두고, 그 길에 불필요한 갈래를 만들지 않는다는 뜻입니다.

마찬가지로, 책을 읽는 것도 단지 우아한 표현에 빠지기보다 지혜와 진실을 얻고자 하는 본래의 뜻에 충실해야 합니다.

마음이 흩어지면 깊이에 다다를 수 없고, 뜻이 흔들리면 중심을 잃습니다. 결국, 참된 공부란 정신을 거두어 본래의 길 하나에 오롯이 모으는 일입니다.

**전집 045**
學者要收拾精神、併歸一路。如修德而留意於事功名譽、必無實詣;讀書而寄興於吟詠風雅、定不深心。
배우는 사람은 마음과 정신을 잘 수습하여 하나의 길로 모아야 합니다. 덕을 닦는다고 하면서도 한편으로는 공로나 명예에 마음을 두면 결코 참된 경지에 이를 수 없습니다. 책을 읽으면서도 시와 풍류에만 마음을 쏟는다면 진심으로 그 뜻을 깨칠 수 없습니다.

## 046
## 자비는 누구에게나, 아름다움은 어디에나

우리는 종종 누가 더 선하고, 어디가 더 아름답고, 어떤 삶이 더 나은 것인지 비교하며 살아갑니다. 그러나 본래 자비와 즐거움은 누구에게나 깃들 수 있으며, 어느 장소든 마음의 눈을 열면 진정함이 배어 있을 수 있습니다.

겉모습이나 직업, 환경은 본질적인 차이를 만들지 않습니다. 우리가 그것을 느끼지 못하는 까닭은 욕심과 편견이 마음의 눈을 가려버리기 때문입니다.

외적인 조건보다 마음의 열림과 감각의 맑음이 더 중요합니다. 진리는 늘 곁에 있으며, 그것을 알아보는 눈만이 우리를 행복으로 이끕니다.

---

**전집 046**
人人有個大慈悲, 維摩屠劊無二心也 ; 處處有種真趣味, 金屋茅簷非兩地也。只是慾蔽情封, 當面錯過, 便咫尺千里矣。
모든 사람 안에는 자비심이 있어, 유마거사(불교 초전인 『유마경(維摩經, Vimalakirti-nirdesa Sutra)』에 등장하는 대표적인 재가보살로 출가하지 않은 신앙인)와 도살업자도 본래 마음은 다르지 않습니다. 대저택이든 초가집이든 본질은 같고, 어디든 참된 기쁨이 깃들 수 있습니다. 욕망이 마음을 가리면, 가까운 진리도 멀게 느껴질 뿐입니다.

## 047

# 유혹 앞에 서는 단단한 마음

　진정한 수양은 단단한 나무나 묵직한 돌처럼 외부의 유혹에 쉽게 흔들리지 않는 마음에서 시작됩니다. 마음속에 작은 부러움이나 바람이 일면 그것은 곧 욕망이라는 강물에 발을 들여놓는 것이나 다름없습니다.

　이와 마찬가지로, 큰일을 도모하고 세상을 이롭게 하려는 뜻을 지닌 사람일수록 마음속에는 자유로움과 여백이 필요합니다. 구름처럼 가볍고, 물처럼 유연한 태도가 없다면 욕심은 곧 재앙의 씨앗이 됩니다.

　내면이 고요하고 중심이 뚜렷해야 외부의 유혹에 휩쓸리지 않고, 비로소 진정한 덕과 공을 이룰 수 있습니다.

---

**전집 047**
進德修道, 要個木石的念頭, 若一有欣羨, 便趣慾境; 濟世經邦, 要段雲水的趣味, 若一有貪著, 便墮危機.
덕을 쌓고 도를 닦으려면 나무나 돌처럼 흔들림 없는 마음을 가져야 합니다. 만약 마음에 조금이라도 부러움이 스며들면 곧 욕망의 세계로 빠지게 됩니다. 세상을 구하고 나라를 잘 다스리려면 구름과 물처럼 유유한 취향을 지녀야 합니다. 조금이라도 탐욕에 끌리면 바로 위태로운 함정에 빠지게 됩니다.

## 048

## 보이지 않는 기운이 인생을 만든다

사람의 마음은 드러나지 않아도 삶 전체를 통해 은연중에 발현됩니다. 선한 이의 내면에는 부드럽고 평화로운 기운이 머물기 대문에 그의 말이나 행동뿐만 아니라 꿈조차도 따뜻한 기운으로 가득합니다.

이는 그가 의식하지 않은 상태에서도 품은 진심이 자연스럽게 밖으로 흐르기 때문입니다. 반대로 악한 마음을 지닌 이는 아무리 웃고 부드러운 말을 해도, 그 속에는 날이 서 있고 거슬리는 기운이 느껴집니다.

진심은 감출 수 없습니다. 우리가 어떤 사람이 되기를 원하는지는 말보다 마음의 기운에서 비롯됩니다. 마음의 결을 바르게 하는 것이야말로 삶 전체를 바르게 이끄는 가장 깊은 뿌리입니다.

**전집 048**
吉人無論作用安詳、即夢寐神魂、無非和氣; 凶人無論行事狠戾、即聲音笑貌、渾是殺機。
복을 지닌 사람은 그가 하는 일이나 달투가 모두 온호하며, 잠자는 동안의 꿈이나 정신의 흐름조차도 따뜻함이 배어 있습니다. 반면, 흉한 마음을 지닌 사람은 겉으로는 굿고 말하는 모습조차도 그 안에는 거칠고 해로운 기운이 숨어 엿습니다.

## 049

# 보이지 않는 데서 조짐은 시작된다

몸의 병이 내장 깊은 곳에서 시작되어 마침내 눈이나 귀로 드러나듯, 마음의 병 또한 드러나기 전에 이미 내면에서 자라고 있었을지 모릅니다. 우리가 세상 앞에서 범하게 되는 크고 작은 허물은, 실은 아주 오래전부터 마음속에 깃든 조그만 무심함이나 이기심에서 비롯되었을 수 있습니다.

그러므로 진정한 삶의 성찰은 겉모습을 단정히 꾸미는 데 있지 않고, 오히려 아무도 보지 않는 내면을 성실히 다스리는 데 있습니다.

겉으로 보이는 모습은 마음의 그림자일 뿐이며, 삶은 결국 마음이 흘러가는 방향을 따라 드러나기 마련입니다.

**전집 049**
肝受病, 則目不能視 ; 腎受病, 則耳不能聽 ; 病受於人所不見, 必發於人所共見. 故君子欲無得罪於昭昭, 先無得罪於冥冥.
간이 병들면 눈이 잘 보이지 않고, 신장이 병들면 귀가 잘 들리지 않듯, 눈에 보이지 않는 곳에서 생긴 병은 결국 눈에 띄는 모습으로 드러납니다. 그러므로 겉으로 드러난 잘못을 피하려거든 먼저 보이지 않는 내면의 허물부터 경계해야 합니다.

## 050

# 덜 생각할수록 삶은 맑아진다

세상은 끊임없이 우리에게 무엇인가를 하라고 재촉하지만, 진정한 복은 '할 일이 적은 상태'에서 오기도 합니다. 마음을 바쁘게 굴리는 습관은 많은 사람에게 능률과 성취감을 주기도 하지만, 동시에 번민과 피로의 씨앗이 되기도 합니다.

고생해 본 사람은 일이 적을 때의 여유로움이 얼마나 귀한지를 알게 되고, 평정심을 지닌 사람은 괜한 걱정과 의심이 삶을 얼마나 혼란스럽게 만드는지를 깨닫게 됩니다.

마음이 고요할수록 삶은 가볍고 단순해지며, 단순할수록 우리는 더 본질적인 기쁨에 가까워집니다 그러니 복은 많은 것을 이루는 데 있지 않고, 마음을 덜 쓰며 살아가는 데 있다는 사실을 잊지 말아야 합니다.

**전집 050**
福莫福於少事、禍莫禍於多心。唯苦事者、方知少事之為福;唯平心者、始知多心之為禍。
세상에서 가장 큰 복은 일이 적은 것이며, 가장 큰 화는 마음을 지나치게 쓰는 것입니다. 실제로 고된 일을 겪어본 사람만이, 할 일이 적은 것이 얼마나 복된지 알게 되고 마음을 고요히 다스릴 줄 아는 사람만이, 근심이 많은 삶이 얼마나 해로운지를 깨닫게 됩니다.

051

## 지혜로운 사람은 중심을 잃지 않는다

세상의 흐름은 고요할 때도 있지만, 때론 소란과 불확실성으로 가득합니다. 이러한 변화무쌍한 시대를 살아가기 위해선 한 가지 방식만을 고수해서는 안 됩니다. 바른 세상에서는 원칙을, 혼란한 시기에는 유연함을, 혼탁한 말세에는 두 가지를 조화롭게 써야 합니다.

사람을 대하는 데도 마찬가지입니다. 선한 사람에게는 믿음을 주고, 악한 이에게는 경계를 놓지 않으며, 평범한 다수에겐 너그러움과 엄격함의 균형을 유지하는 태도가 필요합니다.

이처럼 상황과 상대에 따라 다르게 대처하는 유연한 분별력이야말로 오늘날 우리가 추구해야 할 진정한 지혜입니다.

---

**전집 051**
處治世宜方, 處亂世宜圓, 處叔季之世, 當方圓並用 ; 待善人宜寬, 待惡人宜嚴, 待庸眾之人, 當寬嚴互存。
태평한 세상에서는 원칙을 지키는 것이 좋고, 혼란한 세상에서는 융통성을 갖추는 것이 좋습니다. 세상이 쇠퇴하고 혼란스러운 시대에는 원칙과 융통성을 함께 써야 합니다. 선한 사람에게는 너그러이 대하고, 악한 사람에게는 엄격하게 대해야 합니다. 평범한 다수에게는 너그러움과 엄격함을 조화롭게 써야 합니다.

## 052

## 기억은 맑게, 잊음은 가볍게

공을 세웠다고 자랑하고, 은혜를 베풀었다고 기억에 남기면 그 마음은 교만으로 흐르기 쉽습니다. 반대로, 자기 잘못을 늘 마음속에 새긴다면 그 사람은 매사에 겸허하고 조심스럽게 살아가게 됩니다.

마찬가지로, 누군가 내게 준 은혜는 오래도록 간직하며 보답하려는 마음을 품어야 하며, 원한은 지나치게 품기보다 털어내는 지혜가 필요합니다.

원한을 오래 간직하면 마음이 병들고, 은혜를 잊으면 사람이 메마릅니다. 자신을 낮추고 타인을 높이는 이 마음가짐은 겸손하고 따뜻한 삶을 살아가게 해주는 내면의 나침반이 됩니다.

**전집 052**
我有功於人不可念、而過則不可不念;人有恩於我不可忘、而怨則不可不忘。
내가 남에게 베푼 공은 마음에 두지 말아야 하며, 내가 저지른 잘못은 반드시 되새겨야 합니다. 남이 내게 베푼 은혜는 결코 잊어서는 안 되며, 받은 원한은 반드시 잊어야 합니다.

## 053

# 은혜는 따지지 않고, 마음은 잊지 않는다

진정한 베풂은 '내가 주었다'는 생각조차 하지 않는 데서 비롯됩니다. 스쳐 지나가듯 한 번 건넨 따뜻한 말 한마디, 조용히 내민 손길 하나가 상대의 마음에는 평생 잊히지 않는 위로로 남습니다.

반면, "내가 이렇게 해 줬는데 왜 돌아오지 않는가?"라는 마음은 결국 주는 사람도, 받는 사람도 불편하게 합니다.

대가를 바라지 않는 참된 나눔은 고요한 물결처럼, 아무 흔적도 남기지 않으면서 깊은 울림을 전합니다. 자신을 지우고 남을 위하는 마음이야말로 작지만 세상을 바꾸는 진짜 힘이 됩니다.

**전집 053**
施恩者、內不見己、外不見人、則斗粟可當萬鍾之惠 ; 利物者、計己之施、責人之報、雖百鎰難成一文之功。
은혜를 베풀되 마음속으로는 자신이 베풀었다는 생각도 없고, 겉으로는 상대가 받았다는 의식도 없다면 한 말(약 13kg) 곡식으로도 만 섬(1섬 = 10말)의 은혜와 같을 수 있습니다. 하지만 사람을 이롭게 하면서 자신의 공을 따지고, 보답을 요구한다면 백 냥을 써도 겨우 한 푼(100냥은 1푼의 약 1,000배)의 진심도 전하지 못합니다.

## 054

# 세상은 내 뜻대로 흐르지 않는다

누구나 저마다의 굴곡진 운명을 살아가며, 각자의 마음도 평탄하지 않습니다. 그런데도 우리는 자주, "왜 나만 이토록 힘든가", "왜 저 사람은 내 뜻을 몰라주는가"라고 원망하곤 합니다.

하지만 나 자신조차 늘 고르고 일관되게 살 수 없다면, 세상과 타인에게 매번 순응과 이해를 바라는 건 어쩌면 욕심일 수 있습니다.

이렇게 보면 타인의 거친 말도, 세상의 부조리도 견디기 쉬워집니다. 어긋남을 통해 균형을 되찾는 것, 그것이 진정한 인생의 '방편(方便; 때에 따라 편하고 쉽게 이용하는 수단과 방법을 이르는 말)'입니다.

**전집 054**
**人之際遇、有齊有不齊、而能使己獨齊乎？己之情理、有順有不順、而能使人皆順乎？以此相觀對治、亦是一方便法門。**
사람의 삶에는 운이 고른 경우도 있고, 그렇지 않은 경우도 있습니다. 그런데 어찌 나만 항상 순조롭기를 바랄 수 있겠습니까? 내 감정과 이치도 때로는 순조롭고 때로는 뒤틀리는데, 어찌 모든 사람이 나에게 늘 순응하길 기대하겠습니까? 이처럼 서로를 비교하며 자신을 다스린다면, 그것 또한 인생을 살아가는 하나의 지혜로운 방법이 됩니다.

## 055

## 맑은 마음이 먼저여야 한다

고전과 명언에서 지혜를 찾으려 하지만, 마음이 흐려진 상태일 때 마주하면 오히려 그 가르침을 왜곡하게 됩니다. 좋은 글과 말도 이기적인 목적을 위해 사용한다면, 그 순간부터 지혜는 도구가 아니라 위장으로 전락합니다.

자기 내면이 정화되지 않은 상태에서 성인의 말을 인용하고, 선한 행위를 따라 하려는 것은, 외양만 닮은 모방에 불과하며 결국 스스로를 속이는 일이 됩니다.

배움의 시작은 단지 글을 읽는 데 있는 것이 아니라, 자신의 마음을 비우는 데 있습니다.

---

전집 055
心地清淨, 方可讀書學古。不然, 見一善行, 竊以濟私, 聞一善言, 假以覆短, 是又藉寇兵而齎盜糧矣。
마음이 맑고 고요해야 비로소 책을 읽고 옛 성인의 가르침을 배울 수 있습니다. 그렇지 않으면 선한 행실을 보고도 그것을 자신의 이익에 이용하려 하고, 좋은 말을 들어도 자신의 허물을 감추는 데 써버리게 됩니다. 이는 도둑을 물리치기 위해 준비한 무기와 곡식을 오히려 그 도둑에게 넘겨주는 것과 다르지 않습니다.

## 056

# 내 삶을 지키는 나만의 속도

삶의 여유는 소유가 많고 적음에서 오는 것이 아닙니다. 사치는 늘 부족함을 부르고, 검소는 오히려 마음의 풍요를 가져다줍니다. 겉으로는 능력 있고 부지런한 사람이 부러워 보일 수 있지만, 그 능력이 지나치면 고단함과 오해를 부를 수 있습니다.

반면, 어리숙해 보이더라도 한가로운 삶 속에서 자기다움을 지키는 이가 오히려 더 진실한 삶에 가까울 수 있습니다.

세상의 평가 기준이 아닌, 자기만의 속도와 기준을 지키며 살아가는 것이 진정한 충만입니다. 남을 이기려 애쓰기보다는 자기 삶을 온전히 지키는 것이 더욱 깊고 단단한 지혜입니다.

**전집 056**
奢者富而不足、何如儉者貧而有餘 ; 能者勞而府怨、何如拙者逸而全眞.
사치스러운 사람은 아무리 부유해도 부족함을 느끼지만, 검소한 사람은 가난해도 넉넉함이 있습니다. 능력 있는 사람은 일에 시달리며 원망을 사기도 하나, 서투른 사람은 한가롭게 지내며 자신의 본성을 온전히 지킬 수도 있습니다.

## 057

# 겉이 아닌 본질을 따르는 사람

겉모습만으로 진정한 가치를 담보할 수는 없습니다. 책을 아무리 많이 읽어도 그 안에 담긴 성현의 뜻을 가슴에 새기지 않는다면, 단지 활자를 옮기는 노동일 뿐입니다.

높은 자리에 있어도 시민을 위한 마음이 없다면, 그 권위는 관리의 탈을 쓴 도둑으로, 그저 허울일 뿐입니다. 말로만 도덕을 이야기하고 실천하지 않는 학문은 공허하고, 덕 없이 쌓은 성취는 오래가지 못합니다.

우리는 늘 "왜 이것을 하는가?"를 되묻고, 내면과 행동의 일치를 추구해야 합니다. 그런 삶이야말로, 뿌리 깊은 나무처럼 흔들리지 않는 진실한 삶입니다.

**전집 057**
讀書不見聖賢, 爲鉛槧傭 ; 居官不愛子民, 爲衣冠盜 ; 講學不尙躬行, 爲口頭禪 ; 立業不思種德, 爲眼前花。
책을 읽되 성현의 뜻을 깨닫지 못하면 글을 나르는 인부와 같고, 관직에 있으면서 백성을 사랑하지 않으면 관복을 입은 도둑에 불과하며, 학문을 말하면서도 몸소 실천하지 않으면 말뿐인 선(禪 ; 마음을 한곳에 모아 고요히 생각하는 일)이며, 업을 세우면서도 덕을 쌓을 생각이 없다면 눈앞의 꽃처럼 금세 시들 것입니다.

## 058

# 마음의 울림으로 삶을 회복하기

마음 깊은 곳에는 누구나 진실을 담은 한 권의 책이 자리하고 있습니다.

그러나 외부에서 들려오는 단편적인 말과 이미지에 사로잡혀, 본래의 목소리를 듣지 못한 채 살아갑니다. 화려한 말재주, 겉모습의 치장, 시대의 유행은 마음 깊은 곳의 진정한 울림을 덮어버립니다.

참된 배움은 바로 그 소음을 걷어내는 일에서 시작됩니다. 조용히 마음을 들여다보고, 외부의 평가나 유혹에서 한 걸음 물러날 때, 우리는 비로소 진실한 감동과 통찰을 얻을 수 있습니다. 가장 순수한 자신에게서 나오는 생각과 울림이야말로, 삶을 진정으로 이끄는 힘입니다.

**전집 058**
人心有一部真文章、都被殘編斷簡封錮了;有一部真鼓吹、都被妖姬豔舞湮沒了。學者須掃除外物、直覓本來、纔有個真受用。
사람 마음엔 본래 진실한 글과 맑은 북소리가 있지간, 지식의 파편과 화려한 유희에 가려집니다. 학자는 혼란을 걷어내고 본래의 자기를 찾아야 비로소 참된 깨달음을 얻을 수 있습니다.

### 059

# 기쁨 속 경계, 괴로움 속 가능성

삶은 언제나 즐거움과 괴로움이 함께 흐릅니다. 마음이 고달플 때 자신을 돌아보고, 작고 소박한 일상에서 진실한 위안을 찾게 됩니다.

반대로 모든 일이 뜻대로 풀릴 때는 자칫 교만해지고, 마음이 느슨해지기 쉽습니다. 이때야말로 방심하지 않고, 한 걸음 물러서서 자신을 살피는 지혜가 필요합니다.

즐거움은 순간일 수 있고, 슬픔은 오히려 성장을 위한 기회일 수 있습니다. 괴로움 속에서도 빛을 찾고, 기쁨 속에서도 절제를 잃지 않는 자세야말로 인생의 균형을 지켜주는 내면의 등불이 됩니다.

---

전집 059
苦心中、常得悅心之趣；得意時、須防失意之悲。
마음이 괴로운 가운데서도 오히려 기쁨과 즐거움의 맛을 발견할 수 있으며, 기분이 좋고 모든 일이 잘 풀릴 때는 그 속에 숨어 있는 슬픔과 낙심을 경계해야 합니다.

PART 2

# 세상을 살아가는 지혜
## _처세의 이치

#인간관계 #처세술 #중용과균형 #언행의조화

사람들과의 관계 속에서 어떻게 말하고 행동해야 하는지,
세상사에 흔들리지 않는 중심을 어떻게 잡을지에 대한 실천적 통찰이 담겨 있습니다.

## 060

# 뿌리가 없으면 꽃은 오래 피지 못한다

진정한 명예와 부는 그 사람의 인격과 덕에서 우러나와야 오래갑니다. 참된 내면의 결과로 얻어진 지위는 자연 속에 핀 꽃처럼 억지스러움 없이 조화롭고 풍성합니다.

그러나 업적이나 권력으로 얻은 명예는 마치 뿌리 없는 꽃과 같아서, 그 아름다움은 오래가지 못하고 곧 시들게 마련입니다. 시대는 변하고, 사람들의 관심도 바뀌기 때문입니다.

결국 우리가 추구해야 할 것은 뿌리 깊은 삶입니다. 진정한 존경은 권위가 아니라 인품에서 피어난다는 사실을 잊지 말아야 합니다.

**전집 060**
**富貴名譽, 自道德來者, 如山林中花, 自是舒徐繁衍 ; 自功業來者, 如盆檻中花, 便有遷徙廢興 ; 若以權力得者, 如瓶鉢中花, 其根不值, 其萎可立而待矣.**
부귀와 명예가 도덕에서 비롯된 것이라면, 그것은 마치 산속에서 피어난 꽃과 같아 자연스럽게 피어나고 번성합니다. 공이나 업적으로 얻어진 것이라면, 화분이나 화단의 꽃처럼 옮겨지고 시들 수도 있습니다. 만약 권력으로 얻은 것이라면, 그것은 병이나 그릇에 꽂은 꽃과 같아서 뿌리가 없으므로, 곧 시들 수밖에 없습니다.

## 061

# 살아 있음은 말과 행동으로 드러난다

자연은 봄이 오면 스스로 꽃을 피우고 새는 노래를 부릅니다. 아름다움을 지닌 존재는 자기 역할을 망설임 없이 해내는 법입니다. 사람이라면 더욱 그렇습니다. 하늘의 복으로 좋은 시대에 태어나 편안히 살면서도, 바른말 한마디, 좋은 행동 하나 하지 않는다면, 그 삶은 겉으론 살아 있으나 속은 비어 있는 셈입니다.

단지 존재했다는 사실만으로는 삶이 의미를 갖기 어렵습니다. 존재는 행동을 통해 증명되고, 행동은 마음속 뜻을 드러냅니다.

살아 있다는 것의 증거는, 남을 향한 따뜻한 한마디와 작지만 선한 행동 속에 있습니다.

**전집 061**
春至時和, 花尙鋪一段好色, 鳥且囀幾句好音. 士君子幸値淸時, 復遇溫飽, 不思立好言, 行好事, 雖是在世百年, 恰似未生一日.
봄이 오고 날씨가 화창하면 꽃들도 곱게 피어나고, 새들도 좋은 소리를 몇 번씩 지저귀기 마련입니다. 하물며 선비와 현인이 맑은 시대에 태어나 따뜻하게 입고 배불리 먹을 수 있는 복을 누리면서도 좋은 말을 하지 않고, 좋은 행동을 실천하지 않는다면, 비록 세상에 백 년을 살아도 하루도 진정으로 산 것이 아닙니다.

## 062

# 치열함과 여유, 삶을 지탱하는 두 기둥

삶에는 긴장과 여유가 함께 흐를 때 비로소 균형이 생깁니다. 자신을 갈고닦고자 하는 치열한 마음은 성장의 불꽃이 되지만, 거기에 유연함과 소박한 즐거움이 더해질 때 그 불꽃은 타인을 따뜻하게 데우는 빛이 됩니다.

만일 고된 자기 수련에만 매몰된다면, 가을의 찬바람처럼 모든 것을 시들게 할 수도 있습니다. 봄바람처럼 생기를 불어넣는 마음가짐과 삶의 태도는, 자신뿐만 아니라 주변까지 따뜻하게 변화시킵니다.

치열함 속에서도 웃을 수 있고, 고요 속에서도 생기를 잃지 않는 사람, 그것이 진정으로 학문하는 사람의 모습일 것입니다.

**전집 062**
學者有段競業的心思, 又要有段瀟洒的趣味。若一味斂束清苦、是有秋殺、無春生、何以發育萬物。
학문하는 사람은 자신을 발전시키고자 하는 경쟁심도 있어야 하지만, 한편으로는 여유롭고 소탈한 멋도 함께 지녀야 합니다. 만일 한쪽으로만 기울어져서 지나치게 절제하고 고통스러운 길만을 좇는다면, 이는 가을의 스산한 기운만 있고 봄의 생기로운 기운이 없는 셈이니, 어찌 만물을 길러낼 수 있겠습니까?

## 063

## 진짜는 말없이 빛난다

참된 가치는 겉으로 드러나지 않습니다. 진짜 청렴한 사람은 남에게 인정받고자 하지 않으며, 오히려 "나는 청렴하다"라고 이름을 내세우는 순간, 그 마음속에는 이미 탐욕이 깃들기 시작한 것입니다.

마찬가지로, 진정한 능력은 조용히 발휘됩니다. 과도하게 기술을 자랑하고, 자신의 솜씨를 과시하려 드는 사람은 오히려 미숙함이 들통나는 경우가 많습니다.

우리가 추구해야 할 덕과 능력은 타인의 시선을 의식하지 않는 순수한 마음에서 비롯되어야 합니다. 겸손한 실천이야말로 오래 남는 힘이며, 조용한 정직함이야말로 사람을 변화시키는 진짜 능력입니다.

**전집 063**
真廉無廉名、圖名者正所以爲貪；大巧無巧術、用術者乃所以爲拙。
진정으로 청렴한 사람은 청렴하다는 평판조차 바라지 않으며, 명예를 구하는 자는 오히려 탐욕에 가깝습니다. 진정한 능력자는 기술을 내세우지 않으며, 기술을 과시하는 자는 오히려 서툶을 드러내는 것입니다.

## 064

# 가득 채우기보다 비워야 흐른다

가득 찬 그릇은 더는 채울 수 없고, 오히려 쏟아질 위험만 높습니다. 반대로 비워진 그릇은 무엇이든 담을 수 있고, 오랫동안 보존될 수 있습니다.

인간사도 마찬가지입니다. 모든 것을 채우려는 마음, 완벽을 추구하는 자세는 결국 자신을 무너뜨리는 원인이 되기도 합니다.

부족함 속에 담긴 유연함이야말로 진정한 지혜입니다. 우리는 때때로 비워두고, 남겨두고, 내려놓을 때 더 단단해질 수 있다는 사실을 잊지 말아야 합니다.

**전집 064**
欹器以滿覆, 撲滿以空全。故君子寧居無不居有, 寧處缺不處完。
기울어진 그릇은 가득 차면 곧 엎어지고, 저금통은 비어 있어야 온전히 보존됩니다. 그러므로 현인은 차라리 아무것도 가지지 않은 자리에 거하지, 가득 찬 자리에 머물지 않으며, 차라리 부족함 속에 거하지, 완전함 속에 머물지 않습니다.

## 065

## 밖보다 안을 다스리는 사람이 강하다

자신 안의 명예욕이 뿌리 뽑히지 않았다면, 겉으로 아무리 소박하게 살아도 마음은 여전히 세속의 그림자에 머무르게 됩니다. 이처럼 겸손을 가장한 삶조차 내면이 진정하지 않다면 결국 외형만 바꾼 욕망일 뿐입니다.

마찬가지로, 자신의 공이 크고 유익하다 하더라도 그 마음이 속된 경쟁심과 남보다 드러나고자 하는 기운으로 가득 차 있다면, 그것은 결코 참된 덕이라 할 수 없습니다.

행위보다 그것을 움직이는 마음의 본질이 더 중요합니다. 진정한 청정은 외적인 단순함보다 내적인 해탈에서 비롯된다는 점을 기억해야 합니다.

**전집 065**
名根未拔者, 縱輕千乘甘一瓢, 總墮塵情; 客氣未融者, 雖澤四海利萬世, 終爲賸技.
명예에 대한 뿌리가 아직 뽑히지 않았다면, 비록 천 대의 수레를 버리고 한 그릇의 물만으로 만족한다 해도 결국 속세의 정에 얽매인 것입니다. 속된 기운을 아직 온건히 거두지 못했다면, 비록 온 세상에 은혜를 베풀고 아주 오랜 세월의 이익을 끼친다고 하더라도 결국은 남은 재주에 불과할 뿐입니다.

## 066

# 밝은 빛 하나가 세상을 덮는다

사람의 내면이 투명하고 맑을 때, 외부 환경이 어둡더라도 시야는 탁 트입니다. 반대로, 마음이 어두우면 밝은 대낮에도 의심과 불안이 그림자처럼 따라다닙니다.

이 말은 결국 우리가 마주하는 세상의 빛과 어둠은 외부에서 만들어지는 것이 아니라, 마음의 상태에서 비롯된다는 뜻입니다.

오늘날처럼 정보와 자극이 넘쳐나는 시대에, 진정한 평온은 외부 조건보다도 내면의 정직함과 명료함에서 비롯됩니다.

**전집 066**
心體光明, 暗室中有靑天 ; 念頭暗昧, 白日下生厲鬼.
마음이 맑고 밝다면 어두운 방 안에서도 푸른 하늘이 드러납니다. 생각이 어둡고 흐리다면 대낮에도 귀신 같은 두려움과 혼란이 생겨납니다.

# 067

# 부족함 속의 충만함

우리는 흔히 이름을 얻고, 자리를 차지하는 것을 인생의 성취로 여깁니다. 하지만 조용하고 이름 없는 삶에서 오히려 더 깊고 진한 기쁨을 발견할 수 있습니다.

마찬가지로, 배고픔과 추위는 육체의 고통이지만, 모든 것이 갖춰졌음에도 느끼는 무기력과 허무는 그보다 더 큰 고통이 될 수 있습니다.

사회는 성공을 향한 경주를 부추기지만, 내면의 평화와 본질적인 만족은 세속적 성취와는 다른 것입니다. 고요한 마음과 욕심 없는 마음이야말로 진정한 기쁨이 깃드는 자리입니다.

**전집 067**
人知名位爲樂, 不知無名無位之樂爲最眞 ; 人知飢寒爲憂, 那知不飢不寒之憂爲更甚。
사람들은 명예와 지위를 즐거움이라 여기지만, 이름도 지위도 없는 삶의 즐거움이야말로 가장 진실한 기쁨입니다. 사람들은 배고픔과 추위를 근심이라 여기지만, 오히려 배고프지도 춥지도 않을 때의 공허함이 더 큰 걱정일 수 있습니다.

## 068
# 겉으로 드러낸 선은
# 때로는 악보다 못하다

사람의 마음은 행위보다 먼저 진실을 드러냅니다. 누군가 잘못을 했지만 그 사실이 드러날까 두려워한다면, 그는 여전히 부끄러움을 알고 있고 회복할 여지가 있습니다.

반대로 선한 일을 하고서 그 공을 사람들에게 알리고 인정받고자 서두른다면, 그 마음에는 이미 '자기 과시'라는 탐심이 자라나기 시작한 것입니다.

참된 선은 조용히 피어나며, 타인의 인정을 구하지 않습니다. 진실한 덕은 남에게 보이려 하지 않아도 빛나며, 위선은 결국 본심을 감추지 못합니다.

---

전집 068
爲惡而畏人知, 惡中猶有善路 ; 爲善而急人知, 善處即是惡根.
악한 일을 하고서도 남이 알까 두려워한다면, 그 마음속에는 아직 선으로 돌아갈 여지가 있습니다. 반면, 착한 일을 하면서도 남에게 그것을 드러내고자 조급해한다면, 그 선한 행위는 이미 악의 씨앗을 품고 있는 것입니다.

## 069

# 하늘조차 꺾지 못하는 굳센 마음 하나

세상의 이치는 우리의 뜻대로만 흐르지 않습니다. 때론 잘되던 일이 예기치 않게 꺾이고, 어려움 속에 피어난 노력은 한순간에 꽃을 피우기도 합니다.

이 모든 변화는 하늘의 속임이자, 인간의 오만을 깨우치는 교훈일 수 있습니다. 그렇기에 진정한 현인은 기쁨에 취하지 않고, 순조로울 때도 늘 마음을 다잡습니다.

평온 속에 위기를 준비하는 자세야말로, 하늘에 더 이상 시험할 틈을 주지 않는 지혜로운 삶의 태도입니다.

---

**전집 069**
天之機緘不測。抑而伸、伸而抑、皆是播弄英雄、顚倒豪傑處。君子只是逆來順受、居安思危、天亦無所施其技倆矣。
하늘의 뜻은 헤아릴 수 없고 변화무쌍합니다. 눌렀다가 다시 들어 올리고, 올렸다가 다시 꺾기도 하니, 이는 영웅호걸조차 뒤흔드는 하늘의 장난과 같습니다. 그러므로 현인은 다가오는 일을 순순히 받아들이고, 평안할 때도 항상 위태로움을 생각하며 대비해야 합니다. 그렇게 하면 하늘도 더는 사람을 시험할 방법이 없게 됩니다.

## 070

# 유연하게 마음을 다스리고

　삶의 바탕에는 언제나 '균형'이 깔려 있어야 합니다. 불처럼 급하면 주변을 태우고, 얼음처럼 차가우면 사람의 온기를 죽이며, 썩은 물처럼 고이면 생기를 잃습니다.

　결국, 성정의 한쪽 극단에 머무는 이들은 어떤 일을 이루기 어렵고, 복도 스스로 걷어차게 됩니다.

　변화 앞에서 부드럽게 자신을 조율하고, 타인을 따뜻하게 품는 이가 진정 오래가는 인생의 축복을 누릴 수 있습니다.

---

**전집 070**
燥性者火熾, 遇物則焚;寡恩者氷淸, 逢物必殺;凝滯固執者, 如死水腐木, 生機已絶。俱難建功業而延福祉。
성격이 조급하고 급한 사람은 불처럼 타올라 어떤 대상이든 만나면 태워버립니다. 정이 박하고 메마른 사람은 얼음처럼 차가워, 누구든 만나면 상처를 입힙니다. 고집이 심하고 생각이 굳은 사람은 썩은 물과 죽은 나무 같아, 이미 생명력을 잃었습니다. 이러한 성향들은 모두 큰일을 이루거나 복을 오래 누리는 데 장애가 됩니다.

## 071

# 기쁨은 복을 부르고,
# 분노는 화를 불러온다

사람은 누구나 복을 원하고 화를 피하려 합니다. 하지만 복은 억지로 구한다고 찾아오는 것이 아니며, 화 또한 계산적으로 피한다고 완전히 사라지지 않습니다.

오히려 복은 기쁜 마음과 평온한 기운에서 저절로 쓰트고, 화는 분노와 해침의 기운이 없을 때 멀어집니다. 복을 부르려면 바깥을 향해 구하지 말고, 내 안의 기운을 고요하고 따뜻하게 길러야 합니다.

결국, 복과 화는 밖에서 오는 것이 아니라 마음이 부르는 것입니다.

**전집 071**
福不可邀、養喜神、以爲召福之本而已；禍不可避、去殺機、以爲遠禍之方而已。
복은 억지로 청할 수 없습니다. 기쁨과 평온한 마음을 잘 기르면 그것이 곧 복을 부르는 바탕이 됩니다. 화는 피하려 해도 완전히 막을 수 없습니다. 분노와 해치려는 마음을 없애는 것이야말로 화를 멀리하는 방법입니다.

## 072

# 작은 실수에 공든 탑이 무너진다

말과 행동은 종종 공정하지 않은 평가를 받습니다. 열 번 중 아홉 번을 잘해도 사람들은 그것을 쉽게 잊고, 단 한 번의 실수에 모든 잘못을 덧씌웁니다. 인간은 본능적으로 결점에 민감하며, 그로 인해 공이 쉽게 빛을 잃습니다.

그렇기에 현인은 말하기를 조심하며, 눈에 띄는 재주를 부리기보다는 조용한 신중함을 선택합니다. 말이 많을수록 실수가 따르고, 지나친 꾀는 의심을 낳기 때문입니다.

겉으로 드러나는 영민함보다 묵직하게 쌓인 신뢰가 진정한 지혜의 표식입니다.

**전집 072**
十語九中、未必稱奇、一語不中、則愆尤駢集；十謀九成、未必歸功、一謀不成、則訾議叢興。君子所以寧默毋躁、寧拙毋巧。
열 번 말해 아홉 번 맞혔다고 해서 특별히 칭찬받지는 못하지만, 한 번만 틀려도 온갖 비난이 쏟아집니다. 열 번 꾀해 아홉 번 성공해도 특별한 공으로 남지 않지만, 단 한 번 실패하면 온갖 비판이 일어납니다. 그래서 현인은 차라리 침묵할지언정 경솔하게 말하지 않고, 차라리 둔해 보여도 교묘하게 꾀를 부리지 않습니다.

## 073

# 따뜻한 마음은 복이 머무는 자리

자연의 섭리는 명확합니다. 따뜻한 기운이 생명을 틔우고, 차가운 기운은 생명을 움츠리게 합니다. 인간도 이와 다르지 않습니다. 차가운 마음을 지닌 사람 곁에는 사람도 복도 쉽게 머물지 않습니다.

반면, 따뜻한 말 한마디, 너그러운 시선, 열린 태도를 가진 사람 곁에는 언제나 좋은 인연이 맴돌고, 오래도록 그 온기가 퍼져 나갑니다.

복이란 거창한 결과가 아니라, 일상에서 피어나는 따뜻한 마음의 열매입니다. 누군가에게 따뜻함을 전하려는 당신의 그 마음이, 이미 큰 복을 불러들이는 씨앗이 됩니다.

---

**전집 073**
天地之氣、暖則生、寒則殺。故性氣淸冷者、受享亦凉薄。唯和氣熱心之人、其福亦厚、其澤亦長。
하늘과 땅의 기운은 따뜻하면 생명을 살리고, 차가우면 죽입니다. 그래서 성정이 차고 냉정한 사람은 복도 얇고 인연도 메마릅니다. 오직 따뜻한 마음과 부드러운 기운을 지닌 사람만이 깊은 복을 누리고, 그 은혜도 오래 이어집니다.

## 074

# 우리가 걷는 길은 결국 마음의 방향

우리 마음이 어디를 향해 있느냐에 따라 삶의 길은 전혀 다른 풍경이 됩니다. 하늘의 이치를 좇고자 할 때, 비록 당장은 평범하고 눈에 띄지 않더라도 그 길은 마음을 맑게 하고 생각을 깊게 하며, 끝내는 넓은 세계로 인도합니다.

반대로 욕망을 좇는 길은 처음에는 화려하게 보일 수 있지만, 곧 좁은 시야와 번민으로 가득 찬 고단한 길로 바뀌고 맙니다.

우리는 선택의 갈림길 앞에서 무엇이 진정 넓고 밝은 길인지를 분별하는 마음의 눈이 필요합니다. 마음을 고요히 하고 바른 뜻을 향할 때, 삶은 훨씬 단단하고 넉넉해집니다.

**전집 074**
天理路上甚寬、稍游心、胸中便覺高明廣大 ; 人欲路上甚窄、纔寄跡、眼前俱是荊棘泥塗。
하늘의 이치를 따르는 길은 아주 넓고 탁 트여 있어, 마음을 조금만 그쪽에 두어도 가슴이 환히 트이고 시야가 넓어집니다. 반면, 인간의 욕망을 따라가는 길은 매우 좁고 험해서, 조금만 발을 들여놓아도 눈앞은 온통 가시덤불과 진흙탕뿐입니다.

## 075

# 단련된 끝에 비로소 오는 복과 앎

삶에서 겪는 고통과 기쁨은 단순히 감정의 파고가 아닙니다. 그것은 서로를 다듬어주는 연마의 두 날개입니다. 기쁨만으로는 단단해질 수 없고, 고통만으로는 지탱할 수 없습니다. 이 두 가지가 엇갈려 우리를 단련시킬 때, 비로소 그 안에서 성숙한 행복이 피어납니다.

마찬가지로, 의심과 믿음은 진리를 향한 여정의 양 끝입니다. 처음엔 의심으로 시작하더라도 그것을 깊이 들여다보고, 믿음과 함께 천천히 따져가며 탐구할 때 비로소 진실한 앎에 이르게 됩니다. 빠른 확신보다 천천히 쌓아 올린 앎과 복이야말로 진정 오래가며, 삶을 풍요롭게 만듭니다.

**전집 075**
一苦一樂相磨鍊、鍊極而成福者、其福始久；一疑一信相參勘、勘極而成知者、其知始眞。
고통과 기쁨이 서로 교차하며 우리를 단련시킬 때, 그 단련이 극에 이르면 진정한 복으로 이어지고, 그 복은 오래도록 지속됩니다. 의심과 믿음이 서로 엇갈리며 탐구할 때, 끝까지 헤아린 그것이 진정한 앎이 되며, 그 지식은 비로소 참된 것입니다.

## 076

## 비우되 공허하지 않게

마음이란 그릇은 비어 있어야 의미 있는 것이 담깁니다. 내면이 가득 차 있으면, 진실도 도리도 머물 곳이 없습니다.

하지만 그 비움은 공허한 채움이 아니라, 깨어 있고 성실한 채움이어야 합니다. 마음이 허망하고 실속이 없으면 외부의 온갖 유혹과 욕망이 스며들기 쉽습니다.

우리의 마음은 겸허하면서도 중심이 잡혀 있어야 하며, 비우되 단단하고, 열려 있으되 흔들림 없는 자세가 필요합니다. 이런 마음이야말로 의롭고 바른길을 받아들이며, 동시에 자신을 지켜낼 힘을 갖추게 합니다.

---

**전집 076**
心不可不虛、虛則義理來居；心不可不實、實則物欲不入。
마음은 비워야 합니다. 비어 있어야 의리와 도리가 그 안에 들어올 수 있습니다. 그러나 마음은 동시에 충실해야 합니다. 충실해야 외부의 욕망이 틈타지 못합니다.

## 077

# 너그러움이 깊이를 만든다

삶은 늘 순결하고 고결한 이상만으로 이루어지지 않습니다. 땅이 온갖 것을 품듯, 진정한 사람 또한 때로는 불완전함과 혼탁함을 감싸 안을 수 있어야 합니다.

너무 맑은 물에서는 물고기가 살 수 없듯, 지나치게 결백을 고집하면 세상과 어울리지 못한 채 고립되기 쉽습니다. 타인의 허물과 세상의 어지러움을 품어 안는 너그러움은 약함이 아니라 강한 힘입니다. 자신의 청렴함에만 집착하다 보면 결국 외로움 속에 갇히고 맙니다.

현인의 길은 깨끗함 속에 머무는 것이 아니라, 때로는 더러움도 품을 수 있는 도량에서 비롯됩니다.

**전집 077**
地之穢者多生物、水之淸者常無魚。故君子當存含垢納汚之量、不可持好潔獨行之操。
땅이 더러워야 많은 생명을 기를 수 있고, 물이 너무 맑으면 오히려 물고기가 살기 어렵습니다. 그러므로 현인도 때로는 더러움을 품는 마음을 지녀야 하며, 자신의 청결함만을 내세워 외롭게 살아가려 해서는 안 됩니다.

## 078

# 깨어 있는 아픔이 더 강하다

삶에는 불완전함이 필요합니다. 길들지 않은 말도 시간이 지나면 달릴 수 있고, 거친 쇳덩이도 결국 단단한 틀에 맞게 다듬어집니다. 그러나 아무 시도 없이 그저 편안함만을 추구한다면, 변화도 성숙도 없이 인생은 그 자리에 머물게 됩니다.

병이 많음은 인간적인 고통일 수 있으나 오히려 그것이 삶의 과정이며, 아무 병도 없이 무탈하게만 살아가는 삶이야말로 진정 걱정스러운 것입니다.

삶은 시련을 통해 단단해지고, 그 단련을 통해 우리는 더 나은 존재로 나아갑니다. 중요한 것은 고요함 속에서 흔들리고 깨어나려는 의지입니다.

**전집 078**
泛駕之馬可就馳驅、躍冶之金終歸型範。只一優游不振、便終身無個進步。白沙云:「爲人多病未足羞、一生無病是吾憂。」眞確論也。

길가에 풀어놓은 말도 길들일 수 있고, 불 속에서 튀는 금속도 결국에는 틀에 맞추어질 수 있습니다. 단지 느긋하게 지내며 노력하지 않으면 평생토록 아무런 진보도 없게 됩니다. 백사(白沙; 송나라의 유학자 주희(朱熹)의 제자 백사 이항(1139~1192)을 의미하거나 주희(朱熹) 자신을 지칭하는 경우도 있음)는 이렇게 말했습니다. "사람이 병이 많다고 부끄러워할 필요는 없지만, 평생 병 하나 없이 산다면 그것이 오히려 내 걱정거리다." 정말 옳은 말입니다.

# 탐욕은 가장 먼저 인간성을 허문다

사람의 본성은 한순간의 탐욕으로도 쉽게 무너질 수 있습니다. 마음속에 사사로운 욕심이 스며드는 찰나, 단단했던 의지는 무뎌지고, 맑았던 지혜는 어두워지며, 따뜻했던 마음은 냉정과 잔혹으로 바뀌기 시작합니다.

이런 이유로 옛사람들은 '탐하지 않음'을 가장 큰 덕목으로 삼았습니다. 욕심을 채우는 것이 아닌, 마음을 비우는 것이 곧 인격을 세우는 길임을 그들은 알고 있었던 것입니다.

오늘날 우리는 더 많은 것을 가지려 하기보다는 욕망 앞에서 한 걸음 물러설 줄 아는 힘을 길러야 합니다. 그 절제가 바로 우리를 지켜주는 가장 강력한 방패입니다.

**전집 079**
人只一會貪私、便銷剛爲柔、塞智爲昏、變恩爲慘、染潔爲汚、壞了一生人品。故古人以不貪爲寶、所以度越一世。
사람이 단 한 순간이라도 사사로운 욕심에 사로잡히면, 굳세던 기개가 무르고, 밝던 지혜가 흐려지며, 너그러움이 잔혹함으로, 맑음이 더러움으로 변하게 됩니다. 그렇게 한 번의 탐욕으로 한평생의 인품이 무너지는 법입니다. 그러므로 옛사람들은 '탐하지 않음'을 노배로 여겼고, 그것을 통해 세상을 당당히 살아갔던 것입니다.

## 080

# 마음을 지킬 때, 비로소 삶이 선다

인간은 외부 자극과 내면의 충동 사이에서 끊임없이 흔들리는 존재입니다. 눈과 귀로 들어오는 세상의 유혹은 외부에서 오는 도둑이고, 욕망과 감정, 얽힌 생각들은 안에서 우리를 무너뜨리는 내면의 적이 됩니다. 그러나 이 모든 것들이 문제가 되는 것은 단 하나, 우리의 '참된 주인'이 깨어 있지 않을 때입니다.

마음의 주인이 흐릿해지면, 도둑들은 마음의 집 안을 헤집고 다니게 됩니다. 반대로 내가 내 마음의 중심에 곧게 앉아 있다면, 외적도 내적도 결국 나를 단련시키는 가족이 됩니다.

혼란한 세상 속에서 마음의 중심을 잃지 않는 것, 그것이야말로 진정한 수행이고, '나'를 지키는 길입니다.

---

**전집 080**
耳目聞見爲外賊, 情欲意識爲內賊。只是主人翁惺惺不昧, 獨坐中堂, 賊便化爲家人矣。
귀와 눈이 외부에서 들어오는 도둑이고, 감정과 욕망, 의식은 내부의 도둑입니다. 그러나 참된 주인이 항상 깨어 있고 흐려지지 않으며, 마음속 중심에 바르게 앉아 있다면, 이 모든 도둑도 결국 집안의 식구처럼 바뀔 수 있습니다.

## 081
# 지키는 것이 결국 대비하는 것이다

인간은 늘 앞으로 나아가기를 원하지만, 그만큼 중요한 것이 '지금 지닌 것'을 지켜내는 일입니다. 아직 이루지 못한 미래의 성과에 집착하다 보면, 현재의 성취를 소홀히 하게 됩니다. 또 이미 지나간 잘못에만 머물러 자책한다면, 앞날을 바로 세울 기회를 잃게 됩니다.

삶은 언제나 진행 중이며, 중요한 것은 이미 주어진 것에 책임을 다하고, 다가올 위험을 미리 살피는 태도입니다. 따라서 우리는 과욕이나 후회에 빠지기보다는 현재를 충실히 지키고 미래를 슬기롭게 준비하는 지혜를 깨달아야 합니다.

진정한 성취는 때때로 나아감보다 '지킴'과 '예방'에서 비롯됩니다.

---

**전집 081**
圖未就之功, 不如保已成之業; 悔旣往之失, 不如防將來之非.
아직 이루지 못한 공을 도모하는 것보다 이미 이룬 업적을 잘 지키는 것이 더 낫고, 이미 저지른 실수를 후회하는 것보다 앞으로의 잘못을 미리 막는 것이 더욱 현명합니다.

## 082

# 균형 위에 선 사람의 품격

담백한 취향은 정신을 자유롭게 하지만, 지나치면 감성이 메말라갑니다. 엄정한 지조는 곧은 길로 이끌지만, 그것이 분노로 흐르면 오히려 독이 됩니다.

바른길을 걷되, 극단으로 흐르지 말 것. 강직함과 온화함, 치밀함과 여유로움이 함께 있어야 삶은 무너지지 않고 오래 갑니다.

진정한 인격이란 균형 위에 세워진 단단함입니다.

**전집 082**
氣象要高曠、而不可疏狂;心思要縝密、而不可瑣屑、趣味要沖澹、而不可偏枯;操守要嚴明、而不可激烈。
기개는 크고 탁 트여야 하지만 지나치게 경솔해서는 안 되며, 마음은 치밀해야 하지만 지나치게 소소하고 집착해서는 안 됩니다. 취향은 담백하고 너그러워야 하되, 편협하고 메말라선 안 되며, 지조는 엄정하고 분명해야 하나, 지나치게 격렬해서는 안 됩니다.

## 083

# 머무르지 않고 스쳐가는 마음

바람이 지나간 뒤 흔적을 남기지 않는 대나무, 기러기가 스쳐 간 후 고요함을 되찾는 연못처럼, 마음도 그러해야 합니다.

어떤 일이 생기면 그것에 맞게 반응하되, 일이 지나간 후엔 미련 없이 놓아야 합니다. 지나간 감정이나 상황에 마음을 붙잡고 있으면, 마음은 결국 고요함을 잃고 흐려집니다. 우리 삶에는 수많은 일이 스쳐 가기 때문입니다.

매번 집착하거나 애태우기보다는 그저 잠시 들렀다가 가는 바람처럼 다시 고요한 마음으로 돌아올 수 있어야 합니다. 이것이 진정한 평정심이며, 삶의 내면을 단단히 지키는 힘입니다.

**전집 083**
**風來疏竹, 風過而竹不留聲; 雁度寒潭, 雁去而潭不留影。故君子事來而心始現, 事去而心隨空。**
바람이 성긴 대나무 숲을 스치면 지나간 뒤엔 아무 소리도 남지 않듯, 기러기가 차가운 연못 위를 날아가면 지나간 자리에 그림자조차 머물지 않듯, 현인은 일이 닥쳐야 마음이 드러나고, 일이 지나면 마음 또한 것없이 비워집니다.

## 084

# 절제의 선을 그리다

미덕이란 극단에 머무는 것이 아닙니다. 청렴하면서도 사람을 품을 줄 알고, 인자하면서도 결단할 줄 아는 마음이 조화를 이룰 때, 참된 인격이라 할 수 있습니다.

통찰이 깊더라도 모든 것을 낱낱이 들춰 상처 주어서는 안 되며, 정직하다고 해서 융통성을 잃으면 오히려 해가 됩니다. 지나치게 달지도 않고, 지나치게 짜지도 않은 음식이 진정한 맛을 품듯이, 사람됨도 균형과 절제로 빚어져야 합니다.

미덕이란 다채로운 성품이 조화롭게 어우러진 상태입니다. 이는 깊고 따뜻한 사람의 향기이며, 오래도록 사람들의 마음을 움직이는 힘입니다.

---

**전집 084**
清能有容、仁能善斷;明不傷察、直不過矯。是謂蜜餞不甜、海味不鹹、纔是懿德。
청렴하다고 해서 포용력이 없어서는 안 되고, 인자하다고 해서 결단력이 부족해서는 안 됩니다. 통찰력이 있다고 해서 지나치게 들춰내서는 안 되고, 올곧다고 해서 지나치게 경직되어서도 안 됩니다. 이는 단맛이 지나치지 않고, 짠맛이 너무 강하지 않은 것이야말로 진정한 미덕이라는 뜻입니다.

# 085

# 궁핍 속에서도 잃지 않는 마음의 단정함

삶이 궁핍하다고 해서 아름다움까지 포기할 필요는 없습니다. 깨끗이 쓸린 마당, 정갈히 빗은 머리칼은 외적인 화려함 없이도 마음의 품격을 드러냅니다. 기품은 소유가 많고 적음에서 오는 것이 아니라, 자신을 어떻게 가꾸느냐에 따라 결정됩니다.

마찬가지로, 선비와 같은 삶을 지향하는 사람은 역경 속에서도 자신을 무너뜨리지 말아야 합니다.

외적인 조건에 상관없이, 자신의 삶을 정성 다해 대하는 태도야말로 진정한 고결함을 이루는 길입니다.

**전집 085**
貧家淨掃地、貧女淨梳頭、景花雖不艶麗、氣度自是風雅。士君子一當窮愁寥落、奈何輒自廢弛哉。
가난한 집일지라도 마당을 정갈히 쓸고, 가난한 여인일지라도 머리를 단정히 빗는다면, 비록 그 모습이 화려하지는 않아도 고운 기품은 절로 드러납니다. 그러하니 선비 된 사람이 곤궁하고 외로운 처지에 빠졌다 하여 어찌 자신을 쉽게 무너뜨릴 수 있겠습니까?

## 086

# 보이지 않는 곳에서 쌓이는 진짜 힘

인생의 진정한 단련은 눈에 띄지 않는 순간에서 시작됩니다. 한가할 때도 흐트러지지 않고 자신을 가다듬는 사람은, 바쁠 때도 중심을 잃지 않습니다.

고요할 때도 공허함에 빠지지 않고 내면을 채우는 사람은 세상 속에서 흔들리지 않습니다. 결국 삶의 질은 특별한 때가 아니라 평범한 일상에서 어떻게 나를 다스리느냐에 달려 있습니다.

눈에 띄지 않는 습관 하나, 고요한 마음 하나가 앞으로 마주하게 될 일들의 기초가 됩니다. 겉이 아니라 속을 준비하는 이에게만 진짜 '쓸모'가 생겨납니다.

**전집 086**
閒中不放過、忙處有受用；靜中不落空、動處有受用；暗中不欺隱、明處有受用。
한가한 때를 허투루 보내지 않으면 바쁠 때도 쓸모가 있고, 고요한 중에도 마음이 허무에 빠지지 않으면 움직일 때도 중심이 서며, 어두운 곳에서 자신을 속이지 않으면 밝은 곳에서도 떳떳함을 얻을 수 있습니다.

## 087

# 생각 하나가 인생의 길을 바꾼다

사람의 마음은 순간의 생각 하나로 욕망에 이끌리기 쉽습니다. 하지만 그 생각이 일어나는 바로 그 찰나에 '지금 나는 어디로 향하고 있는가'를 알아차릴 수 있다면, 이는 단순한 깨달음이 아니라 삶의 방향을 바꾸는 전환점이 됩니다.

욕망을 좇는 길은 때로 달콤하고 빠르지만, 그것이 반드시 삶을 풍요롭게 하지는 않습니다. 반대로, 이성과 도리를 따르는 길은 느릴지 몰라도 우리를 중심으로 돌려놓는 힘이 있습니다.

결국 인생을 바꾸는 것은 거창한 결단이 아니라, 작은 생각 하나를 어떻게 다루느냐에 달려 있습니다.

**전집 087**
**念頭起處、纔覺向慾路上去、便挽從理路上來。一起便覺、一覺便轉、此是轉禍為福、起死回生的關頭、切莫輕易放過。**
마음속 생각이 일어나 욕망의 길로 향하려는 순간, 곧바로 이성을 따라 도리의 길로 이끌어야 합니다. 생각이 일어나자마자 그것을 자각하고, 자각하는 즉시 방향을 돌릴 수 있어야 합니다. 이 짧은 찰나의 전환이야말로 재난을 복으로 바꾸고, 절망 속에서 다시 살아나는 전환점이니 결코 가볍게 흘려보내지 말아야 합니다.

## 088

# 마음을 비추는 거울

삶의 혼란 속에서 진리를 찾는 사람은 많지만, 마음의 거울이 고요하지 않다면 본래의 모습을 비추기는 어렵습니다. 고요함 속에서 떠오르는 맑은 생각은 우리의 진심을 드러내 주며, 여유로움 속에서 피어나는 기운은 마음의 작동 원리를 이해하게 해 줍니다.

또한, 담백한 삶을 추구할 때 비로소 욕망의 자극을 넘어선 깊은 기쁨을 맛볼 수 있습니다. 이는 단순한 절제의 미덕을 넘어, 마음 그 자체의 '맛'을 알아가는 과정입니다.

복잡함에 대한 해답은 멀리 있지 않습니다. 조용한 내면, 그 안에 이미 길이 있습니다.

---

**전집 088**
靜中念慮澄澈、見心之眞體；閒中氣象從容、識心之眞機；淡中意趣沖夷、得心之眞味。觀心證道、無如此三者。
고요한 가운데 생각이 맑아지면 마음의 본모습을 비로소 볼 수 있고, 한가한 가운데 기운이 여유로우면 마음이 움직이는 진짜 원리를 알 수 있으며, 담백함 속에서 뜻과 취향이 평온하면 마음의 참맛을 얻을 수 있습니다. 마음을 살피고 도를 깨닫는 데는 이 세 가지보다 더 좋은 길이 없습니다.

## 089
## 고요와 기쁨이 주는 진짜 얼굴

　진정한 평온은 고요한 공간에 있을 때 생기지 않습니다. 오히려 수많은 움직임과 갈등 속에서 마음을 잃지 않고 고요함을 유지할 수 있을 때, 우리는 참된 성품을 마주하게 됩니다. 마찬가지로, 기쁨은 단지 좋은 일이 있을 때만 피어나는 것이 아닙니다.

　고난과 역경 속에서도 스스로 기쁨을 찾을 수 있다면, 그때부터는 마음이 움직이는 진정한 원리를 체험하게 됩니다. 진정한 고요와 기쁨은 외부 환경이 주는 것이 아니라, 스스로 다스린 내면에서 피어납니다.

　삶이 흔들릴 때 마음을 고요히 하고, 괴로움 속에서 의미를 찾으려 할 때 더욱 단단한 존재가 될 수 있습니다.

---

**전집 089**
靜中靜非眞靜、動處靜得來、纔是性天之眞境；樂處樂非眞樂、苦中樂得來、纔見心體之眞機。
고요함 속에서의 고요는 참된 고요가 아니며, 움직임 속에서도 고요함을 잃지 않을 때, 그것이야말로 본래 성품의 참된 경지입니다. 즐거움만이 즐거움이 아니며, 고난 가운데서도 즐거움을 찾을 수 있어야 비로소 마음의 진정한 작용을 알 수 있습니다.

## 090

# 내려놓고 베풀 때 비로소 덕이 된다

우리는 결단을 내릴 때 흔히 그 결정이 옳았는지를 되묻곤 합니다. 하지만 진정한 결심은 뒤돌아보지 않는 데서 비롯됩니다. 내려놓은 것에 대한 의심은 곧 자기 뜻을 흔드는 일이 되며, 마음속 중심을 허무는 일이기도 합니다.

또한 남에게 무언가를 베풀었을 때, 그것이 진정한 선의라면 그 결과에 연연하지 않아야 합니다. 보답을 기대한다면, 이미 그 행위는 순수함을 잃고 거래로 전락합니다.

우리가 무엇을 내려놓고, 무엇을 나누는가보다 중요한 것은 그 행위가 얼마나 순수했는가 하는 점입니다.

**전집 090**
捨己毋處其疑, 處其疑, 即所舍之志多愧矣; 施人無責其報, 責其報, 並所施之心俱非矣。
무언가를 내려놓기로 했다면, 그 결정에 의심을 품지 말아야 합니다. 의심 속에 머무른다면, 이미 내려놓은 결심마저 부끄러움으로 변할 수 있습니다. 남에게 베풀었다면, 그 보답을 바라지 말아야 합니다. 보답을 기대하는 순간, 그 베풂의 마음마저 진정한 것이 아니게 됩니다.

## 091

# 하늘을 이기는 마음은 따로 있다

운명이 박하다고 탓할 필요는 없습니다. 복이 적다고 한탄하기보다 스스로 덕을 두텁게 쌓는다면 운명은 초월할 수 있습니다. 세상은 종종 육신의 피로와 고난을 안겨주지만, 그런 순간일수록 마음을 쉬고 단단히 다져야 합니다.

상황이 불리하다고 하여 죽을 것이 아니라, 오히려 나의 도리를 지키고 길을 넓히는 데 집중한다면 그 어떤 운명도 나를 꺾지 못할 것입니다.

외부의 조건은 주어지는 것이지만, 그것을 어떻게 받아넘기느냐는 전적으로 내 안의 태도에 달려 있습니다.

---

**전집 091**
天薄我以福, 吾厚吾德以迓之; 天勞我以形, 吾逸吾心以補之; 天阨我以遇, 吾亨吾道以通之。天且奈我何哉。
하늘이 내게 복을 박하게 하더라도, 나는 덕을 두텁게 쌓아 그것을 맞이하겠습니다. 하늘이 내게 육신의 고됨을 주더라도, 나는 마음을 편히 하여 그것을 보완하겠습니다. 하늘이 내게 불리한 처지를 주더라도, 나는 도를 넓히고 길을 펴서 그것을 이겨내겠습니다. 그러니 하늘이 어찌 나를 어찌할 수 있겠습니까?

## 092

# 무심한 자에게 깃드는 복

복을 탐하지 않는 사람에게 하늘은 조용히 복을 내려줍니다. 진실한 마음은 계산 없이 고요하고, 그 속에서 생기는 덕은 인위적이지 않기에 더욱 깊이 뿌리내립니다.

반면, 화를 피하려 온갖 술수를 쓰는 자는 오히려 그 조급한 마음으로 인해 화를 자초하게 됩니다. 하늘의 뜻은 인간의 계산을 훨씬 뛰어넘습니다. 우리가 할 일은 얕은꾀를 부리는 것이 아니라, 순수한 본심을 지키는 것입니다.

세상이 불확실하고 미래가 예측 불가할수록 덕과 진심이라는 변치 않는 길이 결국 가장 확실한 불변의 길이 됩니다.

---

전집 092
貞士無心徼福、天即就無心處牖其衷；憸人著意避禍、天即就著意中奪其魄。可見天之機權最神、人之智巧何益。
참된 사람은 복을 바라지 않기에 하늘은 바로 그 무심한 마음을 보고 그의 진심을 비추어줍니다. 간사한 사람은 화를 피하려 애쓰지만, 하늘은 오히려 그 계산된 마음에서 그의 정신을 앗아갑니다. 이로 보건대, 하늘의 뜻은 지극히 신묘하니 인간의 얕은꾀로는 아무 소용이 없습니다.

## 093

# 마지막 순간이 모든 것을 말해준다

　인생은 끝이 어떠한가에 따라 전부의 가치가 달라질 수 있습니다. 사람의 인격을 평가하는 데는 일생의 초반이나 겉모습보다 마지막 순간의 선택과 태도가 진정한 척도입니다. 젊은 날 화려한 삶을 살았더라도 마지막에 마음을 바로잡고 올곧게 살면, 그 앞선 삶은 흠이 되지 않습니다.

　반대로, 오랜 시간 절개를 지켜왔더라도 마지막에 무너진다면 그간의 고난조차 무색해집니다. 마치 사계절 중 마지막 겨울의 추위가 그 해를 기억하게 하듯, 사람도 '후반의 삶'으로 그 진가가 결정됩니다.

　그러므로 우리는 삶의 마지막까지 바르고 진실하게 살아야 할 이유가 분명합니다.

**전집 093**
聲妓晩歲從良、一世之烟花無礙；貞婦白頭失守、半生之淸苦俱非。語云：「看人只看後半截。」眞名言也。
기생이라도 말년엔 정숙하게 살면 그동안의 화려했던 삶은 허물이 되지 않습니다. 반대로, 정절을 지켜온 부인이라도 노년에 뜻을 저버리면 그동안의 고생과 인내가 모두 헛된 것이 됩니다. "사람은 마지막을 보고 판단하라"라는 말이야말로 진실한 명언입니다.

## 094

# 지위가 아닌 덕으로 기억되는 사람

사람의 가치는 지위나 명예에서 오지 않습니다. 진정한 품격은 어떤 자리에 있느냐가 아니라 어떤 마음으로 살아가느냐에서 비롯됩니다. 덕을 베풀고 남을 돕는 평범한 사람은, 비록 이름이 알려지지 않았더라도 세상을 밝히는 귀한 존재입니다.

반대로 권력과 사랑을 거래의 수단으로 삼는 사람은, 아무리 높은 자리에 올라와 있다고 해도 그 속은 비어 있고 초라할 뿐입니다. 이름보다 마음이, 명예보다 행동이 사람을 빛나게 합니다.

우리는 스스로에게 묻습니다. "당신은 어떤 마음으로 살아가고 있습니까?"

**전집 094**
平民肯種德施惠, 便是無位的公相; 士夫徒貪權市寵, 竟成有爵的乞人。
비록 평민이라도 덕을 쌓고 베풀 줄 안다면 벼슬이 없어도 백성을 다스리는 재상과 같습니다. 반면, 선비가 권력과 총애만을 탐하면 비록 지위가 있어도 결국은 이름뿐인 거지일 뿐입니다.

095

# 받은 복은 지키고, 남길 복은 생각하라

우리가 지금 누리고 있는 삶의 기반은 조상의 인내와 헌신 위에 세워진 것입니다. 쉽게 얻어진 것이 아니기에, 그 가치를 기억하고 감사히 여겨야 합니다. 동시에 우리가 남기는 말과 행동, 삶의 흔적은 다음 세대에게 곧바로 영향을 미칩니다.

조심스럽게 쌓은 탑은 한순간의 방심으로도 무너질 수 있습니다.

받은 복을 어떻게 지키고 어떤 복을 남길지를 늘 생각하며 살아가야 합니다. 진정한 책임은 지금 안락함에 취하지 않고, 과거를 헤아리며 미래를 준비하는 데 있습니다.

**전집 095**
問祖宗之德澤, 吾身所享者是, 當念其積累之難 ; 問子孫之福祉, 吾身所貽者是, 要思其傾覆之易.
조상에게서 물려받은 은혜와 덕은 내가 지금 누리는 것이며, 그 축적이 얼마나 어려웠는지를 되새겨야 합니다. 자손이 누릴 복은 내가 남기는 것이며, 그것이 얼마나 쉽게 무너질 수 있는지를 늘 생각해야 합니다.

## 096

# 진심 없는 선행은 위선보다 악하다

사람은 태생의 높낮이보다 삶의 태도와 선택으로 그 품격이 갈립니다. 자기 자신을 현인이라 칭하며 겉으로만 선한 체하는 이들은 차라리 솔직하게 악을 드러내는 소인보다 더 위선적입니다. 겉과 속이 다른 위장은 스스로에게 진실보다 더욱 깊은 해를 남깁니다.

또한, 절개를 지키지 못하고 쉽게 바뀌는 현인은 잘못을 고치려는 소인보다 오히려 못한 사람이라 할 수 있습니다.

진정한 고귀함은 처음의 선을 지키고, 진심을 일관되게 이어가는 데 있습니다. 겉치레보다 마음의 바름이, 말보다 행실이 더 많은 것을 말해 줍니다.

---

**전집 096**
君子而詐善, 無異小人之肆惡; 君子而改節, 不及小人之自新。
현인이 선한 척하며 속이면 악을 거리낌 없이 드러내는 소인과 다르지 않으며, 현인이 절개를 바꾸면 스스로 새로워지려는 소인만도 못하게 됩니다.

## 097

# 봄바람처럼 부드러운 가족의 온도

    가정은 세상에서 가장 가까운 배움의 장소입니다. 그 안에서 생긴 잘못을 다룰 때, 폭력이나 즉각적인 단죄는 관계를 쉽게 무너뜨릴 수 있습니다.

    직접 말하기 어려운 상황이라면 다른 일로 돌려 말하되, 일시적으로 알아듣지 못하더라도 기다림과 반복으로 진심을 전해야 합니다. 꾸짖음 보다는 감싸안음이 먼저입니다

    얼음을 녹이는 건 날카로운 불길이 아니라 따뜻한 봄바람입니다. 진정한 가족의 사랑이란 감정을 앞세우기보다는 인내와 온기로 마음을 여는 데 있습니다.

**전집 097**
家人有過、不宜暴怒、不宜輕棄。此事難言、借他事隱諷之；今日不悟、俟來日再警之。如春風解凍、如和氣消冰、纔是家庭的型範。
가족에게 잘못이 있더라도 성을 내거나 쉽게 내쳐서 말아야 합니다. 직접적으로 말하기 어렵다면 다른 일을 빌려 조심스럽게 넌지시 일러주고, 오늘 깨닫지 못하더라도 내일 다시 부드럽게 일러줄 수 있어야 합니다. 마치 봄바람이 얼음을 녹이고 따뜻한 기운이 서서히 얼어붙은 마음을 녹이 듯해야 비로소 가정의 참된 모범이 됩니다.

## 098

# 마음이 둥글면 세상도 둥글게 보인다

세상을 대하는 우리의 태도는 결국 우리 마음의 반영입니다. 어떤 일이든, 어떤 사람이든 그것을 바라보는 시선이 둥글고 부드러우면 모난 것도 부드럽게 느껴지고, 마음이 평온하면 타인의 거친 말조차도 그리 날카롭지 않게 다가옵니다.

결국 세상의 결핍이나 험난함은 바깥이 아니라 내면의 불균형에서 비롯됩니다.

마음을 넓게 다스리는 일이야말로 세상을 평화롭게 만드는 첫걸음입니다. 마음이 바로 서면 모든 관계는 둥글게 돌아가고, 삶은 조금 덜 상처받게 됩니다.

---

전집 098
此心常看得圓滿, 天下自無缺憾之世界; 此心常放得寬平, 天下自無險側之人情。
마음이 늘 원만함을 유지하면 세상에는 스스로 모난 일이 없고, 마음이 늘 넓고 평온하면 세상에는 스스로 험한 사람도 없게 됩니다.

---

099

# 겸손 속에 숨은 곧음,
# 단단함 속의 여유

절제와 담담함을 지닌 사람은 때로 화려함을 좇는 이들에게 불편한 존재가 됩니다. 그의 절도 있는 삶이 상대에게는 비판처럼 느껴지기도 하며, 이는 곧 시기와 의심으로 돌아오기도 합니다. 마찬가지로, 조심성과 단정함은 방종한 삶을 살아온 이들에게는 경계의 대상이 되기도 하지요.

그러나 그렇다고 해서 현인이 자신의 바른길을 포기해서는 안 됩니다. 그렇다고 날 선 태도로 자신의 우위를 과시하려 해서도 안 됩니다.

세상을 살아가는 지혜는 단단함 속의 부드러움, 강함 속의 유연함을 잃지 않는 데 있습니다. 바른길을 가되, 지나친 빛은 삼가고, 품위를 잃지 않는 것이야말로 현인의 침착한 처세입니다.

**전집 099**
澹泊之士, 必為濃艷者所疑; 檢飾之人, 多為放肆者所忌. 君子處此, 固不可少變其操履, 亦不可露其鋒芒.
담담하고 절제된 사람은 종종 화려함을 추구하는 이들에게 의심을 사고, 조심스럽고 단정한 사람은 종종 방종한 이들의 질투를 받습니다. 현인은 이런 상황에 부닥칠 때 자신의 도리를 쉽게 바꾸어서는 안 되며, 동시에 자신의 날을 너무 드러내어 다른 이들의 시기심을 자극해서도 안 됩니다.

## 100

# 역경은 약이 되고, 순탄함은 칼이 된다

삶은 고난 속에서 진정한 성장을 이룹니다. 역경은 때로 가시밭길처럼 아프고 날카롭지만, 그 속에서 우리는 인내를 배우고, 뜻을 굳게 하며, 삶의 뿌리를 깊게 내립니다.

반면, 평탄하고 안락한 환경은 겉보기엔 은혜 같지만, 우리의 정신을 무디게 하고 경계를 늦추게 합니다. 칼날이 곳곳에 있음에도 느끼지 못하는 이 무감각이야말로 진짜 위험일 수 있습니다.

진정한 지혜는 고난을 피하는 데 있지 않고, 그 안에서 자신을 단련하는 데 있습니다.

전집 100
居逆境中, 周身皆鍼砭藥石, 砥節礪行而不覺 ; 處順境內, 滿前盡兵刃戈矛, 銷膏靡骨而不知。
역경 속에 있을 때는 온몸이 바늘과 약돌(여러 가지 약(藥)을 통틀어 이르는 말이자 그것으로 치료하는 일)에 찔리는 듯하지만, 도리와 행실을 갈고 닦게 되어 오히려 그것을 힘겹게 여기지 않습니다. 반대로 순탄한 환경에 처해 있을 때는 사방이 칼과 창으로 가득한 듯하지만, 기운과 뼈가 소모되는지도 모른 채 방심하게 됩니다.

# 101

## 불꽃 속에서도 서늘한 마음을 잃지 마라

화려한 환경은 종종 사람의 마음을 가리는 안개가 됩니다. 부귀한 집안에서 자란 이들은 욕망과 권력을 자연스레 가까이하게 되며, 그 기세는 사나운 불처럼 겉과 속을 태웁니다.

자신을 절제하지 못하고, 차가운 이성과 맑은 마음을 잃는다면, 결국 그 열기는 자신을 태워 소멸시키는 재앙이 될 수 있습니다. 그러므로 진정한 지혜는 부귀 속에서도 차가운 물 한 컵을 마음에 간직하는 데 있습니다.

안락한 자리에 있으면서도 냉철함을 잃지 않는 태도, 그것이 부를 품되 소멸하지 않는 삶의 방식입니다.

---

**전집 101**
生長富貴叢中的、嗜慾如猛火、權勢如烈焰。若不帶些淸冷氣味、其火焰若不焚人、必將自爍矣。
부귀 속에서 자란 사람은 욕망이 사나운 불처럼 타오르고, 권세는 거센 불길처럼 번져 갑니다. 만약 그 속에 맑고 서늘한 기운을 함께 지니지 못한다면, 그 불꽃은 남을 태우기 전에 반드시 자신부터 태우고야 말 것입니다.

# 102
# 진심은 조용히, 그러나 가장 멀리 간다

진심은 세상을 움직이는 가장 강력한 힘입니다. 마음이 참되면 외풍에 흔들리지 않고, 모든 벽을 뚫고 나아갈 수 있습니다.

반대로, 거짓된 마음을 지닌 자는 아무리 겉이 그럴듯해 보여도 내면은 이미 무너진 상태입니다. 겉만 남은 삶은 사람들에게도 외면당하고, 혼자 있을 때조차 자신을 부끄럽게 만듭니다.

진실은 외면보다 내면을 밝혀 주며, 결국은 모든 것을 꿰뚫는 관통력으로 바뀝니다. 자신을 속이지 않는 삶, 그것이 인간다운 품격의 시작입니다.

**전집 102**
人心一眞, 便霜可飛, 城可摧, 金石可貫。若僞妄之人, 行骸徒具, 眞己已亡, 對人則面目可憎, 獨居則形影自媿。

사람의 마음이 한결같이 참되면, 그 기개로 서리도 날아오고, 성도 무너뜨릴 수 있으며, 쇠와 돌도 뚫을 수 있습니다. 하지만 거짓과 위선을 일삼는 사람은 겉모습만 살아 있는 듯 보일 뿐, 참된 자아는 이미 사라졌습니다. 그런 이는 남 앞에서는 얼굴조차 보기 싫고 혼자 있을 때는 자기 그림자조차 부끄러워하게 됩니다.

## 103
# 완성은 자연스러움 속에 있다

완벽함은 종종 가장 담백한 모습으로 다가옵니다. 탁월한 문장도 기교로 눈길을 끌 때보다 마치 원래 그 자리에 있어야 했던 것처럼 자연스럽고 조화롭게 다가올 때 진가를 드러냅니다.

사람의 품격도 마찬가지입니다. 빛나는 언변이나 눈에 띄는 행동이 아닌 조용한 일상 속 태도와 마음에서 드러나는 본연의 품성이야말로 가장 깊은 인상을 남깁니다.

무엇인가를 잘하려는 애씀보다 '스스로 바르게 있는 것'이 진정한 완성입니다. 가장 빛나는 경지는 인위적인 것이 아닌 진정성과 균형에서 비롯됩니다.

---

**전집 103**
**文章做到極處, 無有他奇, 只是恰好; 人品做到極處, 無有他異, 只是本然.**
글이 최고의 경지에 이르면, 특별한 기교나 놀라움은 없습니다. 다만 모든 것이 '딱 맞게' 자연스럽습니다. 사람의 품격이 극에 달하면, 눈에 띄는 특별함은 없습니다. 그저 자연스러운 본모습일 뿐입니다.

## 104

# 허상 너머에서 진실을 보다

우리가 눈으로 보고 손으로 만지는 모든 것은 결국 덧없는 허상에 불과합니다. 부귀영화도 심지어 우리의 몸조차도 시간이 지나면 사라지는 존재입니다.

그러나 마음의 눈으로 진실을 본다면, 세상 모든 것—부모, 형제, 자연, 타인—모두가 본래 하나의 생명이며, 내가 곧 그 일부임을 알게 됩니다. 진정한 자유의 삶을 살 수 있게 해주는 힘은 이 진짜 모습을 꿰뚫어 보는 데서 비롯됩니다.

진실을 본다는 것은 삶을 다르게 사는 용기이며, 세상의 무게를 지고도 가벼운 마음으로 살아갈 수 있게 만드는 깨달음입니다.

전집 104
以幻迹言、無論功名富貴、即肢體亦屬委形；以真境言、無論父母兄弟、即萬物皆吾一體。人能看得破、認得真、纔可以任天下之負擔、亦可脫世間之韁鎖。
겉모습만 놓고 본다면, 공명이나 부귀는 물론이고 우리의 몸조차도 허망한 형체에 불과합니다. 하지만 참된 경지에서 바라보면, 부모 형제는 물론 만물까지도 모두 나와 하나인 존재입니다. 이러한 진실을 꿰뚫어 보고 바로 이해할 수 있다면, 세상의 무거운 짐을 짊어질 수도 있고, 세속의 속박에서도 벗어날 수 있습니다.

## 105

# 절제된 마음이 평온한 하루를 만든다

우리는 살면서 '기분 좋은 것', '맛있는 것'을 좇으며 그 순간의 만족에 안도합니다.

그러나 그 즉각적인 쾌락이 반드시 좋은 결과를 보장하지는 않습니다. 입에 좋은 음식도 지나치면 병이 되고, 마음에 드는 일도 지나치면 탈이 됩니다.

절제는 부족함이 아니라 넘침을 막아주는 방패입니다. 오래도록 자신을 지키고 싶은 사람이라면 순간의 기쁨보다 지속될 평온을 선택해야 합니다.

**전집 105**
爽口之味、皆爛腸腐骨之藥、五分便無殃;快心之事、悉敗身喪德之媒、五分便無悔。
자극적으로 맛있는 음식은 대부분 장을 상하게 하고 뼈를 썩게 하는 독과도 같으니, 다섯 몫 중 한두 몫만 맛보면 탈이 없습니다. 마음을 시원하게 해주는 일들은 대부분 몸을 망치고 인격을 해치는 원인이 되니, 다섯 몫 중 한두 몫만 누리면 후회가 없습니다.

## 106

# 관계의 덕목, 덮어주는 마음

사람 사이의 관계에서 중요한 덕목 중 하나는, '덮어주는 마음'입니다. 작은 실수는 누구에게나 있을 수 있는 일이며, 과거의 허물은 되새긴다고 해서 바뀌지 않습니다.

또한, 타인의 은밀한 사정을 드러내는 행위는 상대의 삶을 상처 내고, 자신의 인격도 깎이게 만듭니다.

덕을 쌓는 일은 특별한 수행이 아니라 말 한마디, 태도 하나에 달려 있습니다. 조용히 넘기고, 묵묵히 받아들이며, 따뜻하게 감싸는 자세야말로 진정한 품격입니다. 그런 사람 곁에는 해악도 머물지 못하고, 결국 복이 찾아들게 됩니다.

---

**전집 106**
不責人小過、不發人陰私、不念人舊惡。三者可以養德、亦可以遠害。
남의 작은 잘못은 굳이 따지지 말고, 남의 숨겨진 사정은 드러내지 말며, 남이 과거에 저질렀던 죄는 굳이 다시 꺼내지 말아야 합니다. 이 세 가지를 지킨다면 덕을 기를 수 있고, 해를 피할 수도 있습니다.

## 107

# 가벼움과 무거움 사이의 균형을 걷다

균형은 삶의 깊이를 결정짓는 중요한 태도입니다. 태도가 가볍다면 작은 바람에도 흔들려 중심을 잃게 되고, 마음이 지나치게 무거우면 모든 자극에 사로잡혀 자유를 잃습니다.

진정한 현인은 자신을 단단히 지키되 무겁지 않고, 세상을 가볍게 즐기되 경솔하지 않습니다. 마음의 무게 중심이 잡히면 삶의 모든 순간에 유연한 품격이 배어 나옵니다.

지나치게 경직되거나 끌려다니지 않고, 고요히 흐르면서도 생기 있는 것이 바로 현인의 모습입니다.

**전집 107**
士君子持身不可輕, 輕則物能撓我, 而無悠閒鎭定之趣 ; 用意不可重, 重則我為物泥, 而無瀟灑活潑之機.
현인은 자신의 몸가짐을 가볍게 여겨서는 안 됩니다. 가볍게 여기면 외물(外物; 외부의 사물이나 상황)에 쉽게 흔들려 여유롭고 침착한 품격을 잃게 됩니다. 또한, 뜻을 너무 무겁게 두어도 안 됩니다. 뜻이 너무 무거우면 오히려 외물에 얽매여 유쾌하고 자유로운 활기를 잃게 됩니다.

## 108

# 지금 이 순간, 단 한 번뿐인 삶

천지는 만고불변하지만, 인간의 생은 한 번뿐이며, 그조차 짧디짧은 백 년에 불과합니다. 그 백 년조차도 하루하루 흘러가다 보면 금세 사라지고 맙니다.

이 소중한 틈 사이에 태어난 우리는 지금 이 삶의 의미와 기쁨을 느낄 줄 알아야 합니다. 동시에, 무의미하고 헛되이 세월을 흘려보내는 것에 대한 경계도 잊지 말아야 합니다.

지금, 이 순간이 다시는 돌아오지 않는다는 사실을 기억할 때, 비로소 생의 무게와 가치를 알게 됩니다.

**전집 108**
天地有萬古, 此身不再得; 人生只百年, 此日最易過. 幸生其間者, 不可不知有生之樂, 亦不可不懷虛生之憂.
하늘과 땅은 영원히 존재하지만, 이 몸은 다시 얻을 수 없습니다. 인생은 겨우 백 년이지만, 하루하루는 너무나도 쉽게 흘러갑니다. 이 사이에 태어난 우리는 살아 있음의 기쁨을 알아야 하며, 허망하게 사는 것에 대한 두려움도 함께 품어야 합니다.

## 109

# 은혜도, 원망도 흐르게 하라

세상에서 좋은 일을 한다는 것은 필연적으로 누군가의 기대와 감정을 건드리게 됩니다.

은혜를 베풀었다는 사실은 곧 관계 속의 힘이 되고, 때로는 억압이 되기도 합니다. 참된 덕행은 기억되지 않아야 하고, 진실한 은혜는 이름 없이 사라져야 합니다. 그것이 진정한 마음에서 우러난 것이었다면, 그것이 사람을 살리는 행동이었다면, 그것으로 충분합니다.

관계 속에서 덕도, 원망도, 은혜도, 원한도 모두 잊힐 때 우리는 비로소 가장 순수한 자유와 평화를 얻게 됩니다.

**전집 109**
怨因德彰、故使人德我、不若德怨之兩忘 ; 仇因恩立、故使人知恩、不若恩仇之俱泯.
원망은 오히려 덕이 드러나기 때문에 생기고, 은혜는 원한과 함께 생기기 때문에 깊어집니다. 그래서 사람들로 하여금 나에게 덕을 느끼게 하는 것보다 덕과 원망이 모두 잊히는 것이 낫고, 사람들로 하여금 은혜를 기억하게 하는 것보다 은혜와 원망이 모두 사라지는 것이 더 낫습니다.

## 110
# 정점에서 가장 조심해야 한다

인생은 강물처럼 흐르지만, 그 물줄기를 결정짓는 것은 바로 젊은 날의 습관과 선택입니다. 우리가 청춘의 힘에 기대어 몸을 혹사하거나, 권력과 욕망에 눈이 멀어 경계를 넘는 순간, 그것은 먼 훗날의 자신에게 부채가 되어 돌아옵니다.

그러므로 풍요와 성공의 순간일수록 더욱 겸손해야 하며, 자신의 욕망을 경계하고 몸과 마음을 살펴야 합니다. 가득 찬 잔을 들고 걷는 이의 걸음은 더욱 조심스러워야 할 것입니다.

절정에 있을수록 자신을 낮추는 태도야말로, 진정한 성숙과 지혜의 증표입니다.

**전집 110**
老來疾病、都是壯時招的;衰後罪孼、都是盛時作的。故持盈履滿、君子尤兢兢焉。
노년에 앓는 병은 대부분 젊을 때 부주의하여 얻은 것이고, 늙어서 겪는 죄업은 대개 한창때 저지른 잘못에서 비롯됩니다. 그러므로 삶이 충만할 때일수록 현인은 더욱더 조심하고 삼가야 합니다.

## 111

# 소리 없이 퍼지는 선행의 힘

진정한 가치는 언제나 조용한 곳에 뿌리를 내립니다. 요란한 칭찬보다 묵묵한 덕행이, 화려한 새 인연보다 오래도록 다듬어진 정이, 이기적 은혜보다 모두를 이롭게 하는 공정함이, 드러나는 절개보다 일상의 성실함이 더 깊은 울림을 남깁니다.

오늘날처럼 모든 것이 빠르게 소비되는 시대일수록, 이런 덕목은 더욱 귀해집니다.

우리는 빛나기보다 따뜻하기를, 특별하기보다 성실하기를 선택해야 합니다. 그것이 결국 가장 큰 힘이 됩니다.

---

**전집 111**
市私恩、不如扶公議; 結新知、不如敦舊好; 立榮名、不如種隱德; 尙奇節、不如謹庸行。
사사로운 은혜를 구하는 것보다 공정한 여론을 돕는 것이 낫고, 새로운 인연을 맺는 것보다 오래된 우정을 두텁게 하는 것이 낫습니다. 겉으로 드러나는 명예를 세우는 것보다 보이지 않는 덕을 쌓는 것이 좋고, 특별한 절개를 추구하는 것보다 평범한 행실을 성실히 지키는 것이 더 바람직합니다.

## 112

# 순간의 이익보다 영원한 당당함을

　세상의 중심에는 누구나 따를 수 있는 공정함과 바른말이 있습니다. 하지만 때때로 사람들은 눈앞의 이익이나 편의를 위해 그 기준을 흐리게 하곤 합니다. 그러나 도리를 어기는 순간의 이득은 금세 사라지고, 남는 건 부끄러움뿐입니다.

　마찬가지로, 권세 있는 자들의 그늘에 안주하려는 마음도 결국 자신을 제 손으로 옭아매는 결과를 낳습니다. 우리가 지켜야 할 것은 순간의 편안함이 아니라 오래도록 당당할 수 있는 삶의 태도입니다.

　바름은 속도보다 방향이며, 당장은 외로워 보여도 마침내 가장 넓고 평안한 길로 우리를 이끌어줄 것입니다.

---

전집 112
公道正論, 不可犯手、一犯, 則貽羞萬世 ; 權門私竇, 不可著腳、一著, 則點汙終身。
공정한 도리와 바른말은 함부로 손대서는 안 됩니다. 한 번 어기면 대대로 부끄러움을 남기게 됩니다. 권세 있는 자들의 비밀스러운 통로에는 발을 들여놓아서는 안 됩니다. 한 번 발을 들이면 평생 부끄러움에서 벗어나기 어렵습니다.

# 113

## 굽은 평화보다 진실한 곧음이 낫다

사람의 마음을 얻기 위해 자기 뜻을 굽히는 일은 겉으로는 유연해 보일 수 있으나 내면의 중심을 무너뜨리는 길입니다. 오히려 진실한 자세로 인해 오해를 받거나 미움을 사더라도 그 곧음은 자신을 배신하지 않습니다.

마찬가지로, 실제로 선하지 않으면서도 좋은 평판을 듣는 것보다 잘못을 저지르지 않았음에도 비난받는 편이 오히려 더 순수한 길입니다.

세상은 종종 말과 평판으로 사람을 판단하지만, 진정한 평가는 자기 양심과 진실에 기반합니다. 곧은 마음은 상처를 입더라도 결국 흔들리지 않는 삶의 뿌리를 세웁니다.

**전집 113**
曲意而使人喜、不若直躬而使人忌 ; 無善而致人譽、不若無惡而致人毀.
자신을 굽혀 남을 기쁘게 하는 것보다 곧은 자세로 인해 미움을 사는 것이 낫습니다. 선한 행실 없이 칭찬을 받는 것보다 악한 일을 하지 않았음에도 비난을 받는 편이 더 낫습니다.

## 114

# 가족에겐 부드럽게, 친구에겐 진솔하게

가까운 가족과 갈등이 생겼을 때는 마음을 다잡고 차분하게 대처하는 태도가 무엇보다 중요합니다. 감정이 앞서면 오히려 관계의 회복이 어려워지고, 돌이킬 수 없는 상처가 남기도 합니다.

반면, 친구 사이의 잘못에는 진심 어린 직언이 필요합니다. 아무 말 없이 지나치면 오해가 쌓이고 관계가 멀어질 수 있습니다.

따뜻함과 단호함을 구별할 줄 아는 태도, 그것이 인간관계를 지키는 진정한 지혜입니다.

**전집 114**
處父兄骨肉之變, 宜從容, 不宜激烈;遇朋友交遊之失, 宜剴切, 不宜優游。
부모 형제 사이에서 갈등이나 불화가 생겼을 때는 조용하고 침착하게 대응해야 하며, 격하게 다투는 일은 피해야 합니다. 반면, 친구 사이에 실수가 있을 때는 솔직하고 진심 어린 조언이 필요하며, 애매하게 넘겨서는 안 됩니다.

## 115

# 진짜 영웅은 조용한 순간에 드러난다

진짜 강한 사람은 큰일에서 드러나는 것이 아니라, 작은 일 하나에도 성실함을 잃지 않는 사람입니다. 마지막 순간까지 태만하지 않은 태도는 곧 인품의 바탕이 됩니다.

사람들은 대개 결과나 업적만을 보려 하지만, 진실한 삶의 가치는 과정 속의 자세에 있습니다.

외면의 성공이 아니라 내면의 성실과 절제가 진정한 '영웅'의 자질입니다. 영웅은 먼 곳이 아니라 지금의 매 순간, 조용히 묵묵히 자신의 길을 지키는 사람 안에서 발견할 수 있습니다.

**전집 115**
小處不滲漏、暗處不欺隱、末路不怠荒、纔是個真正英雄。
작은 일에 빈틈이 없고, 남의 눈이 닿지 않는 곳에서도 정직하며, 인생의 끝자락에서도 마음을 놓지 않는 사람이야말로 진정한 영웅이라 할 수 있습니다.

## 116

# 작은 진심이 깊은 인연을 만든다

진심이란 값비싼 물질에서 오는 것이 아니라 작고 소박한 배려에서 시작됩니다. 화려한 선물보다 따뜻한 마음이 담긴 한 끼 식사가 오히려 오래도록 사람의 마음을 울립니다. 깊은 애정이 때로는 집착이 되어 상처를 주는 반면, 무심했던 말 한마디가 마음을 열게 하기도 합니다.

진정한 관계는 크고 화려한 행위에서가 아니라 작지만 진심 어린 순간들 속에서 자랍니다.

가까움에도 조심하고, 작음에도 정성을 다하는 태도가 오래가는 인연을 만들어 줍니다.

---

전집 116
千金難結一時之歡、一飯竟致終身之感。蓋愛重反為仇, 薄極反成喜也。
천금으로도 잠시의 기쁨은 사기 어렵고, 한 끼의 따뜻한 밥이 오히려 평생의 감동을 남기기도 합니다. 사랑과 호의가 지나치면 오히려 원한이 되고, 소박한 정성은 오히려 깊은 감사를 낳습니다.

## 117

## 드러나지 않지만 힘 있는 지혜

세상은 드러난 능력만으로 살아가기엔 때론 너무 날카롭습니다. 진정한 지혜는 자신이 가진 솜씨를 때로 숨길 줄 알고, 맑고 바른 뜻을 적절히 감춰 흐린 듯 행동할 줄 아는 데서 나옵니다.

겸손한 굽힘은 결국 더 큰 펼침으로 이어지며, 어리숙해 보이는 태도는 진짜를 지키는 껍질이 됩니다.

겉으로는 한발 물러나 보이지만, 안에서는 더욱 단단해지는 길. 이것이야말로 삶의 지혜를 담는 '항아리'이자 위기를 피하는 '은신처'입니다.

**전집 117**
藏巧於拙、用晦而明、寓淸之濁、以屈爲伸、眞涉世之一壺、藏身之三窟也。
슬기로움을 어리숙함 속에 감추고, 드러내지 않음으로써 밝음을 얻으며, 맑음을 흐린 듯 감추고, 굽힘 속에 펼침을 담는 것. 이것이야말로 세상을 지혜롭게 살아가는 하나의 항아리요, 자신을 지키는 세 가지 은신처입니다.

## 118

# 세상도 인생도 순환한다

삶은 늘 고요한 곡선처럼 흘러가지 않습니다. 꽃이 만발한 그 순간에도 낙엽의 기미는 숨어 있고, 모든 것이 무너진 듯한 때 오히려 새로운 싹이 틉니다. 그래서 진정한 지혜는 안락할 때 더욱 경계하고, 위기 속에서도 침착하게 뜻을 모으는 데 있습니다.

현인은 편안한 시기일수록 마음을 가다듬어 미래의 가능성을 준비하며, 혼란 속에서도 흔들리지 않고 인내로써 길을 모색해야 합니다.

위기 속에서 자신을 지킬 줄 아는 사람만이 더 큰 성장을 맞이할 수 있습니다.

---

**전집 118**

衰颯的景象、就在盛滿中；發生的機緘、即在零落內。故君子居安、宜操一心以慮患；處變、當堅百忍以圖成。

쇠약해지는 기운은 한창 번성한 가운데 숨어 있고 새로운 시작의 기회는 모든 것이 무너지는 순간에 깃들어 있습니다. 그러므로 현인은 평온할 때도 마음을 단단히 하여 앞날의 어려움을 대비하고, 변화의 상황 속에서는 참고 또 참으며 끝내 뜻을 이루어야 합니다.

## 119

# 이치를 지킨다는 것은 멀리 보는 것이다

깜짝 놀라며 새로운 것에만 집착하는 사람은 순간에 마음을 빼앗겨 큰 흐름을 보지 못합니다. 눈앞의 기이함은 흥미로울 수 있으나, 그것이 인생을 이끄는 힘이 되기는 어렵습니다.

반대로 홀로 절개를 지키며 묵묵히 걷는 모습은 외견상 고결해 보일지라도, 지나친 고립은 오히려 뜻을 흐리게 만들 수 있습니다.

진정한 삶의 길은 감정의 과도에 휘둘리지 않되, 사람 사이의 흐름을 무시하지 않는 데 있습니다. 멀리 보는 지혜와 함께, 오래 지키는 인내가 조화를 이룰 때 비로소 의미 있는 삶이 가능해집니다.

---

**전집 119**
驚奇喜異者, 無遠大之識; 苦節獨行者, 非恒久之操.
놀라움에 빠지고 기이한 것을 즐기는 사람은 멀리 내다보는 통찰력이 부족하고, 고집스럽게 혼자 길을 걷는 사람은 오래도록 그 뜻을 지키기 어렵습니다.

## 120

# 한순간의 마음이 인생을 되돌린다

우리의 내면에는 언제나 이성과 감정이 교차합니다. 분노가 치밀고 욕망이 들끓는 순간, 옳고 그름을 분명히 인식하면서도 스스로 그릇된 행동에 빠지는 일이 얼마나 많은지요.

진정한 수양은 그 틈에서 일어납니다. 번뜩이는 깨달음으로 단 한 번 마음을 전환할 수 있다면, 우리를 유혹하던 욕망조차도 내면의 성장을 돕는 안내자가 됩니다.

자기 안의 어둠을 보되, 그것에 휘둘리지 않고 단호히 방향을 바꾸는 마음, 그것이야말로 수련의 진정한 성과입니다.

**전집 120**
當怒火慾水正騰沸處、明明知得、又明明犯著。知的是誰、犯的又是誰、此處能猛然轉念、邪魔便爲眞君矣。
분노의 불길과 욕망의 물결이 끓어오를 때 분명히 옳고 그름을 알고 있으면서도 또렷이 그릇됨을 범하고 맙니다. 아는 이는 누구이며, 어기는 이는 또 누구입니까? 이 순간 마음을 돌이킬 수 있다면, 그 악한 기운조차도 도리어 참된 스승이 될 수 있습니다.

PART
3

# 운명과 시련을 대하는 자세
_역경 속의 도

#고난의수용 #변화에대한인식 #천명에순응

인생의 부침, 흥망성쇠, 시련과 고통을 어떻게 받아들이고 초월할지를 이야기하며,
겸허한 자세와 담대한 수용의 태도를 권합니다.

## 121
## 흔들릴 때 지켜야 할 마음의 법칙

세상을 살아가다 보면 종종 자기중심적 판단이나 편향된 감정에 휘둘리기 쉽습니다.

하지만 타인의 말을 무조건 믿거나 자기 생각만을 고집하면 결국은 속임수에 넘어가고 자신을 해치게 됩니다. 또한, 자신에게 장점이 있다고 하여 타인의 단점을 들추거나, 자신의 부족함으로 인해 타인의 재능을 시기하는 것은 마음을 어둡게 할 뿐입니다.

겸손과 이해는 인간관계를 맑게 하고, 마음을 단단하게 지켜줍니다. 자신을 객관적으로 바라보며 감정을 제어하는 태도는 진정한 성숙과 평화로 가는 길이 됩니다.

**전집 121**
毋偏信而爲奸所欺、毋自任而爲氣所使。毋以己之長而形人之短、毋因己之拙而忌人之能。
간사한 자의 말을 그대로 믿고 속지 말며, 자신의 고집에 휘둘려 감정에 끌려가지 말아야 합니다. 자신의 장점을 내세워 타인의 부족함을 드러내지 말고, 자신의 서툶 때문에 타인의 능력을 시기하지 말아야 합니다.

# 122
## 단점을 품고 완고함을 녹이는 지혜

　사람의 단점이나 부족함은 누구에게나 있습니다. 중요한 것은 그것을 어떻게 대하느냐입니다. 상처를 치료하듯 조용히 덮어주고 보완하는 태도가 필요합니다. 누군가의 허물을 들추어내고 비난하는 것은, 결국 자신 또한 같은 약점으로 맞서 싸우는 어리석음에 불과합니다.

　고집스럽고 완고한 사람을 대할 때도 마찬가지입니다. 조급한 마음으로 노하거나 적대적으로 다가가면, 그 완고함은 더 깊어질 뿐입니다.

　부드러움은 때론 강함보다 더 깊은 변화를 끌어냅니다.

---

**전집 122**
人之短處、要曲為彌縫、如暴而揚之、是以短攻短；人有頑的、要善為化誨、如忿而疾之、是以頑濟頑.
타인의 부족함은 부드럽게 감싸며 메워야 하며, 그것을 드러내어 비난한다면 단점으로 단점을 공격하는 셈입니다. 누군가가 완고하다면 온화하게 가르쳐야 하며, 성을 내고 미워한다면 완고함에 완고함으로 대응하는 것과 같습니다.

# 123
# 속은 깊게, 말은 조심히 다루라

사람을 깊이 알기 전에는 자신의 속내를 쉽게 드러내지 않는 것이 지혜입니다. 겉으로 조용하고 무해해 보이는 사람도 속내는 알 수 없고, 때로는 침묵 속에 판단과 거리감이 숨어 있을 수 있습니다.

또한, 스스로 우쭐해하며 쉽게 분노하는 사람과 대할 때는 말 한마디가 불필요한 충돌을 일으킬 수 있기에 더욱 조심해야 합니다.

말은 다리이기도 하지만 칼이 되기도 합니다. 사람을 신중히 살피고, 관계에 있어 거리를 적절히 유지하는 태도는 결국 나를 지키는 일이 됩니다.

**전집 123**
遇沈沈不語之士、且莫輸心；見悻悻自好之人、尤須防口。
말이 없고 과묵한 사람을 만나거든 섣불리 속마음을 털어놓지 말고, 화를 잘 내며 스스로 잘난 체하는 사람을 대할 때는 특히 말을 삼가야 합니다.

# 124

# 분산과 집중 사이에서 균형을 찾다

인간의 마음은 흐름을 따라 늘 변합니다. 때로는 산만하고 흐릿하게 흩어지고, 또 어떤 때는 일에 몰두한 나머지 생각이 조급하게 끓어오르기도 하지요.

이럴 때 중요한 것은 자신의 상태를 자각하고 균형을 잡는 능력입니다. 산만할 땐 자신을 일깨우는 명료함이 필요하고, 지나치게 몰입할 땐 잠시 내려놓는 여유가 필요합니다.

마음의 리듬을 스스로 알아차리고 조절할 수 있을 때, 비로소 외부의 요란함도 조용히 지나갈 수 있습니다.

전집 124
念頭昏散處, 要知提醒 ; 念頭喫緊時, 要知放下. 不然恐去昏昏之病, 又來憧憧之擾矣.
생각이 흐릿해질 때는 자신을 일깨워야 하며, 생각이 지나치게 몰입되고 조급할 때는 내려놓을 줄 알아야 합니다. 그렇지 않으면 흐리멍덩함은 사라져도 또 다른 혼란이 찾아올 수 있습니다.

## 125

# 흐르는 감정, 멈추지 않는 마음

세상 모든 흐름은 찰나에 달려 있습니다. 푸른 하늘 아래의 고요함도 어느새 요란한 번개와 천둥으로 바뀌고, 거센 폭풍 속에서도 다시 평온한 달빛이 비치곤 하지요. 이처럼 자연의 기운은 단 한 순간도 머무르지 않는 무한함을 지니고 있습니다.

인간의 마음 또한 그러해야 합니다. 슬픔이 오래 머물 것 같아도 곧 평안이 찾아오고, 기쁨이 영원할 것 같아도 그 너머에는 다시 고요함이 있습니다.

흐름을 막지 않고, 머무름을 바라지 않는 마음, 그곳에 진정한 자유가 있습니다.

**전집 125**
霽日青天, 倐變為迅雷震電; 疾風怒雨, 倐轉為朗月晴空。氣機何嘗有一毫凝滯, 太虛何嘗有一毫障塞, 人之心體, 亦當如是。
맑고 푸른 하늘도 순식간에 천둥과 번개로 변할 수 있고, 거센 바람과 성난 비도 어느새 밝은 달과 맑은 하늘로 바뀌곤 합니다. 기운의 흐름은 조금도 정체되는 일이 없고, 우주의 공간도 결코 막히는 법이 없듯이, 사람의 마음 또한 이와 같이 자유롭고 막힘이 없어야 합니다.

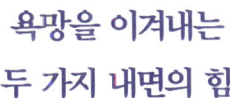

# 126

## 욕망을 이겨내는
## 두 가지 내면의 힘

삶에서 가장 어려운 싸움은 외부의 적이 아닌 내면의 욕망과의 전쟁입니다. 욕망은 언제나 달콤한 모습으로 우리를 유혹하지만, 그 뒤에는 자아를 흐리고 삶을 삼키는 그림자가 도사리고 있지요.

이를 이기기 위해서는 먼저, 그것이 욕망임을 꿰뚫어 보는 통찰이 있어야 하고, 다음으로는 그것을 멈출 수 있는 강한 의지가 있어야 합니다. 깨달음만 있고 의지가 없으면 흐름에 휩쓸리게 되고, 의지만 있고 통찰이 없다면 허공에 칼을 휘두르게 됩니다.

결국 욕망을 이기는 길은 '알고', '참는' 두 개의 기둥 위에 세워지는 것입니다.

**전집 126**
勝私制慾之功, 有曰識不早, 力不易者, 有曰識得破, 忍不過者。蓋識是一顆照魔的明珠、力是一把斬魔的慧劍, 兩不可少也。
사사로운 욕심을 이기고 욕망을 다스리는 일에는 두 가지 장애가 있습니다. 하나는 그것을 빨리 알아차리지 못하거나 쉽게 행동에 옮기지 못하는 것이고, 다른 하나는 알아차리기는 했지만 끝내 참아내지 못하는 것입니다. 깨달음은 마치 어둠 속의 마귀를 비추는 밝은 진주와 같고, 의지는 마귀를 베어내는 지혜로운 검과 같습니다. 이 둘은 모두 없어서는 안 될 덕목입니다.

## 127
## 침묵은 품격이고, 평정은 지혜다

세상을 살다 보면 억울함을 참아야 할 순간, 누군가의 거짓을 꿰뚫어 보는 순간이 찾아옵니다. 하지만 현명한 사람은 그 진실을 굳이 말로 드러내지 않습니다.

속임수를 알면서도 침묵하고, 모욕을 당해도 표정이 흔들리지 않는 사람에게는 고요한 강처럼 깊고도 넓은 내면의 힘이 깃들어 있습니다.

감정에 휘둘리지 않고 자신의 중심을 지키는 태도는 단지 인내의 미덕을 넘어, 진정한 품격이자 삶을 관통하는 지혜입니다. 이런 태도는 순간의 승부를 넘어서 인생 전체의 균형을 지켜주는 든든한 지주가 됩니다.

**전집 127**
覺人之詐, 不形於言 ; 受人之侮, 不動於色。此中有無窮意味, 亦有無窮受用。
남의 속임수를 꿰뚫어 보되, 겉으로 드러내지 않고, 남에게 모욕을 당해도 얼굴빛 하나 변하지 않으면, 그 안에는 다함이 없는 깊은 뜻이 있고, 삶에 오래도록 도움이 되는 지혜가 깃들어 있습니다.

## 128

# 시련은 영혼을 단련하는 풀무와 망치

삶이 내게 시련을 건넬 때, 그것은 나를 꺾기 위함이 아니라 단련하기 위한 불꽃일 수 있습니다. 고난의 겉모습은 거칠고 차갑지만, 내면은 정신을 단련시키고 의지를 강하게 하는 풀무*와 같습니다.

반면에 고통 앞에서 자포자기하고 회피하면, 마음도 약해지고 삶의 방향도 흔들리게 됩니다. 결국 시련은 두 가지 결과를 낳습니다. 피하지 않고 정면으로 마주한 이는 더욱 넓어지고 깊어지며, 피한 이는 더욱 작아지고 약해집니다. 그러니 고난이 찾아올 때마다 이렇게 말해 봅시다.

"지금이야말로 내가 단단해질 순간이다."

---

**전집 128**
橫逆困窮是煆煉豪傑的一副鑪錘, 能受其煆煉, 則身心交益, 不受其煆煉, 則身心交損.
역경과 가난은 영웅을 단련시키는 풀무*(불을 더 세게 지피기 위해 바람을 불어넣는 도구)와 장치입니다. 그 시련을 견뎌내면 몸과 마음이 함께 자라지만, 견디지 못하면 몸과 마음이 함께 무너지고 맙니다.

## 129

# 작은 마음 하나가 우주를 움직인다

한 사람의 마음도 하나의 작은 세계입니다. 이 세계 안에서 감정이 지나치지 않고, 좋아하고 싫어하는 데도 바른 기준이 있다면, 이미 삶은 조화를 이루는 방향으로 흐르고 있습니다.

작은 마음의 질서가 크고 복잡한 세상을 비추는 거울이 되듯, 나의 내면을 다스리는 일이 결국 세상과의 조화를 가능하게 합니다. 우리가 누군가의 마음을 품고, 세상과 공존하는 자세를 잊지 않는다면, 자연스레 불만도 사라지고, 상처도 치유될 것입니다.

세상의 평화는 거창한 외침이 아니라 마음의 작은 평온에서 시작됩니다.

**전집 129**
吾身一小天地也, 使喜怒不愆, 好惡有則, 便是燮理的工夫; 天地一大父母也, 使民無怨咨, 物無氛疹, 亦是敦睦的氣象。
내 몸은 하나의 작은 우주와도 같아서, 기쁨과 분노가 지나치지 않고, 좋아하고 싫어함에 일정한 원칙이 있다면 그 자체가 조화를 이루는 수행입니다. 이와 같이, 하늘과 땅은 모든 이들의 큰 부모와도 같으니 백성에게 원망이 없고 만물에 병이 없다면 그 또한 온화하고 화목한 기운이 가득한 모습입니다.

## 130

# 해치지 않되 속지 않는다는 것

사람을 해치지 않겠다는 마음은 덕의 바탕이지만, 세상을 살아가는 데 있어 최소한의 경계심 없이 살아가기란 어렵습니다. 우리는 누군가에게 마음을 열고 믿기를 바라지만, 그 믿음이 너무 순진하면 오히려 상처로 되돌아올 수 있습니다.

그러나 그 반대로 세상을 의심과 경계로만 대한다면, 마음은 굳어지고 인간관계는 메말라 갑니다.

이 두 마음이 균형을 이루는 사람은, 날카로운 통찰과 너그러운 품격을 함께 지닐 수 있게 됩니다. 진정한 지혜는 상처를 두려워하지 않으면서도 자신을 잃지 않는 데 있습니다.

**전집 130**
害人之心不可有, 防人之心不可無, 此戒疏於慮也 ; 寧受人之欺, 毋逆人之詐, 此儆傷於察也 ; 二語並存, 精明而渾厚矣.
남을 해치려는 마음은 버려야 하지만, 나를 지키는 경계심은 필요합니다. 속더라도 먼저 의심하지 말라는 말은, 지나친 예민함으로 자신을 해치지 말라는 뜻입니다. 이 두 가지를 함께 지키면 사람됨은 밝고 깊어집니다.

## 131

## 고집을 벗고 원칙을 지키는 길

다수의 의견에 휩쓸려 진실을 놓치고, 자기 고집에 갇혀 타인의 지혜를 버리는 일은 사람을 교만하게 하고 결국 외롭게 만듭니다. 우리는 때때로 사소한 이익 앞에 눈이 멀어서 보다 큰 원칙을 무너뜨리는 선택을 합니다.

또 때로는 '공공의 뜻'이라는 이름 아래 자신의 감정을 정당화하려는 유혹에 빠지기도 하지요. 하지만 진정한 성찰은 감정보다 이치를 우선하고 고집보다 겸허를 택하는 데서 비롯됩니다.

원칙을 잃지 않고, 타인의 말에 귀 기울이며, 자신만의 길을 조용히 지켜가는 것이야말로 혼탁한 세상에서 스스로를 지키는 길입니다.

전집 131
毋因群疑而阻獨見, 毋任己意而廢人言, 毋私小惠而傷大體, 毋借公論以快私情.
여럿이 의심한다고 해서 자신의 독창적인 통찰을 꺾지 말며, 자기 생각만 믿고 남의 조언을 무시하지 마십시오. 작은 이익에 사로잡혀 큰 원칙을 해치지 말고, 공정하다는 말 때문에 개인 주관을 버리지 마십시오.

## 132

## 조용한 분별, 깊은 관계의 시작

사람 사이의 관계는 그 깊이가 생기기 전까지 성급히 평가하거나 표명해서는 안 됩니다. 선한 사람이라 해도 아직 신뢰가 단단히 다져지지 않은 상태에서 드러내어 칭찬하면, 도리어 주변의 질시를 불러일으켜 그 사람을 해롭게 만들 수 있습니다.

마찬가지로, 악하다고 판단되는 사람도 섣불리 배척하거나 공격하면, 예상치 못한 보복이나 억울한 꼬리표를 감당해야 할 수 있습니다.

진정 현명한 사람은 감정보다 상황을 먼저 살피고, 행동보다 침묵의 무게를 아는 이입니다.

**전집 132**
善人未能急親、不宜預揚、恐來讒譖之奸;惡人未能輕去、不宜先發、恐遭媒孽之禍。
선한 사람이라 하여 아직 충분히 가까워지지 않았다면, 먼저 드러내 칭찬하지 않는 것이 좋습니다. 괜히 시기와 모함을 부를 수 있기 때문입니다. 악한 사람이라 하여 아직 확실히 멀어지지 않았다면, 먼저 나서서 배척하지 않는 것이 좋습니다. 되레 그가 재앙의 원인이 될 수 있기 때문입니다.

## 133

# 위대함은 언제나
# 보이지 않는 곳에서 자란다

진정한 도덕과 절개는 누군가의 눈이 닿는 밝은 곳에서 형성되는 것이 아닙니다. 오히려 아무도 보지 않는 곳, 어둠과 고요가 깃든 자리에서부터 쌓여 갑니다.

남이 보지 않는 순간에 자신을 단속할 줄 아는 사람이, 공공의 자리에서도 흔들리지 않습니다. 또한 세상을 뒤흔드는 크고 놀라운 통찰과 전략은 위태로운 길에서도 조심히 발을 내딛는 사려 깊음에서 시작됩니다.

거창한 말이나 위대한 선언보다 섬세하고 진지한 일상적 태도가 결국 사람을 키우고 세상을 움직입니다. 작은 곳에서의 신중함이야말로 큰 사명의 밑바탕입니다.

**전집 133**
青天白日的節義、自暗室屋漏中培來；旋乾轉坤的經綸、自臨深履薄處繰出。
밝은 하늘 아래서도 드러나는 절개와 의로움은 남들이 보지 않는 어두운 방 안에서부터 길러진 것입니다. 세상을 움직이고 질서를 바로잡는 큰 지략과 통치는 깊은 곳을 조심스레 디디는 작은 실천에서 비롯됩니다.

## 134

# 가장 가까운 사이엔 계산이 필요 없다

가족 사이의 도리는 거래가 아닙니다. 부모의 사랑과 자식의 효도, 형제간의 우애와 공경은 누가 먼저 따지거나 보답을 기대하는 마음에서 비롯되지 않아야 합니다.

만일 사랑을 베풀고도 그에 대한 감사를 기대하거나, 은혜를 입고도 그것을 짊어지듯 마음에 새긴다면, 그 순간부터 관계는 따뜻한 가족의 정을 떠나 차가운 이해관계로 변합니다.

진정한 가족애는 무조건적인 수용과 자연스러운 흐름 속에서 피어나는 것이며, 도리를 도리로 받아들이는 마음이야말로 관계의 본질을 순수하게 지키는 길입니다.

---

**전집 134**
父慈子孝, 兄友弟恭, 縱做到極處, 俱是合當如此, 著不得一毫感激的念頭. 如施者任德, 受者懷恩, 便是路人, 便成市道矣.
아버지가 자애롭고 자식이 효도하며, 형이 우애롭고 아우가 공손한 것은, 아무리 완벽하게 여루더라도 당연한 도리일 뿐이며, 거기에 조금의 감사나 보답을 바라는 마음조차 있어서는 안 됩니다. 만약 베푸는 사람이 자신의 덕을 내세우고, 받는 사람이 은혜를 깊이 새긴다면, 이는 더붙이가 아니라 길가의 행인과 다를 바 없으며, 결국 거래 관계로 전락하고 맙니다.

## 135

# 자랑이 없으면 비교도 멀어진다

세상의 모든 평가는 비교에서 비롯됩니다. 아름다움을 과시하면 그에 대한 추함이 따라오고, 청결함을 지나치게 강조하면 오염에 대한 반감이 생깁니다.

그러나 마음속에 우월감이나 과시하는 기색이 없다면, 타인의 기준이 나를 흔들 수 없습니다. 나의 의식이 강해질수록 타인의 시선은 그 반대편에서 나를 겨누게 됩니다.

삶에서 진정한 평온은 기준을 세우는 데서 오는 것이 아니라, 기준에 얽매이지 않는 데서 옵니다. 누가 나를 깎아내리든 나 자신이 조용하다면 그 말은 오래 머물지 못합니다.

---

전집 135
有妍必有醜爲之對、我不誇妍、誰能醜我;有潔必有污爲之仇、我不好潔、誰能污我。
아름다움이 있으면 그에 대한 추함도 생겨납니다. 내가 아름다움을 자랑하지 않는다면 누가 나를 추하다고 하겠습니까? 깨끗함이 있으면 그것을 반대하는 더러움도 있기 마련입니다. 내가 유난히 청결함을 고집하지 않는다면 누가 나를 더럽다고 하겠습니까?

## 136

## 가장 아픈 상처는 가장 가까운 데서 온다

　인간관계에서 드러나는 냉정과 따뜻함은, 아이러니하게도 부와 권력을 가진 이들 사이에서 두드러집니다. 특히 가까운 사이, 가족이나 형제지간일수록 미묘한 감정의 골은 더 깊을 수 있습니다.

　질투나 경쟁, 미묘한 비교심이 얽히면 정은 식고 말은 날카로워집니다. 이런 상황에 흔들리지 않으려면, 감정의 파도에 휘둘리기보다는 차갑게 한 걸음 물러서서 바라보는 것이 필요합니다.

　감정을 다스리는 사람만이 번뇌의 늪에서 벗어나 조용한 내면을 지킬 수 있습니다.

전집 136
炎涼之態, 富貴更甚於貧賤 ; 妬忌之心, 骨肉尤狠於外人。此處若不當以冷腸、御以平氣, 鮮不日坐煩惱障中矣。
사람 사이의 변덕스러운 태도는 가난하고 천한 이들보다 오히려 부유하고 높은 지위에 있는 이들 사이에서 더 심하게 드러납니다. 질투와 시기는 외부 사람보다 오히려 혈육 간에서 더 깊고 가혹하게 나타나기도 합니다. 이런 상황에서는 냉정한 마음과 평온한 태도로 대처하지 않으면, 어느새 근심과 괴로움 속에 빠져들 수밖에 없습니다.

## 137

# 공정함과 온정, 두 마음의 저울

사람을 대하고 조직을 이끌 때, 공과(功過)를 분명히 하되 정과 감정을 섞지 않는 것이 중요합니다. 칭찬과 책임이 분명치 않으면 사람들은 긴장을 늦추고 나태해지기 쉽습니다.

그러나 한편으로 은혜를 입었거나 원한이 쌓인 일에 대해 너무 노골적으로 구분하거나 표출하면, 오히려 사람들 사이에 갈등이 깊어지고 분열이 생기기 마련입니다.

지도자나 어른일수록 공정과 은유의 균형을 알아야 하며, 마음의 수위와 표현의 선을 가늠할 줄 알아야 합니다. 온정과 엄정, 이 두 가지는 언제나 함께 가야 진정한 조화와 평화를 이끌 수 있습니다.

**전집 137**
功過不容少混、混則人懷惰墮之心；恩仇不可太明、明則人起攜貳之志。
공(功)과 과(過)는 조금도 섞여서는 안 됩니다. 이것이 흐려지면 사람들은 느슨해지고 나태해지기 쉽기 때문입니다. 은혜와 원한은 지나치게 분명히 드러내서는 안 됩니다. 너무 노골적이면 사람들은 서로 불신하고 갈등하는 마음을 품게 됩니다.

# 138
## 지나침은 모자람만 못하다

모든 것은 적당함이 중요합니다.

완전함은 감탄을 사기도 하지만, 더는 나아갈 곳이 없다는 허무와 쇠락을 가져올 수도 있습니다. 마찬가지로, 고결한 행실도 지나치면 다른 이들에게는 부담이 되고, 결국 험담의 대상이 될 수 있습니다.

진정한 지혜란 빛나되 눈부시지 않고, 뛰어나되 과시하지 않으며, 도를 알되 겸손을 잃지 않는 데 있습니다. 은은한 향기처럼 지나치지 않게 머무는 절제가 오히려 더 오래가는 법입니다.

**전집 138**
爵位不宜太盛, 太盛則危；能事不宜盡畢, 盡畢則衰；行誼不宜過高, 過高則謗興而毁來。
지위는 너무 높지 않아야 합니다. 지나치면 오히려 위태로워집니다. 능력은 모든 것을 완벽히 이루려 해서는 안 됩니다. 다 이루면 쇠퇴가 따릅니다. 도덕적 행실도 지나치게 높게 드러나면 안 됩니다. 너무 높으면 비방과 험담이 뒤따릅니다.

## 139

## 보이지 않는 곳에 진짜 모습이 있다

진정한 악은 드러난 모습보다 숨어 있는 본성이 더 무섭습니다. 감추어진 악은 알 수 없기에 경계하지 못하고, 조용히 마음과 공동체를 좀먹습니다.

마찬가지로, 참된 선은 드러내기보다는 묵묵히 행해질 때 더 깊고 오래 남습니다. 겉으로 보이는 것보다 보이지 않는 마음과 의도가 더 중요합니다.

고요한 선은 깊고, 숨겨진 악은 최악이라는 이 통찰은 우리가 무엇을 드러내고 무엇을 감춰야 하는지에 대한 묵직한 방향을 제시해 줍니다.

**전집 139**
惡忌陰、善忌陽、故惡之顯者禍淺、而隱者禍深；善之顯者功小、而隱者功大。
악은 숨어 있을 때 더 해롭고, 선은 드러낼 때 그 공이 작습니다. 그러므로 악행은 겉으로 드러나면 화가 얕고, 감추어진 악은 더 큰 화를 부릅니다. 선행은 겉으로 드러나면 공이 작고, 드러나지 않은 선은 오히려 더 큰 덕을 남깁니다.

## 140

# 재능은 덕을 따라 흐른다

세상에는 뛰어난 재능을 가진 사람들이 많지만, 그 재능을 이끌어 줄 '덕'이 없다면 그 능력은 오히려 위험해질 수 있습니다. 덕은 마음의 중심이자 모든 판단의 기준이 되며, 재능은 그 덕을 실현하는 수단일 뿐입니다.

만일 재능만 있고 덕이 없다면, 그것은 방향 없는 칼날과 같습니다.

그러므로 우리는 재능보다 먼저 덕을 세우고, 그 위에 능력을 쌓아야 합니다. 진정한 성취는 '될 수 있는 사람'이 아니라, '되어야 할 사람'이 되는 데서 비롯됩니다.

**전집 140**
德者才之主, 才者德之奴. 有才無德, 如家無主而奴用事矣, 幾何不魍魎猖狂.
덕은 재능의 주인이요, 재능은 덕의 하인입니다. 재능은 많으나 덕이 없다면 이는 주인이 없는 집에서 하인이 멋대로 설치는 것과 같아 얼마 지나지 않아 혼란과 더러움이 날뛸 것입니다.

## 141

# 물러날 길을 남겨두는 것이 지혜다

어긋난 길을 걷는 이들을 바로잡고, 요행을 좇는 습성을 단절하려 할 때 우리는 자칫 '몰아세움'이라는 함정에 빠지기 쉽습니다. 잘못을 바로잡는 일은 정의로우나, 그 정의가 너무 날카로우면 사회 전체에 해악을 남길 수 있습니다.

마치 쥐를 잡기 위해 모든 구멍을 막아버리면 도리어 쥐가 악착같이 뛰쳐나와 방 안의 물건을 마구 갉듯이, 퇴로가 없는 사람은 맹렬한 저항과 파괴로 맞설 수밖에 없습니다.

상대에게 물러날 길 하나를 열어두는 너그러움이야말로 큰 해를 막고 사람을 살리는 방책이 됩니다.

**전집 141**
鋤奸杜倖, 要放他一條去路。若使之一無所容, 譬如塞鼠穴者, 一切去路都塞盡, 則一切好物俱咬破矣。
간사한 자를 제거하고 요행을 끊으려 하더라도, 반드시 그에게 물러날 길은 하나쯤 남겨두어야 합니다. 만일 완전히 몰아붙여 숨통조차 틀어막는다면, 이는 마치 쥐구멍을 모두 막아버리는 것과 같아서 결국 좋은 물건들까지 모조리 갉아 먹힙니다.

## 142

## 함께 나눌 수 없는 것들

사람 사이의 진심은 고난 속에서 더욱 깊어지고, 평안 속에서 흔히 삐걱거리기 쉽습니다. 함께 고생하고 함께 눈물을 나눌 때 우정은 굳건해지지만, 공로와 안락을 나누게 되면 오히려 마음속에 미묘한 계산이 싹트게 됩니다.

공은 나누는 순간부터 시기와 비교를 불러오고, 즐거움은 나누는 순간부터 우열을 의식하게 됩니다. 진정한 우정은 함께 일어나고 함께 울 때만이 아니라 함께 웃을 수 있을 때 완성됩니다.

관계 속에서 조화와 균형을 지키려면, 공을 양보하고 기쁨을 나누기보다 내어주는 쪽으로 마음을 기울이는 것이 더 현명할지도 모릅니다.

**전집 142**
當與人同過, 不當與人同功. 同功則相忌;可與人共患難, 不可與人共安樂, 安樂則相仇.
남과는 잘못을 함께 감수할 수는 있어도, 공을 함께 나누는 것은 신중해야 합니다. 공로를 함께하면 서로 질투하기 쉬우며, 어려움은 함께 나눌 수 있지만, 즐거움까지 함께하면 오히려 원한이 생기기 쉽습니다.

## 143

## 말 한마디가 남기는 큰 울림

우리는 종종 '무엇을 해 줄 수 있을까?'를 고민할 때 물질적인 도움을 먼저 떠올립니다. 그러나 진정한 도움은 꼭 물질에서 비롯되지 않습니다. 말 한마디로 사람의 마음을 돌릴 수 있고, 혼란에 빠진 이를 일으킬 수도 있습니다.

때로는 삶의 갈림길에서 건네는 한마디의 말이 금보다 값진 방향을 제시합니다. 가진 것이 없더라도, 누군가의 마음을 따뜻하게 해주는 말 한마디, 절망 속에서 건네는 조용한 격려는 분명한 덕이 됩니다.

우리가 침묵하지 않고 사랑으로 말할 수 있다면, 이미 우리는 세상에 무한한 가치를 더하고 있는 것입니다.

**전집 143**
士君子、貧不能濟物者、遇人癡迷處、出一言提醒之；遇人急難處、出一言解救之、亦是無量功德。
현인이란 비록 가난하여 남을 물질적으로 돕지 못하더라도, 누군가가 어리석음에 빠졌을 때 한 마디로 깨우쳐 주고, 위급한 상황에 놓였을 때 한 마디로 도와줄 수 있다면, 그것 또한 헤아릴 수 없는 큰 공덕입니다.

## 144

## 차가운 눈과 따뜻한 마음의 균형

사람의 마음은 상황에 따라 쉽게 달라집니다. 어려울 때는 의지하려 하다가도, 형편이 나아지면 돌아서기 일쑤입니다.

현인은 이러한 인심의 변덕스러움을 인정하되, 그것에 쉽게 휘둘리지 않습니다. 냉철한 눈으로 바라보며, 성급한 감정적 반응보다는 깊이 있는 판단으로 자신을 지키는 것입니다.

바람 잘 날 없는 세상에서 침착하게 중심을 잡는 법, 그것이 바로 현인의 품격입니다.

**전집 144**
飢則附、飽則颺；燠則趨、寒則棄、人情通患也。君子宜淨拭冷眼、慎毋輕動剛腸。
사람은 배고플 때는 가까이 다가오고, 배부르면 곧 떠나갑니다. 따뜻하면 달려들고, 춥다고 느끼면 곧 버립니다. 이러한 변화무쌍한 감정은 인간이라면 누구나 겪는 공통된 약점입니다. 그러므로 현인은 냉정한 눈으로 사람을 바라보며, 섣불리 강직한 감정에 흔들리지 않도록 조심해야 합니다.

## 145

# 큰 덕은 큰 그릇에 담긴다

우리는 흔히 '덕이 있는 사람'이 되기를 바랍니다. 그러나 덕은 사람이 감당할 수 있는 그릇, 즉 마음의 포용력에 따라 자라고, 그 그릇은 결국 사람의 식견과 통찰력에 의해 만들어집니다.

누군가를 이해하려는 마음, 다양한 관점을 포용하려는 태도, 끊임없이 배우려는 자세는 덕을 키우는 뿌리이자 토양입니다.

내 안의 지혜가 넓어질수록 타인을 품는 그릇도 커지고, 그 그릇이 커질수록 내 삶에 쌓이는 덕도 깊어집니다.

**전집 145**
德隨量進、量由識長。故欲厚其德、不可不弘其量;欲弘其量、不可不大其識。
덕은 그 사람의 그릇에 따라 자라고, 그 그릇의 크기는 지혜에서 비롯됩니다. 그러므로 덕을 깊이 쌓고자 한다면 먼저 마음의 그릇을 넓혀야 하며, 그 마음의 그릇을 넓히고자 한다면 반드시 식견을 키워야 합니다.

## 146

## 고요 속에서 깨어나는 진심 하나

가장 고요한 새벽, 우리는 '본래의 나'와 처음으로 마주합니다. 그때, 감각기관이 얼마나 세속에 묶여 있는지를 비로소 인식하게 됩니다.

입은 욕망을 말하고, 귀는 판단을 들으며, 눈은 비교를 담고, 코는 욕망을 따릅니다. 우리가 일상이라 여겼던 감정과 욕구는 사실 외부 자극에 반응하는 하나의 기계 장치와도 같습니다.

이 사실을 깨달을 때, 우리는 일상의 무의식에서 벗어나 진정한 자각에 다가설 수 있습니다. 고요는 단지 휴식이 아니라, 마음의 본질로 돌아가는 문입니다.

---

**전집 146**
一鐙熒然、萬籟無聲、此吾人初入宴寂時也：曉夢初醒、群動未起、此吾人初出混沌處也。乘此而一念迴光、炯然返照、始知耳目口鼻皆桎梏、而情慾嗜好悉機械矣。

희미한 등불 하나만 빛나고, 모든 소리가 고요한 순간, 이는 사람이 처음 고요함에 들어서는 때입니다. 새벽 꿈에서 막 깨어나고, 세상의 움직임이 시작되기 전, 이는 사람이 혼돈에서 막 빠져나온 때입니다. 이때 한 생각을 돌려 자신을 비추어 보면, 비로소 귀와 눈, 입과 코는 모두 속박이며, 감정과 욕망, 기호 또한 모두 기계처럼 작동하는 것임을 깨닫게 됩니다.

## 147

# 비난 대신 성찰을 택할 때 성장한다

누구를 탓하기 전에 먼저 자신을 돌아보는 마음, 그 속에는 크나큰 배움이 숨어 있습니다. 마음이 자기 안으로 향하면, 만나는 모든 일이 나를 성장시키는 약과도 같아집니다.

그러나 생각이 남을 향하기 시작하면, 우리는 어느새 손에 보이지 않는 창과 칼을 들고 상대를 겨누게 됩니다. 자신을 돌아보는 길은 성숙의 출발점이며, 온유한 마음의 문을 여는 열쇠입니다. 반면, 비난은 마음을 좁히고 세계를 적의 눈으로 물들입니다.

마음을 어디에 둘 것인지에 따라 우리의 삶은 완전히 달라질 수 있습니다.

**전집 147**
反己者、觸事皆成藥石; 尤人者、動念即是戈矛。一以闢眾善之路、一以濬諸惡之源、相去霄壤矣。
자신을 돌아보는 사람은 어떤 상황이든 모두 약이 되고 교훈이 되지만, 남을 탓하는 사람은 생각이 일어나는 순간부터 이미 분노와 공격이 따릅니다. 하나는 모든 선한 길을 열어주고, 다른 하나는 모든 악의 근원이 되니, 그 차이는 하늘과 땅처럼 큽니다.

## 148

# 세월을 견디는 건 정신의 힘이다

시간은 모든 것을 흐리게 합니다. 화려한 업적도, 정성껏 쓴 글도 언젠가는 사라지고 맙니다. 그러나 그 속에 담긴 정신과 진실한 마음은 세월을 넘어 사람의 마음을 울리고 새로운 삶의 기준이 됩니다.

마찬가지로, 권세와 재물은 시대에 따라 흘러가지만, 한 번 세운 절개와 신념은 천년의 세월에도 빛을 잃지 않습니다. 진정한 가치는 겉으로 드러나는 성취가 아니라, 그 속에 깃든 정신에 있습니다.

무엇을 지킬 것인가, 무엇을 따를 것인가의 선택 앞에서 우리는 언제나 본질을 잊지 말아야 합니다.

**전집 148**
事業文章隨身銷毀、而精神萬古如新；功名富貴逐世轉移、而氣節千載一日。君子信不當以彼易此也。
사업과 글은 시간이 지나면 사라지지만, 그 안에 깃든 정신은 영원히 새롭고 살아 있습니다. 공명과 부귀는 세상 따라 흘러가지만, 올곧은 절개는 천 년이 지나도 변하지 않습니다. 그러니 현인은 그 본질을 버리고 겉모습을 좇아서는 안 됩니다.

## 149
# 지혜의 끝에서 겸허가 시작된다

세상은 예측할 수 없는 변화와 숨어 있는 이치로 가득합니다. 지혜롭다고 여긴 꾀가 또 다른 함정을 불러오고, 계산된 계획 속에 다시 예기치 못한 결과가 자라납니다.

이는 우리에게 지나친 계산과 욕망, 자만이 결국 더 큰 위험을 부를 수 있음을 경고합니다. 참된 지혜란 모든 변수를 통제하려 애쓰기보다는 때로는 한걸음 물러서서 본질을 보고, 자연의 흐름에 따라 조화를 이루는 데 있습니다.

기민함이 아니라 겸허함 속에서 길을 찾아야 할 때입니다.

**전집 149**
魚網之設, 鴻則羅其中 ; 螳螂之貪, 雀又乘其後. 機裏藏機, 變外生變, 智巧何足恃哉.
물고기를 잡기 위한 그물이 펼쳐지면, 큰 기러기조차 그물에 걸릴 수 있고, 사마귀는 욕심을 부려 매미를 노리지만, 그 뒤에서 참새가 사마귀를 덮칩니다. 꾀 속에 또 다른 꾀가 숨어 있고, 변칙 속에 또 다른 변수가 생기니, 지혜나 계략만을 믿는 것은 얼마나 덧없는 일입니까?

## 150

# 진심과 융통성, 사람됨의 두 축

삶을 살아가는 데 두 가지 중요한 태도가 있습니다. 하나는 '진심', 또 하나는 '융통성'입니다. 진심이 없는 사람은 겉모습만 번지르르할 뿐 어떤 관계도, 어떤 일도 깊이를 가질 수 없습니다.

또 한편, 세상과 부딪히며 살아갈 때 유연한 마음과 상황을 즐길 줄 아는 여유가 없다면, 마치 움직이지 않는 나무 인형처럼 어색하고 불편한 존재가 됩니다.

삶은 단순한 계산이 아닌 마음의 움직임과 교감으로 이루어집니다. 부드럽게 흐르되 중심을 잃지 않고, 진실하되 고집스럽지 않은 균형이 진정한 사람다움을 끌어냅니다.

**전집 150**
作人無點真懇念頭, 便成個花子, 事事皆虛 : 涉世無段圓活機趣, 便是個木人, 處處有礙.
사람됨에 있어 진심 어린 마음이 전혀 없다면 결국 허울뿐인 사람으로 전락해 모든 일이 공허해지고, 세상을 살아가는 데 융통성과 생기가 없다면 나무 인형처럼 굳어 버려 어디서든 막힘이 생기게 됩니다.

## 151

# 버림 속에서 맑음은 태어난다

우리는 종종 마음을 맑게 하려 애쓰고, 기쁨을 찾기 위해 바쁘게 움직입니다. 하지만 고요한 물은 저절로 맑아지고, 먼지가 없는 거울은 자연스레 빛을 반사하듯, 마음도 억지로 맑게 할 필요는 없습니다.

오히려 혼탁하게 만드는 생각과 감정, 욕망을 내려놓는 것이 먼저입니다. 괴로움의 원인을 걷어내면, 그 자리에 남는 평온이 곧 기쁨입니다.

삶의 본질은 이미 우리 안에 깃들어 있습니다. 그것을 깨닫고 고요히 바라볼 수 있다면, 맑음과 즐거움은 더 이상 외부의 조건이 아니라 내면에서 피어나는 자연스러운 상태임을 알게 될 것입니다.

전집 151
水不波則自定, 鑑不翳則自明, 故心無可淸, 去其混之者, 而淸自現; 樂不必尋, 去其苦之者, 而樂自存。
물이 흔들리지 않으면 스스로 맑아지고, 거울이 가려지지 않으면 저절로 밝아지듯, 마음도 억지로 맑게 할 필요 없이 혼탁하게 하는 요소만 제거하면 저절로 맑아지며, 즐거움 또한 일부러 찾지 않아도 괴로움을 없애면 자연스럽게 머무르게 됩니다.

## 152
# 생각 하나, 말 한마디, 발 한 걸음의 무게

　사람의 말과 행동, 그리고 마음속 생각 하나가 세상의 조화를 깨뜨리고 미래 세대에까지 영향을 끼칠 수 있다는 말은 오늘날에도 깊은 울림을 줍니다. 한마디의 말, 사소한 행동이 의도치 않은 결과를 불러올 수 있으므로, 우리는 늘 말과 행동에 신중해야 합니다.

　겉으로는 작은 일처럼 보여도, 그것이 조용히 파장을 일으켜 누군가의 마음을 상하게 하거나, 공동체를 어지럽히거나, 오랜 시간 후회할 일을 만들 수도 있기 때문입니다.

　조심하고 삼가는 태도는 단지 소극적인 태도가 아니라 조화로운 세상을 위한 적극적인 선택입니다.

---

**전집 152**
有一念犯鬼神之禁、一言而傷天地之和、一事而釀子孫之禍者、最宜切戒。
마음속의 한 생각이 신령한 법도를 어기고, 한마디 말이 천지의 조화를 해치며, 한 가지 행동이 자손에게 재앙을 부를 수 있으니, 이러한 일들은 반드시 경계해야 합니다.

## 153

# 기다림은 조급함을 이기는 가장 단단한 힘

모든 일에는 때가 있습니다. 조급히 다그치고 억지로 해결하려 할수록 오히려 일이 더 꼬이기 쉽습니다. 말이 통하지 않는 사람도, 설명이 통하지 않는 상황도, 한걸음 물러서서 시간을 주면 서서히 스스로 풀리는 경우가 있습니다.

마치 흐린 물이 스스로 가라앉기를 기다리는 것처럼, 삶의 문제도 때론 기다림 속에서 명료해집니다.

누군가의 완고함도 억지로 꺾으려 들기보다는 따뜻한 여백 속에서 바뀌기를 기다리는 것이 진정한 안내이자 지혜입니다.

**전집 153**
事有急之不白者, 寬之或自明, 毋躁急以速其忿 ; 人有操之不從者, 縱之或自化, 毋操切以益其頑。
일 중에는 급하게 해명하려 해도 오히려 명확하지 않은 경우가 있으니, 여유 있게 기다리면 저절로 드러날 수 있습니다. 성급하게 화를 돋우지 마십시오. 사람 중에는 강제로 이끌려 하지 않는 이도 있으니, 느긋하게 놓아두면 스스로 변화할 수도 있습니다. 지나치게 강요하면 오히려 완고함을 더할 뿐입니다.

# 154

## 기교보다 마음을 먼저 단련하라

높은 절개와 훌륭한 문장은 마치 하늘과 눈처럼 찬란할 수 있습니다. 그러나 그것이 진실한 마음과 성품을 바탕으로 다듬어지지 않는다면, 단지 뜨거운 혈기에서 비롯된 일시적인 충동에 불과할 뿐입니다.

훌륭한 글도, 고결한 정신도, 결국은 사람의 깊은 성정에서 길러져야 합니다. 기교와 재능은 꾸밀 수 있지만, 인격은 쌓아야 비로소 빛납니다.

진정한 사람됨은 감정과 이성을 조화롭게 다스리는 데서 비롯되며, 그 안에서 지조와 예술은 본래의 깊이를 갖추게 됩니다.

---

**전집 154**
節義傲青雲, 文章高白雪, 若不以性情陶鎔之, 終為血氣之私, 技能之末。
지조와 의기는 하늘을 찌르고, 글재주는 흰 눈처럼 빼어나다 하더라도, 성품과 감정을 통해 그것을 잘 다듬지 않으면 결국 혈기에서 비롯된 사사로운 욕망이나 단순한 기술에 불과하게 됩니다.

## 155

# 물러설 줄 알고, 베풀 줄 아는 마음

물러날 줄 아는 지혜는 언제나 시기를 가립니다. 가장 화려하고 찬란할 때 뒤돌아설 수 있는 용기는 자신을 초월한 자만이 가질 수 있는 태도입니다.

현인의 자리는 언제나 앞이 아닌 뒤에 있어야 하며, 조용히 존재하되 중심을 잃지 않습니다.

진정한 은혜는 보답을 바라고 베푸는 것이 아니라 그저 필요한 이에게 묵묵히 건네는 것입니다. 이러한 태도 속에서 비로소 인간의 깊은 품격이 깃들게 되며, 자신을 갈고닦는 도의 길이 열립니다.

---

전집 155
謝事當謝於正盛之時, 居身宜居於獨後之地。謹德須謹於至微之事, 施恩務施於不報之人。
일을 그만둘 때는 가장 왕성할 때 그만두어야 하고, 몸을 둘 곳은 항상 가장 뒤에 서야 합니다. 덕을 지킬 때는 아주 사소한 일에서부터 삼가야 하고, 은혜를 베풀 때는 보답하지 못할 사람에게 베푸는 것이 좋습니다.

# 156

## 맑은 벗과 나누는 깊은 말 한마디

삶은 누구를 곁에 두고, 무엇에 귀 기울이느냐에 따라 그 결이 달라집니다.

겉치레보다는 속에 향기를 지닌 이들과의 간담이 마음을 편안하게 해 줍니다.

또한, 남의 허물과 세상의 소문에 관심을 두기보다는 오래도록 빛나는 옛사람들의 말과 행동에서 배움을 찾는 것이 더 깊은 가르침이 됩니다. 어디에 귀를 기울이고 누구와 벗하며 사는지가 곧 그 사람의 인품이 됩니다.

---

전집 156
交市人, 不如友山翁; 謁朱門, 不如親白屋; 聽街談巷語, 不如聞樵牧歌; 談今人失德過差, 不如述古人嘉言懿行。
장터의 속된 사람들과 교제하느니 산속 노인을 벗 삼는 것이 낫고, 권세 있는 집을 찾기보다는 소박한 집을 자주 찾는 것이 좋습니다. 거리의 소문을 듣기보다는 목동의 노래와 나무꾼의 노랫소리를 듣는 것이 더 낫고, 요즘 사람들의 잘못을 논하기보다는 옛사람들의 훌륭한 말과 덕행을 말하는 것이 좋습니다.

## 157

# 바탕이 곧으면 길도 오래간다

무엇이든 오래가는 것은 그 바탕이 깊고 단단할 때 이루어집니다. 덕이란 단지 인격의 장식이 아닙니다. 삶의 모든 업적과 신뢰, 영향력의 뿌리가 되는 가장 중요한 기반입니다.

기초가 무너지면 아무리 높은 탑도 오래가지 못하듯 덕 없는 성공은 바람 앞의 모래성과 같습니다.

사람의 마음이 바로 서야 가정도, 사회도 무성하게 번창할 수 있습니다. 겉의 화려함보다 안의 탄탄함을 먼저 세우는 지혜가 필요한 시대입니다.

**전집 157**
德者事業之基、未有基不固而棟宇堅久者。心者後嗣之本、未有本不立而枝葉茂榮者。
덕은 모든 일의 기초입니다. 기초가 튼튼하지 않으면 집이 오래 버틸 수 없습니다. 마음은 자손을 위한 근본입니다. 근본이 바로 서지 않으면, 가지와 잎이 무성하게 자랄 수 없습니다.

## 158

# 나를 낮추지도, 높이지도 말고
# 중심에 머물라

인생을 살아가다 보면, 스스로 지닌 내면의 가치를 외면한 채 바깥의 시선과 인정만을 좇는 이들이 있습니다. 마음속에 무한한 보물을 지녔음에도 불구하고, 남이 주는 인정이나 가짜 성공에 의존하려는 모습은 마치 부잣집 자식이 자신을 거지로 여기는 것과 다르지 않습니다.

반대로 운 좋게 무언가를 얻었다고 자랑하며 교만해지는 모습도 경계해야 합니다.

참된 지혜란 자신을 과소평가하지도, 과대평가하지도 않으며, 조용히 자신의 길을 걸어가는 데서 비롯됩니다.

---

**전집 158**
前人云:「拋却自家無盡藏, 沿門持鉢效貧兒.」 又云:「暴富貧兒休說夢, 誰家灶裏火無煙?」 一箴自昧所有, 一箴自誇所有, 可為學人切戒.
옛사람이 말했습니다. "스스로 끝없는 보물을 가지고 있으면서도, 그것을 버리고 집집마다 바구니를 들고 구걸하는 가난한 아이처럼 살아간다." 또 같하기를, "가난한 사람이 갑자기 부자가 되었다고 자랑하지 마라. 어느 집 부엌 아궁이에 연기 나지 않는 곳이 있겠는가?" 하나는 자기 안의 가치를 모르고 자신을 깎아내리는 것을 경계하며, 또 하나는 가진 것을 자랑하며 우쭐대는 태도를 경계합니다. 학문하는 이들이 반드시 새겨들어야 할 경계입니다.

## 159
# 진리는 일상 속에 숨 쉬고 있다

    도는 일부의 전유물이 아닌 모두가 함께 나누는 공공의 진리이며, 사람에 따라 유연하게 접근하고 인도되어야 합니다.

    학문은 특별한 사람만 하는 고귀한 일이 아니라, 일상의 밥처럼 평범하면서도 매일 실천되는 행위여야 합니다. 즉, 도는 살아 있는 생명으로서 사람과 상황에 맞게 전달되어야 하며, 학문은 삶 속에서 응용되고 체득되는 것이어야 합니다.

    진리는 멀리 있지 않고, 배우고 가르치는 일은 거창한 것이 아니라 생활 속에 있다는 이 평범한 진실은 우리에게 큰 울림을 줍니다.

---

**전집 159**
道是一重公眾物事, 當隨人而接引。學是一個尋常家飯, 當隨事而講求。
도는 공공의 이치로 누구나 접할 수 있는 것이니 사람의 처지에 따라 인도해야 하며, 학문은 매일 먹는 집밥처럼 평범한 것이니 상황에 따라 실용적으로 탐구하고 실천해야 합니다.

## 160
# 믿음은 나를 지키는 조용한 힘이다

타인을 믿는다는 것은 상대의 진실 여부를 떠나, 자신 안의 성실함을 지켜내는 행위입니다. 믿음은 자기 존재의 방향을 드러냅니다. 혹여 믿음이 배신당하더라도, 그 마음은 남아 자신을 지켜줍니다.

반대로 의심으로 관계를 시작하면, 아직 상대가 속이지 않았더라도 이미 자기 마음은 불신에 물들고 맙니다. 의심은 상대보다 먼저 자신을 속이게 만듭니다.

믿음이 주는 내면의 품격은 스스로 쌓아가는 것입니다. 신뢰는 관계의 결과가 아니라, 내면의 선택에서 비롯되는 고요한 힘입니다.

전집 160
信人者、人未必盡誠、己則獨誠矣；疑人者、人未必皆詐、己則先詐矣。
남을 믿는 사람은 상대가 꼭 진실하지 않더라도, 자기 자신은 이미 진실한 사람이 됩니다. 반대로 남을 의심하는 사람은 상대가 반드시 거짓된 사람은 아니더라도, 자기 자신이 먼저 속이는 사람이 됩니다.

## 161

# 마음은 봄바람처럼 따뜻해야 한다

사람의 마음은 계절의 기운처럼 주변에 스며들어 영향을 줍니다.

마치 봄바람이 지나가며 메말랐던 땅에 생명을 틔우듯, 넉넉한 마음은 관계와 세상을 부드럽게 가꾸는 힘이 있습니다. 반면, 날이 선 마음과 의심 가득한 태도는 차가운 바람처럼 사람들을 움츠러들게 하고, 가능성을 닫아버립니다.

어떤 마음으로 사람과 세상을 대하느냐에 따라 그 삶의 풍경도 바뀝니다. 온기를 품은 마음은 결국 나를 살리고, 타인을 살리는 길이 됩니다.

**전집 161**
念頭寬厚的, 如春風煦育, 萬物遭之而生 ; 念頭忌刻的, 如朔雪陰凝, 萬物遭之而死。
생각이 너그럽고 따뜻한 사람은 마치 봄바람이 만물을 기르는 것과 같아서, 누구든 그 품에 안기면 생기를 얻습니다. 반대로 생각이 날카롭고 각박한 사람은 마치 북풍 속 눈과 그늘처럼 모든 것을 얼어붙게 해 사람과 일 모두 위축되게 합니다.

# 162

# 보이지 않는 선과 악의 열매

좋은 일을 하고도 눈에 띄는 보상이 없을 때, 우리는 종종 허무함을 느낍니다. 그러나 선한 행위는 보이지 않는 땅속에서 뿌리를 뻗는 나무처럼, 조용히 내면을 채우고 세상을 변화시키는 힘을 지닙니다.

반대로 잘못된 행동은 처음에는 아무런 문제가 없어 보일 수 있으나, 서서히 마음을 병들게 하고, 삶의 질서를 무너뜨립니다.

선은 조용히 자라고, 악은 소리 없이 스러지는 것. 인생의 깊은 지혜는 이처럼 눈에 보이지 않는 이치를 아는 데서 비롯됩니다.

**전집 162**
為善不見其益, 如草裏東瓜, 自應暗長 ; 為惡不見其損, 如庭前春雪, 勢必潛消。
선한 일을 해도 당장 그 이익이 보이지 않을 수 있습니다. 하지만 그것은 풀숲에 숨은 동과(東瓜; 박과 식물의 일종)가 자라듯, 보이지 않아도 속에서 조용히 자라고 있는 것입니다. 악한 일도 겉으로는 아무런 손해가 없는 듯 보이지만 마치 마당에 내린 봄눈이 어느새 사라지듯, 그 해악은 이미 서서히 사라지고 있는 것입니다.

## 163

# 오래될수록 새롭게, 약할수록 강하게

진정한 품격은 사람이 보지 않는 곳에서 더 빛이 나고, 오랜 관계일수록 새롭게 감동을 주는 데서 드러납니다. 오래된 인연은 시간 속에 익숙해지기 쉽지만, 그 익숙함을 당연히 여기지 않고 더욱 깊은 마음으로 대할 때, 관계는 새 생명을 얻습니다.

조용한 자리에서도 정직함을 잃지 않고, 힘이 약해진 이들에게 오히려 더 큰 존중을 보일 줄 아는 사람은 내면이 단단한 사람입니다.

오래된 우정에는 신선한 마음으로, 보이지 않는 자리에서는 바른 행동으로, 약한 이들에겐 깊은 공경으로 임하는 삶이야말로 진정한 인격 수양의 길입니다.

전집 163
遇故舊之交, 意氣要愈新 ; 處隱微之地, 心迹宜愈顯 ; 待衰朽之輩, 恩禮當愈隆。
오래된 친구를 만날 때는 마음과 정을 더욱 새롭게 해야 하며, 아무도 보지 않는 은밀한 곳에서는 오히려 자신의 마음과 행동이 더욱 분명해야 합니다. 늙고 쇠약한 이들을 대할 때는 더욱 정성과 예의를 다해야 합니다.

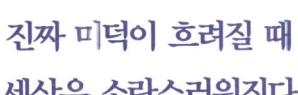

## 164

# 진짜 미덕이 흐려질 때
# 세상은 소란스러워진다

본래 근면과 검소는 자신을 바르게 세우고, 덕을 닦는 고요한 덕목입니다. 그러나 오늘날의 세상에서는 그 본뜻이 뒤틀리곤 합니다. 근면은 내면의 성실함보다는 성취와 돈을 위한 수단으로 오용되고, 검소는 욕심을 줄이기보다는 인색함을 감추기 위한 방패로 쓰입니다.

근면은 타인을 이기기 위한 도구가 아니라 스스로를 다듬기 위한 길이며, 검소는 결핍을 포장하는 껍질이 아니라 욕망을 절제하는 힘입니다.

현인의 덕을 흉내 내는 것이 아니라, 그 뜻을 실천하는 삶이 우리 모두에게 필요합니다.

**전집 164**
勤者敏於德義、而世人借勤以濟其貧;儉者淡於貨利、而世人假儉以飾其吝。君子持身之符、反為小人營私之具矣。惜哉。
근면한 이는 본래 덕과 정의에 민첩해야 하지만 세상 사람들은 근면함을 오직 가난을 벗어나기 위한 수단으로 삼습니다. 검소한 이는 본래 재물에 담담해야 하지만, 세상 사람들은 검소함과 인색함을 감추는 도구로 씁니다. 결국, 현인이 지녀야 할 바른 품성이 도리어 소인배가 사익을 추구하는 도구가 되어버리니 애석한 일입니다-.

## 165

## 꾸준한 걸음의 힘

기분이나 충동에 의존해 행동하는 사람은 지속적인 힘을 갖기 어렵습니다. 감정과 얕은 지식에서 얻은 깨달음도 마찬가지입니다. 일시적인 번뜩임은 있을지 몰라도, 시간이 지나면 쉽게 사라지며 혼란으로 돌아갑니다.

진정한 길은 의욕이나 감정에만 기대는 것이 아니라 절제와 꾸준함, 성찰 속에서 걸어가는 것입니다.

내면의 진정성과 일관된 실천이야말로, 끝없이 나아가는 수레바퀴요, 꺼지지 않는 등불입니다.

**전집 165**
憑意興作為者, 隨作則隨止, 豈是不退之車輪 ; 從情識解悟者, 有悟則有迷, 終非常明之燈燭。
기분과 충동에 따라 행동하는 사람은 할 때는 하다가도 금세 그만두며, 마치 뒤로 굴러가지 않는 수레바퀴처럼 불안정합니다. 감정과 지식에 의존하여 깨달음을 얻는 사람은 깨닫는 듯하다가도 곧 다시 미혹에 빠지니, 결국엔 항상 밝게 비추는 등불이 될 수 없습니다.

## 166

## 자신에겐 엄격하게, 타인에겐 너그럽게

진정한 성찰과 도덕적 깊이는 타인을 대할 때와 자신을 대할 때의 태도 차이에서 드러납니다. 남의 실수는 너그러이 이해하며 품어주는 마음이 필요하지만, 자신에게는 더욱 엄격하고 신중해야 합니다.

마찬가지로, 내가 겪는 고난이나 불편은 인내하며 감내할 수 있어야 하지만, 타인이 당하는 부당함에는 예민하게 반응하고 정의를 실현하려는 마음이 필요합니다.

자신을 바로잡고 타인을 배려할 줄 아는 태도야말로 삶을 반듯하게 이끄는 진정한 힘입니다.

**전집 166**
人之過誤宜恕, 而在己則不可恕; 己之困辱宜忍, 而在人則不可忍。
남의 잘못은 너그러이 용서해야 하지만, 자기 잘못에 대해서는 결코 가볍게 넘겨서는 안 됩니다. 자신이 겪는 고난이나 모욕은 참고 견뎌야 하지만, 타인이 그런 고통을 겪고 있다면 결코 묵과해서는 안 됩니다.

## 167

# 자연스러움 속에 숨어 있는 특별함

진정한 '특이함'은 억지로 꾸미는 데서 비롯되지 않습니다. 세속적인 욕망이나 외적 평가에서 한걸음 벗어나 있는 그 자체가 특별함의 본질입니다.

진짜로 '청렴하다'라는 것은 더러운 것과 스스로 거리를 두는 것이지, 타인을 의식하며 맑음을 연출하는 것이 아닙니다.

사람됨이란 조용히 속됨을 벗어나야 하며, 맑음은 억지로 꾸며내는 것이 아니라 자연스럽게 스며 나오는 것입니다. 겉모습보다 내면의 정직함이 중요한 이유가 여기에 있습니다.

전집 167
能脫俗便是奇, 作意尙奇者, 不爲奇而爲異 ; 不合汚便是淸, 矯情求淸者, 不爲淸而爲激。
속됨에서 벗어날 수 있다면 그것이 참으로 특별한 일입니다. 그러나 억지로 특별해 보이려 한다면, 그것은 참됨이 아니라 단지 괴이함일 뿐입니다. 더러움에 물들지 않는 것이 참된 맑음입니다. 하지만 일부러 맑음을 꾸미려 하면, 그것은 청렴이 아니라 지나친 고집에 불과합니다.

## 168

# 은혜와 위엄, 그 균형의 리듬

관계란 지속적인 감정의 흐름 속에서 형성됩니다. 처음부터 모든 것을 쏟아붓는 은혜는 시간이 지나면 당연한 것으로 여겨지고, 줄어드는 순간 오히려 서운함을 낳습니다.

위엄 역시 마찬가지입니다. 처음엔 너그러웠다가 갑자기 엄격해지면 배신감과 반감을 불러일으킵니다.

감정의 리듬은 누적되고, 변화를 어떻게 이끄느냐에 따라 관계의 결말이 달라집니다. 은혜는 깊어질 여백을 남기고, 위엄은 두려움이 아닌 존중으로 이어져야 진짜 힘이 됩니다.

전집 168
恩宜自淡而濃、先濃後淡者、人忘其惠; 威宜自嚴而寬、先寬後嚴者、人怨其酷。
은혜는 처음엔 담담하게 베풀다가 점점 깊어지는 것이 좋습니다. 처음부터 지나치게 베풀고 나중에 줄어들면, 사람들은 그 은혜를 금세 잊습니다. 위엄은 처음엔 엄정하게 하되 점점 너그러워지는 것이 바람직합니다. 처음엔 너그러웠다가 나중에 엄하게 대하면, 사람들은 그 엄함단 원망하게 됩니다.

# 169

# 비워야 진짜 마음이 드러난다

우리는 본래의 자아를 찾고자 많은 것을 배우고 수행하지만, 때로는 가장 중요한 출발점인 '비움'을 잊곤 합니다. 마음이 조용히 가라앉아야 그 바닥에 담긴 본성의 맑은 그림자가 드러나고, 생각이 맑아져야 진정한 자아가 거울처럼 빛날 수 있습니다.

들끓는 마음 위에 성찰은 떠오를 수 없고, 뒤엉킨 생각 속에서는 맑은 판단도 설 수 없습니다.

진정한 깨달음은 더 많은 말이나 생각이 아니라 고요 속에서 나타나는 본래의 마음으로부터 시작됩니다.

**전집 169**
心虛則性現、不息心而求見性、如撥波覓月;意淨則心淸、不了意而求明心、如索鏡增塵。
마음을 비워야 본성이 드러납니다. 마음이 가라앉지 않았는데 본성을 보려 한다면, 이는 물결을 헤치며 달을 찾는 것과 같습니다. 생각이 맑아야 마음도 맑아집니다. 생각을 정리하지 않은 채 마음의 맑음을 구한다면, 이는 먼지를 닦지 않은 거울에 밝은 빛을 비추려는 것과 같습니다.

# 170

## 타인의 규정에 가둬지지 않는 나

사람들은 외양에 흔들립니다. 누군가를 존경하거나 멸시할 때조차 그 대상의 본질이 아닌 외적인 조건에 따라 반응하곤 합니다. 화려한 옷차림에는 고개를 숙이고, 누추한 행색에는 마음을 닫습니다.

그들이 경배하거나 무시하는 것은 나라는 존재가 아니라 옷과 지위에 대한 반사적 반응일 뿐입니다.

타인의 시선이 나를 규정하지 못한다는 것을 안다면, 우리는 보다 자유로운 내면에 머물 수 있습니다. 진정한 가치는 껍데기 너머, 변치 않는 자신 안에 있음을 기억해야 합니다.

**전집 170**
我貴而人奉之, 奉此峨冠大帶也; 我賤而人侮之, 侮此布衣草履也。然則原非奉我, 我胡爲喜? 原非侮我, 我胡爲怒?
내가 귀하다고 사람들이 받들어 주는 것은, 사실 나 자신이 아니라 내가 쓴 화려한 관과 입은 의복 때문입니다. 내가 천하다고 사람들이 업신여기는 것도, 나라는 사람 자체가 아니라 내가 입은 누추한 옷과 신발 때문입니다. 그렇다면 결국 그들이 받드는 것은 '나'가 아니라 의복이고, 업신여기는 것 또한 나와는 무관한 겉모습일 뿐입니다. 그런데 어찌 그들의 환대에 기뻐하고, 멸시에 분노할 필요가 있겠습니까?

## 171

# 생명을 품는 마음, 사람됨의 시작

미물에게조차 자비를 품는 선인들의 마음은, 단지 동정심을 넘어선 깊은 생명 존중의 철학이었습니다.

작은 생명에게도 길을 내어주는 사려 깊음은, 인간이 지녀야 할 가장 본질적인 생명 감수성이기도 합니다. 만일 이러한 마음이 없다면, 인간의 몸은 움직이되 생명으로서의 깊이를 잃고, 그저 살아 있는 형상에 불과할 것입니다.

오늘날 우리가 잃지 말아야 할 것은 바로 모든 생명을 따뜻하게 바라보는 시선입니다.

전집 171

「爲鼠常留飯, 憐蛾不點燈」、古人此等念頭, 今人學之, 便是一點生生之機. 無此, 便所謂土木形骸而已.
"쥐를 위해 밥을 남기고, 불나방을 불쌍히 여겨 등불을 켜지 않는다." 옛사람들은 이러한 마음을 지녔습니다. 오늘날 우리가 이런 마음을 배운다면, 그것이야말로 생명을 살리는 진정한 씨앗이 될 것입니다. 이런 마음이 없다면, 사람은 그저 흙과 나무로 만들어진 껍데기에 지나지 않습니다.

## 172

# 감정은 흘러가야 한다

인간의 마음은 자연과 다르지 않습니다. 기쁨과 분노, 자비와 엄격함, 이 모든 정서는 하늘의 기운처럼 우리의 삶을 물들입니다. 한순간의 마음이 천둥이 될 수도, 햇살이 될 수도 있다는 뜻은, 결국 우리가 세상을 어떻게 비추느냐가 내면의 날씨에 달려 있다는 말이기도 합니다.

중요한 것은 그 감정에 머무르지 않는 일입니다. 감정은 스쳐 지나가는 바람과 같으니 그것에 붙잡히지 않고 자연스럽게 오고 가도록 허용해야 합니다.

성숙한 자아란 감정을 억누르는 것이 아니라, 감정 위에 깨어 있는 관조를 세우는 것입니다.

**전집 172**
心體便是天體、一念之喜、景星慶雲；一念之怒、震雷暴雨；一念之慈、和風甘露；一念之嚴、烈日秋霜；何者所感、只要隨起隨滅、廓然無礙、便與太虛同體。
사람의 마음은 곧 하늘의 본체와 같습니다. 기쁨의 한 생각은 경사로운 별과 상서로운 구름을 부르고, 분노의 한 생각은 천둥과 폭우를 일으킵니다. 자비로운 마음은 따뜻한 바람과 단비를 내리게 하고, 엄격한 마음은 가을 서리처럼 차갑고 날카롭게 다가옵니다. 이 모든 감정은 단지 마음속 하나의 일기처럼 오고 갈 뿐이니, 떠오름과 사라짐을 따르고 집착하지 않는다면 넓고 막힘 없는 대자연과 하나가 될 수 있습니다.

## 173

## 고요할 땐 깨어 있고, 바쁠 땐 고요하라

고요한 시간에는 오히려 마음이 흐릿해지기 쉽고, 바쁜 시간에는 정신이 흩어지기 쉽습니다. 삶은 이 두 가지 사이를 끊임없이 오가기에, 언제나 중심을 지키는 법을 익혀야 합니다.

아무 일이 없을 때는 나태함이나 무심함에 빠지지 않도록 맑은 의식을 유지하고, 일이 생겼을 때는 분주한 가운데에서도 고요함을 잃지 않아야 합니다.

깨어 있으면서도 흔들리지 않고, 움직이면서도 중심을 놓치지 않는 마음, 그것이 바로 삶을 지혜롭게 살아가는 자세입니다.

**전집 173**
無事時、心易昏昧、宜寂寂而照以惺惺；有事時、心易奔逸、宜惺惺以而主以寂寂。
아무 일이 없을 때는 마음이 쉽게 흐려지니 고요히 지내며 깨어 있는 마음으로 비쳐야 하고, 일이 있을 때는 마음이 쉽게 흩어지니 또렷한 정신으로 다스리되 고요함을 중심에 두어야 합니다.

## 174

# 판단은 냉정하게, 실행은 담대하게

어떤 일을 판단하고 논의하는 자리에 있는 사람은 감정에 휩쓸리지 않고 냉철하게 그 일의 손익을 분별할 수 있어야 합니다.

반면, 실제로 일을 맡아 실천하는 사람은 이해득실에 지나치게 집착하지 말고, 맡은 바를 묵묵히 이행하며 중심을 잃지 말아야 합니다. 따라서 그에게 필요한 것은 실리를 따지는 것이 아닌, 성실과 용기입니다.

일의 성공은 이 두 종류의 태도가 조화롭게 작용할 때 이루어집니다. 판단하는 이의 분별력과 실행하는 이의 몰입이 함께할 때, 비로소 일이 제대로 풀리는 겁니다.

**전집 174**
**議事者, 身在事外, 宜悉利害之情; 任事者, 身居事中, 當絶利害之慮.**
일을 논의하는 사람은 그 일 바깥에 있으니 이해관계의 실상을 분명히 살펴야 하고, 직접 그 일을 맡은 사람은 그 일 속에 있으니 이해득실에 대한 걱정을 끊어야 합니다.

## 175

# 권세 앞에서도 중심은 잃지 마라

세상의 중심에 선 사람일수록 더욱 바른길을 걸어야 합니다. 권세와 이익이 얽힌 자리에 있는 이는 언제나 유혹과 위험에 노출되어 있기 때문입니다.

이런 자리에서는 외면의 화려함보다 내면의 바름이 중요합니다. 아첨하는 이들을 가까이하고 그들의 타협에 휩쓸리는 순간, 자기 뜻을 잃게 되고, 반대로 지나친 정의감으로 경직되면 뜻하지 않은 화를 부를 수도 있습니다.

중심을 지키되 부드럽고, 뜻을 지키되 무르지 않게 살아야 합니다. 그것이야말로 권력의 문 앞에서 자신을 잃지 않는 길입니다.

전집 175
士君子處權門要路, 操履要嚴明, 心氣要和易, 毋詭隨而陷腥羶之黨, 亦毋矯激而忘蜂蠆之危.
선비가 권세 있는 자들과 교류하거나 요직에 있을 때는 자신의 행동은 엄격하고 분명해야 하며, 마음은 온화하고 부드러워야 합니다. 권세에 아첨하여 부패하는 무리에 빠져서는 안 되고, 의롭다는 명분 아래 지나치게 급진적으로 행동하여 위험을 자초해서도 안 됩니다.

## 176

# 드러내지 않아도 스스로 빛나는 삶

선과 의로움을 내세우는 이가 오히려 비방의 표적이 되는 아이러니는 인간 사회의 오래된 그림자입니다. 선을 말하고 도를 외칠수록 사람들은 오히려 그 사람을 시험하려 들고, 때로는 시샘하거나 험담하게 됩니다.

진정한 덕은 드러내려 할 때보다 조용히 실천될 때 더 깊은 울림을 줍니다. 현인은 겉으로 드러나는 칭송보다는 마음속의 평온과 조화를 중시합니다.

억지로 드러내지 않아도 스스로 빛나는 그런 존재가 되는 것, 그것이 현인의 지향점입니다.

---

**전집 176**
標節義者、必以節義受謗；榜道學者、常因道學招尤；故君子不近惡事、亦不立善名、只要和氣渾然、纔是居身之寶。
절개와 의로움을 내세우는 사람은 오히려 그것으로 비방을 받기 쉽고, 도학을 드러내는 자는 종종 그 이름으로 책망을 받습니다. 그러므로 현인은 악한 일에 가까이하지 않되, 굳이 선한 이름도 세우려 하지 않습니다.

## 177

# 사람을 바꾸는 건 결국 진심이다

사람을 바꾸는 힘은 강요나 무력이 아니라, 진심과 온화한 기운, 그리고 올곧은 정신에서 비롯됩니다. 세상에는 다양한 사람이 존재합니다. 속이려는 이도 있고, 성정이 거친 이도 있으며, 자기 이익만을 좇는 이도 있습니다.

그러나 그들조차 진실한 마음과 따뜻한 태도, 그리고 굳센 명분 앞에서는 조금씩 변화하기 시작합니다.

진심은 벽을 허물고, 부드러움은 마음을 녹이며, 정의로운 기개는 흐트러진 마음을 바로잡습니다. 이러한 자세를 지닌 자는, 사람을 가르치지 않아도 스스로 감화시키는 법입니다.

전집 177
遇欺詐的人, 以誠心感動之 ; 遇暴戾的人, 以和氣薰蒸之 ; 遇傾邪私曲的人, 以名義氣節激礪之 ; 天下之人, 無不入我陶冶中矣。
속이려는 사람을 만나거든 진실한 마음으로 감동하게 하고, 성질이 사나운 사람을 만나거든 온화한 기운으로 부드럽게 덮으며, 마음이 사사롭고 바르지 못한 사람을 만나거든 의와 절개로 그 마음을 일깨워야 합니다.

## 178

# 한순간의 자비가 세상을 밝힌다

세상을 변화시키는 것은 거대한 업적보다 한 사람의 마음에서 시작된 따뜻함일지도 모릅니다. 순간의 자비는 단지 눈앞의 누군가를 위로하는 데 그치지 않고, 주위 사람들에게도 따스한 기운을 전파합니다.

이는 두 공간, 곧 하늘과 땅 사이의 기운을 부드럽게 감싸며 세상을 고요히 만듭니다. 또한, 마음 한편의 맑고 진실한 결백은 그 자체로 향기처럼 남아, 시간이 흘러도 사람들의 기억 속에 길이 이어집니다.

조용한 선이야말로 인생을 빛나게 하고 세상을 정화하는 진정한 힘이 됩니다.

**전집 178**
一念慈祥、可以醞釀兩間和氣；寸心潔白、可以昭垂百代清芬。
한순간의 자비로운 마음은 온 세상의 조화를 빚어내고, 한 치의 맑고 깨끗한 마음은 백대(百代; 멀고 오랜 세월)를 이어 퍼지는 향기로운 이름을 남깁니다.

## 179

## 무던한 덕이 소란한 세상을 잠재운다

사람들은 종종 특별함을 추구하며 기이한 능력이나 독특한 행실로 주목받고자 합니다. 그러나 그들이 항상 보이는 대로 특별한 것은 아닙니다. 겉으로는 화려하고 특이해 보일 수 있지만, 그 안에는 불안정함과 자만이 숨어있는 것입니다.

반대로 평범해 보이는 덕성과 무던한 행실은 외면받기 쉬우나, 바로 그 일상적인 도량이 사람과 세상을 편안하게 만들고 화를 막아줍니다.

때로는 아무도 주목하지 않는 '무던함'이야말로 삶을 지키는 가장 깊은 지혜일 수 있습니다.

전집 179
陰謀怪習, 異行奇能, 俱是涉世的禍胎。殺身的利器, 只一個庸德庸行, 便可以完混沌而召和平。
음흉한 꾀, 기이한 습관, 특이한 행동이나 괴이한 재능은 모두 세상살이에서 화를 부르는 씨앗입니다. 몸을 해치는 날카로운 도구가 되며, 오직 평범한 덕성과 평범한 행동이 혼란을 잠재우고 평화를 부를 수 있습니다.

PART 4

# 자연과 더불어 사는 삶
## _세상을 초월한 미학

#자연과의조화 #무위자연 #참된자유

삶의 번잡함에서 벗어나 자연 속의 고요함과 무욕의 경지를 찬미합니다.
불교의 초월적 사유가 깊게 배어 있습니다.

## 180

# 참음은 삶을 지탱하는
# 가장 단단한 기둥이다

    삶을 살아가다 보면 예상치 못한 비탈길이나 위태로운 다리를 마주하게 됩니다. 이때 필요한 것은 '참는 힘'입니다. 참음은 소극적인 인내를 뜻하는 것이 아니라, 마음을 다잡고 상황을 통과하는 능동적인 지혜를 말합니다.

    인간관계에서 얽히는 복잡한 감정이나 세상의 부조리한 흐름 앞에 서도, 바로 이 한 글자 '참을 인(忍)'이 우리를 지탱해줍니다.

    한 걸음 물러서며 참아낸 시간이 결국 우리를 깊은 수렁이 아니라 단단한 길로 이끌어줍니다.

---

전집 180

語云:「登山耐側路、踏雪耐危橋。」一耐字極有意味。如傾險之人情、坎坷之世道、若不得一耐字撐持過去、幾何不墮入榛莽坑塹哉。

속담에 이르기를 "산을 오를 때는 비탈길을 견뎌야 하고, 눈길을 걸을 때는 위태로운 다리를 견뎌야 한다"라고 하였습니다. '참는다'에는 깊은 뜻이 담겨 있습니다. 사람 사이의 험한 감정과 세상의 굴곡진 이치를 생각해 보면, 참는다는 인내심이 없으면, 금세 인생의 덤불이나 구덩이 같은 어려움에 빠질 수밖에 없습니다.

# 181

# 외적 성취 없이도 충분히 사람답게

사람은 흔히 자신의 업적이나 재능을 내세워 존재의 가치를 증명하려 합니다. 그러나 그것은 외부의 인정에 기대는 삶일 뿐, 본질적인 사람됨을 말해 주지는 않습니다.

우리의 마음은 본래부터 맑고 단단하며, 그 자체로도 귀합니다. 업적이 없다고 하여 부끄러울 필요는 없습니다. 오히려 소리 없이 정직하게 살아가는 사람에게서 더 깊은 품격이 느껴집니다.

진정한 사람다움은 성과에 있지 않고, 투명한 마음과 바른 자세에 있습니다.

---

**전집 181**
誇逞功業、炫耀文章、皆是靠外物做人。不知心體瑩然、本來不失、即無寸功隻字、亦自有堂堂正正做人處。
공을 자랑하고 글을 드러내려는 태도는 모두 외적인 것에 의지해 자신을 드러내는 방식입니다. 그러나 본래 마음은 맑고 투명하여 본질을 잃지 않으므로, 비록 공적 하나 없고 문장 한 줄 남기지 않았더라도, 당당하고 올곧게 사람답게 살아갈 수 있는 것입니다.

## 182

# 고요는 준비된 마음 위에 온다

인생은 시시각각 변하고, 우리는 종종 외부의 흐름에 이끌려 자신을 잃곤 합니다. 하지만 진정한 평정은 바쁜 와중에 갑자기 얻어지는 것이 아니라, 평온한 시간 속에서 미리 다져진 마음에서 비롯됩니다.

한가할 때 고요히 자신을 돌아보며 내면의 중심을 세우지 않으면 바쁠 때는 그 중심을 잃기 쉽고, 시끄러움 속에서는 흔들리기 마련입니다.

고요함은 결코 외부의 정적에서 오는 것이 아니라, 내면의 준비된 상태에서 비롯됩니다. 이처럼 여유와 평온은 꾸준한 연습으로 만들어진 깊은 뿌리의 산물입니다.

전집 182
忙裏要偸閑, 須先向閒時討個把柄; 鬧中要取靜, 須先從靜裏立個根基; 不然, 未有不因境而遷, 隨事而靡者.
바쁜 와중에도 여유를 누리려면, 미리 한가한 시간 속에서 그 실마리를 찾아야 합니다. 시끄러운 가운데에서도 고요함을 지키려면, 미리 고요한 순간 속에서 그 뿌리를 세워두어야 합니다. 그렇지 않으면 누구라도 환경에 휘둘리고 순간에 휩쓸릴 수 있습니다.

## 183

# 지나침이 없을 때 남는 단단한 울림

마음이 흐려지면 올바른 판단도 흔들리고, 감정에 휘둘리면 사람과의 관계가 메말라 갑니다. 또 물질적인 자원을 끝없이 쏟아붓다 보면, 결국 자신이 지치게 됩니다.

자신의 본심을 지키는 것은 내면의 등불을 꺼뜨리지 않는 것이며, 정을 아끼는 것은 관계의 온기를 지속시키는 지혜입니다. 물질을 아끼는 절제는 다음 세대를 위한 배려이기도 합니다.

천지를 향한 올곧은 마음, 백성을 위한 책임, 자손을 위한 배려는 결국 모두 같은 뿌리에서 비롯됩니다. 잃지 말아야 할 중심은, 결국 '지나치지 않음'이라는 단순한 도리 속에 숨어 있습니다.

전집 183
不昧己心、不盡人情、不竭物力;三者可以爲天地立心、爲生民立命、爲子孫造福。
자신의 본심을 어지럽히지 않고, 사람 사이의 정을 다 소모하지 않으며, 물질적인 힘을 다 쏟아버리지 않는다면, 이 세 가지 덕목만으로도 하늘과 땅의 뜻을 세우고, 백성의 삶에 근본을 마련하며, 자손에게 복을 남길 수 있습니다.

## 184

# 공정과 용서, 청렴과 절제의 길 위에서

삶의 무대가 어디든 중심을 세우는 말은 단순하면서도 깊은 진실을 품고 있습니다. 공직자라면 무엇보다 공정함과 청렴함을 잃지 말아야 합니다.

공정함은 판단을 밝히고, 청렴함은 저절로 존경을 불러오게 합니다. 이는 권위를 강요하지 않고도 사람의 마음을 움직이는 힘입니다.

반면, 가정에서는 용서와 절제가 조화를 이룹니다. 서로의 잘못을 품어줄 때 마음의 긴장이 풀리고, 절약의 습관은 비단 물질을 아끼는 데 그치지 않고 삶의 여백을 넓혀줍니다.

**전집 184**
居官有二語, 曰:「惟公則生明, 惟廉則生威。」 居家有二語, 曰:「惟恕則情平, 惟儉則用足。」
공직에 있을 때 지켜야 할 두 가지가 있습니다. "공정하면 밝아지고, 청렴하면 위엄이 선다." 가정을 다스릴 때도 두 가지가 있습니다. "용서하면 마음이 평온해지고, 절약하면 생활이 넉넉해진다."

## 185

# 풍요 속에서도 겸손하게,
# 젊음 속에서도 연민을 품고

사람은 때때로 자신이 처한 환경에 안주하며, 타인의 고통을 잊곤 합니다. 그러나 부유한 자리에 있을수록 가난한 이들의 아픔을 헤아릴 줄 알아야 하며, 젊고 건강할수록 노쇠함의 쓸쓸함을 상상할 수 있어야 합니다.

이는 단순한 동정이 아니라, 사람다움을 지키는 연민의 뿌리입니다.

오늘 내가 가진 것들이 내일도 그대로일 거라는 보장은 없습니다. 그러니 부유할 때 더욱 겸손하고, 강할 때 더욱 유순해야 합니다. 이러한 마음이 진정한 공감과 연대의 시작이 됩니다.

**전집 185**
處富貴之地, 要知貧賤的痛癢 ; 當少壯之時, 須念衰老的辛酸.
부귀한 자리에 있을 때는 가난하고 천한 이들의 고통을 헤아릴 줄 알아야 하고, 젊고 건강할 때는 늙고 병든 이들의 어려움을 미리 생각해야 합니다.

## 186

# 포용은 지혜이고, 지나침은 경계다

세상을 살아가며 모든 것을 너무 깔끔하고 완벽하게 유지하려는 마음은 오히려 삶을 경직되게 합니다. 자신에게조차 지나치게 청결하고 결백해지려 하면, 삶의 풍파에 쉽게 상처받게 됩니다.

또한, 사람과의 관계에서는 선과 악, 지혜와 어리석음을 너무 명확히 나누려 하지 말아야 합니다. 삶이란 본래 명암이 뒤섞인 채 흐르며, 사람 또한 하나의 단면으로만 정의할 수 없습니다.

포용이란 완벽하지 않은 세상과 사람을 있는 그대로 안는 태도입니다. 고요한 연못처럼 마음을 넓게 가지면, 세상의 불순함도 결국 가라앉고, 진실은 물 위에 드러나기 마련입니다.

**전집 186**
持身不可太皎潔、一切污辱垢穢、要茹納些；與人不可太分明、一切善惡賢愚、要包容得。
자신을 너무 지나치게 결백하게만 유지하려 하지 말고, 때로는 세상의 더러움과 모욕도 받아들일 수 있어야 합니다. 타인과의 관계에서도 모든 것을 지나치게 선명히 가르려 하지 말고, 선과 악, 어리석음과 지혜로움 모두를 포용할 수 있어야 합니다.

## 187

## 침묵 속의 품격, 거리를 둔 품위

소인을 상대하려 애쓰는 것은 시간과 마음을 낭비하는 일입니다. 그들은 언젠가 결국 자신에게 걸맞은 상대를 만나게 되어 있습니다. 괜히 마음을 다쳐가며 정면으로 부딪칠 필요는 없습니다.

또한, 현인의 덕을 빌고자 아첨하거나 비위를 맞추는 일도 무의미합니다. 진정한 현인은 공정하고 절제되어 있어 개인적인 감정이나 이익에 휘둘리지 않기 때문입니다.

결국 삶이란 각자의 인격과 처신에 따라 자연스럽게 조율되는 것입니다. 누군가를 바꾸려 들기보다, 자신이 중심을 지키는 것이 더 현명한 길입니다.

전집 187
休與小人仇讎、小人自有對頭;休向君子諂媚、君子原無私惠。
소인과 원한을 맺으려 하지 마십시오. 그런 사람은 저절로 그의 맞수가 생깁니다. 현인에게 아첨하려 들지 마십시오. 진정한 현인은 사사로운 은혜를 베풀지 않기 때문입니다.

## 188
# 이치를 거스른 고집은 병을 낳는다

사람은 욕망에 흔들릴 수 있고, 그로 인해 일시적인 잘못을 저지를 수도 있습니다. 하지만 이런 감정의 흐름은 자각과 절제의 훈련으로 조정이 가능합니다.

반면, 자신의 이념이나 도리를 지나치게 고집하는 마음은 더 깊은 문제를 낳습니다. 스스로 옳다고 믿는 '신념'은 그것이 틀렸다고 인정하지 않는 한 내려놓기 어렵습니다. 진정한 지혜는 바른 원칙 위에 유연함을 갖추는 데 있습니다.

집착은 언제나 경직을 부르고, 경직은 이해를 막습니다. 삶은 언제나 흐름 속에 있으므로 고집보다 여백이 더 큰 힘이 됩니다.

**전집 188**
縱欲之病可醫、而執理之病難醫；事物之障可除、而義理之障難除。
욕망에 빠지는 병은 치료할 수 있으나, 이치를 고집하는 병은 고치기 어렵습니다. 외부 사물로 인한 장애는 제거할 수 있지만, 도리와 이념에 갇힌 장애는 제거하기 어렵습니다.

## 189

# 깊은 수양은 느리게, 무겁게 다가온다

참된 수양은 오랜 세월과 정성 속에서 이루어집니다. 마치 쇠를 반복하여 달구고 두드려야 단단해지듯, 사람의 인격과 실력도 깊이 있는 단련을 거쳐야 단단한 바탕이 형성됩니다.

반대로, 조급히 얻은 결과는 그만큼 쉽게 무너지고, 깊이가 없습니다. 마찬가지로, 행동은 중량감 있게 조준하고 신중히 방출해야 합니다.

인생의 깊이는 속도보다 방향과 집중에서 비롯됩니다. 급한 성취보다는 묵묵한 내면의 단련과 조심스러운 실천이 진정한 성과를 이끕니다.

**전집 189**
磨礪當如百煉之金, 急就者 必非邃養;施爲宜似千鈞之弩、輕發者、決無宏功。
자신을 단련하는 데는 백 번 단련한 쇠처럼 인내와 정성이 필요합니다. 서두르며 성취한 것은 깊은 수양이 될 수 없습니다. 무언가를 실행할 때는 천근을 당기는 소뇌(弩; 보통의 활보다 긴 사정거리와 강한 관통력을 가지도록 개량한 무기)처럼 신중해야 합니다. 가볍게 시작한 일에는 큰 성과가 따르기 어렵습니다.

## 190

# 달콤한 칭찬보다
# 쓴 꾸짖음이 더 큰 사랑이다

　살아가며 누구에게 인정받고 싶은가를 묻는다면, 진정한 답은 '진실한 사람에게'일 것입니다. 소인의 칭찬은 허례이며, 그의 기쁨은 아첨과 탐욕의 산물입니다. 차라리 그에게 미움을 받는 편이 훨씬 낫습니다.

　반대로 현인의 꾸지람은 나를 바로잡기 위한 진심 어린 가르침이며, 때로는 날카롭게 느껴져도 성장의 계기가 됩니다. 진실한 꾸지람이 위선적 칭찬보다 낫고, 의로운 거리낌이 거짓된 호의보다 깊습니다.

　이처럼 내 마음의 거울을 들여다볼 때, 우리는 누구의 말에 더 귀 기울이고 있는가를 점검해야 합니다.

전집 190
寧爲小人所忌毀, 毋爲小人所媚悅 ; 寧爲君子所責備, 毋爲君子所包容。
차라리 소인에게 미움을 받고 헐뜯음을 당할지언정, 아첨을 받아 기쁘게 하지 말아야 하며, 차라리 현인에게 꾸지람을 들을지언정, 마지못해 너그러이 감싸주는 일을 바라지 말아야 합니다.

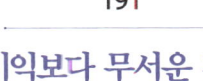

# 191
## 이익보다 무서운 것은
## 명예에 대한 집착이다

이익을 좇는 마음은 흔히 외형으로 드러납니다. 그래서 그 위험도 비교적 쉽게 인식되고, 방어하거나 경계할 수 있습니다. 반면, 명예를 추구하는 마음은 도의와 정의라는 외양 속에 교묘히 숨어듭니다.

선한 의도처럼 보이지만, 실상은 자기 과시이자 자아 중심의 욕망일 수 있습니다. 이처럼 명예욕은 그릇된 이익보다 더 은밀하고, 더 깊은 해악을 남깁니다.

우리는 무엇을 위한 행동인지 자신의 동기를 끊임없이 되돌아보아야 합니다. 진정한 도는 외면보다 내면에서 길러지는 것이기 때문입니다.

**전집 191**
好利者, 軼出於道義之外, 其害顯而淺 ; 好名者, 竄入於道義之中, 其害隱而深。
이익을 좋아하는 사람은 도의 밖으로 벗어나므로 그 해로움이 드러나 있고, 얕지만 이름을 좋아하는 사람은 도 안으로 파고들기에 그 해로움이 감춰져 있고 깊습니다

## 192

# 은혜를 잊고 원망만 새기려는
# 마음을 경계하라

　인간의 마음이란 때로 고마움을 쉽게 잊고, 섭섭함은 오래 품곤 합니다. 깊은 은혜를 받고도 묵묵히 지나치면서, 작은 오해나 다툼은 마음 속에 오래 담아두는 일, 우리 삶 속에서도 종종 마주합니다.

　또한, 누군가의 허물은 쉽게 믿고 퍼뜨리면서, 그 사람의 선행은 의심하는 경향도 드물지 않습니다. 이처럼 은혜엔 무감각하고, 악의엔 민감하며, 선에 대해선 의심하고, 악에 대해선 확신하는 마음은 결국 인간관계를 무너뜨리고 자신을 외롭게 만듭니다.

　타인의 선의를 믿고, 받은 은혜를 오래 새기며, 사소한 원망은 흘려보낼 수 있는 여유가 진정한 성숙이라 할 수 있습니다.

---

**전집 192**
受人之恩, 雖深不報, 怨則淺亦報之;聞人之惡, 雖隱不疑, 善則顯亦疑之. 此刻之極, 薄之尤也, 宜切戒之.
남에게서 큰 은혜를 받아도 보답하지 않으면서, 원한은 아주 사소해도 반드시 갚으려 하고, 남의 나쁜 말은 숨겨진 것이어도 믿고, 선한 평가는 드러나 있더라도 의심하는 경우가 있습니다. 이러한 마음은 냉혹함의 극치이며, 지극히 박한 태도이니 반드시 삼가야 합니다.

## 193

# 험담은 드러나고, 아첨은 영혼을 해친다

험담은 결국 자신을 드러냅니다. 아무리 날카로운 말로 선한 이를 흠집 내려 해도, 그 진실은 머지않아 밝혀지고 맙니다.

그러나 아첨은 위험합니다. 겉으론 부드럽고 다정하지만, 그것은 틈새로 스며드는 바람처럼 보이지 않게 사람의 중심을 흐립니다. 이는 병이 없어도 서서히 해를 끼치는 것과 같습니다.

진실한 관계는 정직과 절제로 세워지며, 말로 지나치게 높이는 이는 결국 상대를 위한 것이 아니라 자신을 위한 것입니다. 현경한 사람은 칭찬보다 진심을, 공격보다 신중한 침묵을 귀하게 여깁니다.

---

**전집 193**
讒夫毀士, 如寸雲蔽日, 不久自明 ; 媚子阿人, 似隙風侵肌, 無疾亦損。
험담하는 자가 선비를 헐뜯는 것은 마치 조그마한 구름이 태양을 잠시 가리는 것과 같아 곧 진실이 드러나고, 아첨하는 자가 사람을 추켜세우는 것은 틈새 바람이 살갗을 파고드는 것 같아 병은 없어도 몸을 해치게 됩니다.

# 194
## 부드러운 자리에서 생명은 숨 쉬고 자란다

　자연은 늘 조화 속에 생명을 길러냅니다. 높고 날카로운 절벽에는 뿌리내릴 나무가 없지만, 부드럽게 흐르는 계곡에는 생명이 숨 쉬고 꽃이 피어납니다. 이는 곧 사람이 지나치게 높이만 오르려 하거나, 너무 급하게 결과를 이루려 할 때 결국 본질을 잃게 됨을 뜻합니다.

　고요하고 깊은 연못에는 물고기들이 모이지만, 급류에는 아무것도 머물지 못합니다. 이처럼 조급한 마음은 진정한 성취를 방해하고, 과도한 이상은 주변을 소외시킵니다.

　현인은 지나치게 높이 서려 하지 않으며, 바르게 천천히 흐르는 길에서 더 큰 깊이를 찾아갑니다.

---

전집 194
山之高峻處無木、而谿谷迴環則草木叢生；水之湍急處無魚、而淵潭停蓄則魚鼈聚集。此高絶之行、褊急之衷、君子重有戒焉。
산이 너무 높고 가파른 곳에는 나무가 자라지 못하고, 계곡처럼 굽이치는 곳에는 풀과 나무가 무성하게 자랍니다. 물이 너무 급하게 흐르는 곳에는 물고기가 살지 못하지만, 깊고 고요히 고인 못에는 물고기와 자라가 모여듭니다. 이처럼 지나치게 높이 오르려는 행동이나 성급하고 급한 마음가짐은 현인이 깊이 경계해야 할 일입니다.

## 195
# 융통성 있는 자만이 길을 열 수 있다

　세상에서 뜻을 이루고 일을 성사하는 이들은 공통으로 마음이 유연하고 처세에 능합니다. 그들은 강요하지 않고, 흐름을 읽고 상황에 맞게 행동합니다.

　반면, 일이 뜻대로 풀리지 않고 기회를 잃는 사람은 대개 자기 생각만을 고집하며 타인의 말에 귀 기울이지 않습니다. 융통성 없는 마음은 사람을 고립시키고, 결국 변화하는 세상에 적응하지 못하게 만듭니다.

　바람이 불면 나무도 몸을 기울이듯, 마음도 부드러움을 지니고 있어야 오래갑니다. 이처럼 유연한 사람만이 끝내 높은 곳에 오를 수 있습니다.

전집 195
建功立業者、多圓融之士 ; 僨事失機者、必執拗之人。
큰 공을 세우고 업적을 이루는 사람은 대개 융통성이 있는 사람입니다. 반면, 일을 그르치고 기회를 놓치는 사람은 반드시 고집스럽고 완고한 사람입니다.

## 196
# 세상 속을 살아가는 균형의 미학

사람은 세상 속에 살지만, 세상과 똑같을 필요는 없습니다. 그러나 억지로 달라지려고 애쓰는 것도 지혜롭지 않습니다. 개성과 원칙은 중요하지만, 그것이 세상과 단절된 고립으로 이어져선 안 됩니다.

마찬가지로, 일할 때 모든 사람을 만족시키려는 욕심은 불필요하고, 억지로 기쁨을 사려다 오히려 진심을 잃을 수도 있습니다. 그러나 그렇다고 해서 일부러 남에게 상처를 주거나 반감을 사도록 행동하는 것은 어리석은 일입니다.

중심을 지키되 유연하게, 자신을 지키되 남을 배려하는 태도 속에 진정한 성숙이 있습니다.

**전집 196**
處世不必與俗同, 亦不宜與俗異 ; 作事不必令人喜, 亦不可令人憎。
세상을 살아갈 때 세속과 반드시 같을 필요는 없지만, 지나치게 다를 필요도 없습니다. 무언가를 할 때 반드시 남을 기쁘게 할 필요는 없지만, 괜히 사람들이 당신을 미워하게 해서도 안 됩니다.

## 197

# 늦게 피는 꽃은 그 향도 오래 간다

해가 저물수록 하늘은 더 붉게 물들고, 겨울이 다가올수록 감귤은 더욱 진한 향기를 품습니다. 자연은 끝자락에서 오히려 절정을 피워내며, 완숙한 아름다움을 드러냅니다.

인생 또한 그러해야 하지 않을까요? 젊음의 열정이 사라졌다고 하여 정신까지 흐려지는 것은 바람직하지 않습니다. 오히려 삶의 뒷모습에서 더욱 맑은 정신과 깊은 통찰이 피어날 수 있어야 합니다.

말년이기에 더욱 단단하고 향기롭게, 늦은 시기야말로 다시 한번 자신을 빛낼 수 있는 가장 정제된 무대입니다.

**전집 197**
日旣暮而猶煙霞絢爛、歲將晩而更橙橘芳馨。故末路晩年、君子更宜精神百倍。
해(日)가 저물 무렵에도 여전히 노을은 찬란하고, 해(歲)가 바뀌려는 시점에도 감귤은 더욱 향기롭습니다. 그러므로 인생의 말년과 마지막 길목에서는 현인이 더욱 정신을 집중해야 합니다.

## 198

# 조용한 강함이 더 깊은 울림을 남긴다

진짜 강한 존재는 자신을 내세우지 않습니다. 매처럼 졸고 있는 듯하다 순간 날아오르고, 호랑이처럼 절룩거리다가도 순식간에 덮칠 힘을 지닌 자들이야말로 진짜 실력을 갖춘 이들입니다.

현인이라는 이름 아래 살아가는 사람 역시 마찬가지입니다. 빛나는 재능을 무리하게 뽐내지 않고도, 속 깊은 지혜로 남을 다스릴 수 있는 품을 가져야 합니다.

눈에 띄는 화려함보다 속에 감춘 무게와 침착함이 오래가는 길을 여는 법입니다. 조용한 강함, 그것이야말로 무거운 짐을 지고 먼 길을 가는 자에게 필요한 자질입니다.

**전집 198**
鷹立如睡、虎行似病、正是他攫鳥噬人法術。故君子要聰明不露、才華不逞、纔有任重道遠的力量。
매는 졸린 듯 서 있고, 호랑이는 병든 듯 걸어도, 사실은 그들이 날카롭게 새를 덮치고 사람을 물 수 있는 진짜 힘을 감추고 있는 것입니다. 그러므로 현인은 총명함을 드러내지 않고, 재능을 함부로 뽐내지 않아야 큰일을 감당할 힘을 지닐 수 있습니다.

## 199

## 과하지 않은 덕이 가장 오래가는 빛

모든 덕목은 그 자체로는 아름답지만, 지나침은 곧 덕을 해치는 칼이 됩니다. 검소함은 근검절약의 미덕이지만 도를 넘어서면 마음이 닫히고 인색해져 사람을 멀어지게 만듭니다.

겸양 또한 타인을 배려하는 고운 태도이지만, 지나치면 오히려 진실한 마음보다는 눈치를 보고 계산하는 모습으로 비칠 수 있습니다.

균형은 덕의 숨은 본질입니다. 진정한 도는 중심을 지키는 데 있습니다. 덕을 따른다고 하여도 그 덕을 과하게 고집하면, 이는 오히려 자기 가면이 되어 자신을 속일 수 있습니다.

**전집 199**
儉, 美德也, 過儉則爲慳吝, 爲鄙嗇, 反傷雅道 ; 讓, 懿行也, 過讓則爲足恭, 爲曲謹, 多出機心。
검소함은 아름다운 덕이지만, 지나치면 인색하고 치졸해져 오히려 고상한 도를 해칩니다. 겸양은 훌륭한 행실이지만, 지나치면 과도하게 굽신거리거나 지나치게 조심스러워져 오히려 속셈이 드러납니다.

## 200

# 흔들림 없이 중심을 지켜가는 사람

삶은 언제나 뜻대로 되지 않기에, 마음이 흐트러질 수 있습니다. 하지만 불쾌한 일이 있다고 곧장 마음을 어둡게 할 필요는 없습니다.

마찬가지로, 기쁜 일이 생겼다고 해서 들뜨고 교만해질 이유도 없습니다. 오래도록 이어진 평온은 자칫 방심을 부르고, 처음 마주하는 어려움은 종종 성장을 부르는 시작입니다. 감정의 파도에 흔들리지 않는다는 것은, 인생을 보다 긴 호흡으로 바라보는 성숙함을 의미합니다.

순간의 기쁨이나 괴로움에 치우치지 않고, 변하지 않는 중심을 지키는 사람만이 고요하게 앞으로 나아갈 수 있습니다.

---

전집 200
母憂拂意、母喜快心、母恃久安、母憚初難。
마음에 들지 않는 일이 있다고 너무 걱정하지 말고, 기분 좋은 일이 생겼다고 지나치게 기뻐하지 않아야 합니다. 오랜 평온함을 당연히 여기지 말고, 처음 겪는 어려움을 두려워하지 않아야 합니다.

## 201

# 겉이 아닌 속을 먼저 닦는 삶

사람의 진가는 겉으로 드러나는 화려함보다는 내면의 절제에 있습니다. 잦은 연회와 향락에 젖은 가정은 결국 기강을 잃고, 겉치레에 집착하는 학자는 참된 배움에서 멀어집니다.

또 명예와 관직에 집착하는 관료는 공공을 위한 마음보다 개인의 이익을 우선시하게 되지요.

그러나 바르고 선한 사람은 늘 마음이 단정하며, 삶에 절도가 있습니다. 외면이 아닌 내면의 조화를 추구하는 것이야말로 진정한 사람됨의 길입니다.

---

**전집 201**
宴飮之樂多, 不是個好人家; 聲華之習勝, 不是個好士子; 名位之念重, 不是個好臣工。
연회와 술자리를 즐기는 일이 많은 집안은 좋은 집안이라 할 수 없으며, 겉멋 든 화려한 말씨와 외형을 추구하는 이는 참된 선비가 아니며, 지위와 명예를 지나치게 중시하는 이는 진정한 신하가 아닙니다.

## 202

# 고통 속에서 길어 올린 기쁨 하나

사람들은 대체로 편안하고 유쾌한 순간에만 즐거움을 기대하지만, 그런 순간은 오히려 탐욕과 나태를 키우는 온상이 되기 쉽습니다. 즉각적인 쾌락은 지속되지 않으며, 끝내 고통으로 바뀌기 마련입니다.

반면, 진리를 아는 이는 불편하고 거북한 순간을 받아들이며, 그 안에서 마음을 연마합니다.

고통을 견디며 자신을 이기는 데서 비로소 진정한 즐거움이 시작됩니다. 고통과 즐거움은 분리할 수 있는 것이 아니며, 마음이 다스려질 때 비로소 바른 방향으로 순환합니다.

전집 202
世人以心愜處爲樂, 卻被樂心引入苦處; 達士以心拂處爲樂, 終由苦心換得樂來.
세상 사람들은 마음이 편한 상태를 즐거움이라 여기지만, 그런 즐거움에 빠진 마음이 오히려 고통을 불러옵니다. 통달한 사람은 마음이 거슬리는 상황에서 오히려 참된 기쁨을 찾으니, 결국 고통스러운 마음을 통해 진정한 즐거움을 얻습니다.

## 203

# 넘치기 전에 멈추는 지혜,
# 부러지기 전에 쉬는 용기

삶에는 한계가 있습니다. 넘치기 직전의 물처럼, 이미 가득 찬 상태에 또 무언가를 더하려 하면 순식간에 모든 것이 쏟아지고 맙니다.

인간은 종종 '조금 더'를 욕망하다가 모든 것을 잃습니다. 진정한 지혜는 바로 그 '마지막 한 방울'을 스스로 멈출 줄 아는 절제에서 나옵니다.

경계의 순간에 조심함으로써 비로소 온전함이 보존되고, 위기의 문턱에서 물러남으로써 삶은 다시 균형을 찾습니다.

**전집 203**
居盈滿者、如水之將溢未溢、切忌再加一滴；處危急者、如木之將折未折、切忌再加一搠。
가득 찬 자리에 있을 때는 마치 넘치기 직전의 물과 같으니, 거기에 한 방울이라도 더하는 것은 매우 위험합니다. 위태로운 상황에 부닥쳐 있을 때는 마치 부러지기 직전의 나무와 같으니, 거기에 다시 힘을 가하는 것은 큰 화를 부를 수 있습니다.

## 204

# 냉정함 속에서 피어나는 통찰

세상을 바로보기 위해선 뜨거운 감정보다 냉정한 통찰이 필요합니다. 사람을 바라볼 때는 편견 없이 조용히 관찰해야 하고, 말을 들을 때는 판단보다 이해가 앞서야 합니다. 감정이 격할수록 마음은 더욱 차분해야 하며, 복잡한 일일수록 냉철한 이성이 빛을 발합니다.

감정을 억누르라는 말이 아닙니다. 오히려 감정을 제대로 마주하기 위해선 그것을 휘둘리지 않게 보는 차가운 시선이 필요하다는 뜻입니다. 이 냉정은 무정함이 아니라, 진정성 있는 판단의 근거가 됩니다.

차가움은 때론 지혜로 가는 문입니다.

---

**전집 204**
冷眼觀人、冷耳聽語、冷情當感、冷心思理。
차가운 눈으로 사람을 보고, 차분한 귀로 말을 듣고, 냉정한 마음으로 감정에 대응하며, 고요한 마음으로 이치를 살펴야 합니다.

## 넓은 마음에 오래도록 복이 머문다

넉넉한 마음은 삶의 흐름을 부드럽게 합니다. 어진 사람의 마음은 여유롭기에 타인을 포용하고 상황을 지혜롭게 수용할 수 있으며, 이는 결국 복으로 되돌아옵니다.

반면, 조급하고 쫓기는 마음은 매사에 긴장을 만들고, 결과적으로 자신의 운도 좁히게 됩니다. 마음이 급하면 시야가 좁아지고, 판단이 거칠어지며, 행동 또한 삐걱거리기 마련입니다.

인생의 크기는 결국 마음의 넓이에서 비롯됩니다. 이때, 조급한 걸음보단 여유 있는 걸음이 더 멀리 갑니다.

**전집 205**
仁人心地寬舒, 便福厚而慶長, 事事成個寬舒氣象; 鄙夫念頭迫促, 便福薄而澤短, 事事得個迫促規模。
어진 사람은 마음이 너그러워 모든 일에 여유가 깃들고, 그로 인해 복도 두텁고 경사(慶事; 축하할 만한 기쁜 일)도 길게 이어지며, 하는 일마다 넉넉한 기운이 흐릅니다. 그러나 속된 사람은 생각이 조급하고 다급하여 복은 얇고 덕의 영향도 짧으며, 하는 일마다 조급하고 쪼들린 형세가 됩니다.

## 206

# 경솔한 말 하나가 관계를 무너뜨린다

사람에 대한 평가는 한마디의 소문이나 말에 좌우되어서는 안 됩니다. 누군가의 허물을 들었을 때 곧장 그를 배척하면, 그것은 고자질하는 자에게 무기를 쥐여주는 꼴이 됩니다.

반대로 누군가의 칭찬을 듣고 곧바로 그를 가까이하면, 오히려 교활한 자가 자신의 이익을 위해 접근하는 문을 열어주는 셈입니다. 경솔한 판단은 인간관계를 쉽게 무너뜨리며, 참과 거짓의 경계를 흐리게 만듭니다.

현인은 냉정하게 시간을 두고 사람을 살피고, 그 사람의 실제와 본성을 경험으로 확인한 뒤에야 마음을 줍니다.

---

**전집 206**
聞惡不可就惡, 恐爲讒夫洩怒; 聞善不可急親, 恐引奸人進身.
나쁜 말을 들었다고 하여 곧장 그 사람을 미워해서는 안 되니, 그것은 간사한 자가 분노를 쏟아내는 통로가 될 수 있기 때문입니다. 좋은 말을 들었다고 하여 바로 그 사람과 가까워져서는 안 되니, 그것은 간악한 자가 그 틈을 타 명성을 얻으려 드는 계기가 될 수 있기 때문입니다.

## 207

# 고요한 마음은 복이 머무는 그릇이다

급한 성정과 거친 마음은 일을 그르치는 지름길입니다. 조급한 자는 전체를 보지 못하고, 조용히 흘러가는 자연의 법칙을 거스르려 하기에 작은 일 하나도 온전히 이룰 수 없습니다.

반대로, 마음이 고요하고 기운이 평온한 사람은 조화로운 흐름 속에서 자신도 모르게 수많은 복을 맞이하게 됩니다. 세상의 이치는 물처럼 낮은 곳을 향해 흐르되, 그 부드러움으로 돌을 깎는 법입니다.

마음을 다스리는 것이야말로 모든 행운과 성취의 바탕임을 잊지 말아야 합니다.

---

**전집 207**
性躁心粗者、一事無成；心和氣平者、百福自集。
성질이 급하고 마음이 거칠면 한 가지 일도 제대로 이루지 못하고, 마음이 온화하고 기운이 평온하면 온갖 복이 저절로 모입니다.

## 208

# 까다롭지도 너그럽지도 않게

사람을 쓰는 데 있어 지나치게 깐깐하면, 오히려 진심으로 일하려는 이들이 상처받고 떠납니다. 반대로, 사람을 너무 쉽게 사귀면 진정한 친구가 아니라 이익을 노리는 아첨꾼들이 주변에 모여듭니다.

관계란 기준 없이 열어두면 흐려지고, 지나친 통제는 관계를 메마르게 합니다.

따뜻하되 분별이 있고, 엄격하되 포용이 있는 태도야말로 진심을 이끄는 지혜입니다.

전집 208
用人不宜刻, 刻則思效者去; 交友不宜濫, 濫則貢諛者來。
사람을 쓸 때 너무 까다로우면 진심으로 일하려는 이들이 떠나고, 친구를 사귈 때 아무나 받아들이면 아첨하는 자들이 몰려듭니다.

## 209

# 위기와 유혹 앞에서도
# 흔들리지 않는 마음

인생은 늘 평탄하지 않습니다. 시련이 몰아칠 때야말로 중심을 잡아야 할 순간이며, 눈부신 유혹이 가득할수록 시야는 더 높고 넓어야 합니다. 위험한 길에 다다랐을 때는 되돌아볼 줄 아는 지혜가 필요합니다.

인간은 격랑의 시기보다 풍요와 화려함 앞에서 더 쉽게 방심합니다. 그러므로 진정한 성숙은 위기뿐만 아니라 유혹 앞에서도 깨어 있는 태도에서 나옵니다.

세상의 풍파가 거셀수록, 욕망이 현란할수록, 조심스럽게, 그리고 담대하게 한 걸음 내딛는 사람만이 끝까지 자기 길을 지켜냅니다.

---

전집 209
風斜雨急處、要立得腳定;花濃柳艶處、要著得眼高;路危徑險處、要回得頭早。
바람이 거세고 비가 몰아치는 자리에서는 발을 단단히 디뎌야 하며, 꽃이 짙고 버들이 화려한 곳에서는 눈을 높여야 하며, 길이 험하고 좁은 곳에서는 미리 고개를 돌려야 합니다.

## 210

# 의로움엔 온화함을,
# 명예엔 겸손을 더하라

강직한 의로움만으로는 세상을 온전히 이끌 수 없습니다. 의리 있는 사람일수록 그 의로움에 온화함을 더해야, 오히려 다툼 없이 사람의 마음을 얻을 수 있습니다.

마찬가지로, 공명심으로 뜻을 세운 이라면, 더욱 낮추는 덕이 함께해야 시기와 질투를 피할 수 있습니다. 칼 같은 정직도, 타오르는 열정도, 그것만으로는 사회와 조화를 이루지 못합니다. 진정한 인격은 자신이 가진 강점을 부드럽게 감싸고, 타인의 감정에 다리를 놓는 힘에서 비롯됩니다.

굳건함에는 부드러움을, 높은 뜻에는 겸허함을 더해야 비로소 세상을 이롭게 하는 큰 인물이 될 수 있습니다.

**전집 210**
節義之人濟以和衷, 纔不敢忿爭之路; 功名之士承以謙德, 方不開嫉妬之門.
절개와 의리를 지닌 사람은 온화한 마음을 곁들여야 분쟁을 부르지 않고, 공과 명예를 추구하는 이는 겸손한 덕으로 받쳐야 시기의 문을 열지 않게 됩니다.

## 211

## 엄정과 온화 사이, 균형의 미학을 걷다

공직자는 쉽게 접근할 수 없는 존재여야 합니다. 무분별한 접촉과 청탁의 문을 열어두면, 직무는 흐려지고 도덕은 타협됩니다. 그러나 한 개인으로 돌아와 공동체에 거할 때는 지나친 거리감은 해가 됩니다.

사람들과 정을 나누며 겸손하게 살아야 비로소 인간다운 따뜻함이 남습니다. 공직에는 엄정함이, 삶에는 온정이 필요합니다. 이 두 가지를 상황에 따라 조화롭게 실천하는 것이야말로 진정한 현인의 도입니다.

낯을 가리는 자리가 있고, 마음을 여는 자리가 있습니다. 우리는 그것을 분별할 줄 아는 지혜를 가져야 합니다.

**전집 211**
士大夫居官、不可竿牘無節、要使人難見、以杜倖端;居鄉 不可崖岸太高、要使人易見、以敦舊好。
선비가 벼슬자리에 있을 때는 문서 왕래에 절도가 있어야 하며, 아무나 쉽게 접근하지 못하게 하여 아첨과 요행의 길을 막아야 합니다. 하지만 고향에 거주할 때는 너무 고고하게 굴지 말고, 사람들이 쉽게 다가올 수 있도록 하여 옛 친구들과의 정을 두텁게 해야 합니다.

## 212

# 겸손과 신중함이 품격을 만든다

　두려움은 인간을 겸손하게 만들고, 절제를 배우게 합니다. 높은 자리에 있는 사람을 경외하는 마음은 그의 권위를 존중하게 하고, 행동에 신중함을 더합니다.

　하지만 그와 동시에, 보잘것없어 보이는 이들 속에서도 무게를 느낄 줄 알아야 합니다. 작은 민심을 얕보는 자는 결국 자신을 무너뜨리게 됩니다.

　모든 존재를 존중하고 경계할 줄 아는 자세에서 진정한 품격이 비롯됩니다.

---

**전집 212**
大人不可不畏, 畏大人則無放逸之心 ; 小民亦不可不畏, 畏小民則無豪橫之習。
지위 높은 사람을 두려워할 줄 알아야 합니다. 그래야 방자한 마음이 생기지 않습니다. 하지만 평범한 백성도 두려워할 줄 알아야 합니다. 그래야 오만하고 함부로 구는 습성을 버릴 수 있습니다.

## 213

# 비교의 방향이 마음의 평온을 가른다

삶은 늘 뜻대로 흘러가지 않으며 마음은 자주 흐트러지기 마련입니다. 일이 어그러질 때 비교의 시선을 아래로 돌리면, 불만은 자연히 가라앉고 현실에 감사하는 마음이 생깁니다.

반대로 스스로 나태해질 때 위를 바라보며 더 나은 사람을 떠올리면, 스스로 분발하게 됩니다. 인간은 타인의 존재를 통해 자신의 위치를 자각하고 내면의 균형을 조절합니다.

비교는 불행의 씨앗이 되기도 하지만, 방향만 바꾸면 오히려 발전과 정진의 연료가 됩니다.

---

**전집 213**
事稍拂逆、便思不如我的人、則怨尤自消；心稍怠荒、便思勝似我的人、則精神自奮。
일이 뜻대로 되지 않을 때는 나보다 못한 사람을 더올리면 원망이 저절로 사라지고, 마음이 나태해질 때는 나보다 나은 사람을 생각하면 정신이 저절로 깨어납니다.

## 214

# 감정에 휩쓸리지 않는 삶의 중심

　인간의 감정은 흐르고, 그 흐름에 휘둘릴 때 우리는 쉽게 후회할 행동을 합니다. 기쁨은 약속을 가볍게 만들고, 분노는 날 선 말을 쏟게 하며, 들뜬 마음은 불필요한 일을 자초하게 하고, 피로는 마무리의 의지를 꺾어버립니다.

　결국 감정의 순간적 고조에 따라 내린 결정들은 진실한 의지가 아닌 충동의 산물에 불과합니다.

　진정한 절제란 슬픔이나 분노를 억누르는 데 있는 것이 아니라 기쁠 때 경계하고 피곤할 때도 끝을 지키는 데 있습니다. 순간이 아닌 전체를 보는 눈이야말로 인격을 세우는 뿌리가 되는 것입니다.

**전집 214**
不可乘喜而輕諾、不可因醉而生嗔、不可乘快而多事、不可因倦而鮮終。
기쁜 마음에 덜컥 약속하지 말고, 술에 취해 화를 내지 말며, 기분 좋다고 일을 벌이지 말고, 피곤하다고 끝맺음을 소홀히 해서는 안 됩니다.

## 215
# 내면을 보는 지혜

지식은 머리로만 받아들이는 것이 아니라 온몸으로 살아내는 순간 진정한 지혜로 거듭납니다. 책을 읽는 일이 손과 발을 움직이게 할 정도로 생동감을 준다면, 그것은 이미 내 삶의 일부가 된 것입니다.

사물의 이치를 바라볼 때도 마찬가지입니다. 표면에 머물지 않고 마음 깊숙이 교감할 수 있을 때, 겉모습이 아닌 본질을 이해하게 됩니다.

표면에서 벗어나 내면의 생명력을 보는 것, 그것이야말로 진정한 배움입니다.

---

**전집 215**
善讀書者, 要讀到手舞足蹈處, 方不落筌蹄; 善觀物者, 要觀到心融神洽時, 方不泥迹象.
책을 제대로 읽는 사람은 손발이 저절로 움직일 만큼 몰입해야 껍데기에 머물지 않게 되고, 사물을 제대로 관찰하는 사람은 마음과 정신이 하나로 어우러질 때 비로소 겉모습에 얽매이지 않게 됩니다.

## 216

# 하늘의 이치를 거스르는 교만을 경계하라

지혜와 부는 하늘이 인간에게 부여한 수단이지 자랑하거나 군림하라고 내린 것이 아닙니다. 한 사람이 특별히 많이 받은 것은, 그를 통해 더 많은 이들을 이롭게 하려는 우주의 균형 원리에서 비롯됩니다.

그러나 인간은 자주 그 뜻을 거슬러 지혜를 무기 삼아 타인을 낮추고, 부를 방패 삼아 타인을 압도합니다. 그로 인해 세상은 서로를 일으키는 곳이 아니라, 비교하고 짓누르는 경쟁의 장이 되어갑니다.

참된 하늘의 뜻은 가진 자가 나눌 줄 알고, 아는 자가 가르칠 줄 아는 데 있습니다.

**전집 216**
天賢一人、以誨眾人之愚、而世反逞其所長、以形人之短；天富一人、以濟眾人之困、而世反挾其所有、以凌人之貧。眞天之戮民哉。

하늘이 한 사람에게 지혜를 준 것은 많은 사람의 어리석음을 깨우치게 하려는 뜻이건만, 세상은 도리어 자신의 장점을 앞세워 타인의 단점을 드러내는 데 쓰고 있습니다. 하늘이 한 사람에게 부유함을 준 것은 많은 사람의 궁핍을 도우려는 뜻이건만, 세상은 도리어 가진 것을 앞세워 가난한 사람을 업신여기려 합니다. 이런 모습은 정말로 하늘의 뜻을 거스르며 백성을 벌하는 일과 다름없습니다.

## 217

# 지나친 생각이 걸음을 묶는다

　지나친 생각은 오히려 판단을 흐리게 합니다. 지혜로운 이는 마음이 고요하여 판단이 맑고, 어리석은 이도 복잡한 계산 없이 일에 전념할 수 있기에 함께 무언가를 이루기 쉽습니다.

　그러나 애매한 지식과 중간쯤의 재능은 오히려 사람을 주저하게 만듭니다. 알지만 완전히 알지 못하는 그 어중간함이, 오만과 의심을 낳고, 판단을 늦추며, 일을 망칩니다.

　진정한 지혜는 단순한 곳에 깃들며, 과도한 의심보다는 본연의 신뢰와 실행이 중요한 이유가 여기에 있습니다.

**전집 217**
至人何思何慮, 愚人不識不知, 可與論學亦可與建功。唯中材의 人, 多一番思慮知識, 便多一番臆度猜疑, 事事難與下手。
성인의 경지에 이른 사람은 사사로이 생각하거나 걱정하지 않으며, 어리석은 사람은 알지 못해도 오히려 함께 학문을 논할 수 있고, 일도 함께 이룰 수 있습니다. 그러나 중간 정도의 재능을 가진 사람은, 한 겹 더 다양한 지식과 생각을 지닌 탓에 괜한 추측과 의심이 늘고, 모든 일에 쉽게 손을 대지 못하게 됩니다.

## 218

# 입은 침묵을 배우고, 생각은 경계를 배워라

사람의 마음은 눈에 보이지 않지만, 입과 생각을 통해 그대로 드러납니다. 말은 마음의 문과 같아 쉽게 흘리면 중심이 노출되고, 생각은 마음의 발처럼 행동을 끌고 가기에 흐트러지면 길을 잃습니다.

그러므로 침묵은 단지 말이 없는 상태가 아니라 중심을 지키는 수련이요, 생각을 살핀다는 것은 단순한 경계가 아니라 올바름을 향한 준비입니다.

입을 삼가고 생각을 단속할 줄 아는 자는, 말과 행동 이전에 이미 반쯤 깨달은 사람입니다. 마음을 지키는 훈련은 외부로 나아가는 모든 출구를 돌아보는 데서 시작됩니다.

**전집 218**
口乃心之門, 守口不密, 洩盡眞機 ; 意乃心之足, 防意不嚴, 走盡邪蹊。
입은 마음의 문이니 잘 단속하지 않으면 마음속의 본심이 모두 흘러나오고, 생각은 마음의 발이니 생각을 잘 단속하지 않으면 잘못된 길로 빠지기 쉽습니다.

## 219

# 관용엔 평정이,
# 성찰엔 성장이 따르리라

타인을 꾸짖는 일은 정의의 이름으로도 자칫 오만으로 흐르기 쉽습니다. 정작 잘못이 있는 상대라도 적절한 경계를 지켜야 마음이 흐려지지 않습니다.

반대로 자신을 돌아볼 때는 비록 큰 허물이 없다 하더라도, 더 나은 자신을 위해 일부러라도 허점을 찾고자 하는 태도가 필요합니다.

그렇게 자신에게는 엄격하고 남에게는 너그러우면 관계는 원만해지고 내면의 품격은 깊어집니다. 평정은 절제에서, 성장은 자각에서 비롯됩니다.

전집 219
責人者, 原無過於有過之中, 則情平 ; 責己者, 求有過於無過之內, 則德進。
남을 꾸짖을 때는 그 사람이 잘못을 저질렀다고 하더라도 지나치게 비난하지 않으면 마음이 평온해지고, 자신을 돌아볼 때는 비록 잘못이 없더라도 일부러 잘못이 있는 듯이 성찰하면 덕이 자랍니다.

## 220

# 초심의 불꽃이 가능성의 크기를 결정한다

인간의 가능성은 씨앗과 같습니다. 갓난아이나 청년의 시절은 외형보다 내면이 빚어지는 시기이며, 이때의 훈련과 성장은 훗날 인격과 역량의 기초가 됩니다.

수재라 하더라도 초심의 정진이 부족하면 단단한 뿌리를 내리지 못하고, 큰 자리에 올라도 중심을 잃기 쉽습니다.

인간은 깊이와 열정으로 자신을 단련할 때 비로소 제대로 쓰이는 사람이 됩니다. 삶의 초입에 필요한 것은 조급한 결실이 아니라 오래가는 불꽃입니다.

**전집 220**
赤子者, 大人之胚胎; 秀才者, 宰相之基礎。此時若火力不到, 陶鑄不純, 他日涉世立朝, 終難成個令器。
갓난아이는 훗날 어른의 싹이고, 수재는 재상이 될 밑바탕입니다. 이 시기에 열정과 정성이 부족하여 제대로 다듬어지지 않으면, 장차 세상에 나가거나 조정(朝廷)에 서더라도 훌륭한 인물이 되기 어렵습니다.

## 221

# 두려움 없는 마음이 울타리를 만든다

진정한 현인은 외적인 상황에 따라 마음이 흔들리지 않습니다. 고난 앞에서도 침착함을 잃지 않고, 평안한 시기일수록 더 깊이 자신을 경계합니다.

진짜 두려워해야 할 것은 외부의 위협이 아니라 스스로의 안일과 자만입니다. 또한 권세 앞에서는 굽히지 않으면서도, 외로운 이들의 고통에는 민감하게 반응하는 마음이야말로 덕의 척도입니다.

세상을 두려워하지 않되 사람의 슬픔엔 놀랄 줄 아는 마음. 그것이 곧 겸허한 지혜이며 현인의 품격입니다.

전집 221
君子處患難而不憂、當宴遊而益加惕慮；遇權豪而不懼、對惸獨而反若驚心。
현인은 어려움 속에서도 근심하지 않으며, 오히려 즐기고 놀 때 더욱 경계심을 갖습니다. 권세 있는 사람 앞에서는 두려워하지 않되, 오히려 외롭고 약한 이들 앞에서는 마음이 놀랍니다.

## 222

## 늦게 피어난 향기가 더 깊다

겉으로 드러나는 화려함은 찰나의 눈부심일 뿐, 오래 지속되는 본질의 깊이에는 미치지 못합니다. 빠르게 피어난 꽃은 그만큼 빨리 시들고, 일찍 성공한 이도 깊이와 지속을 담보하기 어렵습니다.

오히려 소나무처럼 사계절 푸르고, 귤처럼 계절을 기다려 향기를 발하는 삶이 더욱 단단하고 깊습니다.

진정한 성숙은 속도보다 방향에서 비롯되며, 덧없고 눈부신 순간보다 묵묵히 쌓인 시간이야말로 인생의 향기를 오래 품게 합니다.

전집 222
桃李雖艶, 何如松蒼柏翠之堅貞; 梨杏雖甘, 何如橘綠橙黃之馨冽. 信乎, 濃夭不及淡久, 早秀不如晚成也.
복사꽃과 자두꽃이 아무리 화려해도, 소나무와 잣나무의 푸르름과 굳건함만 못하고, 배나무와 살구나무 열매가 아무리 달콤해도, 귤과 감귤의 푸르고 황금빛 향기에는 미치지 못합니다. 참으로 그렇습니다. 진한 아름다움은 오래가지 못하고, 이른 성공은 늦게 이루어진 성숙만 못 합니다.

PART
5

# 마음을 비우는 공부
### _백지의 여백에서

#고요한마음 #무욕의삶 #유유자적한일상

마음을 비우고 욕망을 덜어내는 데서 얻는 평안과
자연 속에서 얻게 되는 고요한 기쁨을 강조합니다.
외형을 벗어나 내면의 여백을 찾아 갑니다.

## 223

# 말없이 전하는 침묵의 지혜

겉으로 자연을 말하고 세속을 거부한다고 해서, 그 마음까지 깨끗한 것은 아닙니다. '자연'을 말하면서도 눈은 여전히 세속에 있고, "명리를 버렸다"라는 말 속에는 아직 미련이 남아 있을 수도 있습니다.

진정한 절제와 무욕은 말로 드러나는 것이 아니라 삶의 결 속에 배어 있는 것입니다. 그러므로 진실한 사람은 말보다 묵묵한 실천을 택하고, 서두르지 않으며 천천히 자신을 다듬습니다.

**후집 001**
譚山林之樂者, 未必眞得山林之趣。厭名利之談者, 未必盡忘名利之情。
산속 자연의 즐거움을 말하는 자가 반드시 그 참맛을 아는 것은 아니며, 명예와 이익을 싫다 말하는 자가 반드시 그 욕망을 완전히 버린 것도 아닙니다.

## 224

## 내면을 꿰뚫어 보는 깊은 지혜

표면상 평온하고 고요한 일이라고 해도, 그 본질에는 예리한 날이 숨어 있을 수 있습니다.

낚시는 유유자적한 취미처럼 보이지만, 결국 생명을 거두는 행위입니다. 바둑은 고상한 오락이라 말하지만, 그 한 수에는 병법과 전쟁의 심리가 흐릅니다.

인간의 마음은 종종 이중적이며, 정적인 것 속에도 동적인 긴장이 자리합니다. 어떤 행위도 그 겉모습만으로 판단해서는 안 되며, 그 속에 담긴 의도와 본질을 헤아릴 줄 아는 깊은 시선을 가져야 합니다.

**후집 002**
釣水逸事也, 尚持生殺之柄. 奕棋淸戱也, 且動戰爭之心.
낚시는 한가로운 취미이지만, 여전히 생사(生死)를 다루는 권한을 쥔 일입니다. 바둑은 고상한 오락이지만, 그 속에는 전쟁과 정벌의 마음이 깃들어 있습니다.

## 225
# 화려함은 스쳐가고,
# 본질만이 머문다

화려하고 풍성한 자연의 풍경은 쉽게 마음을 사로잡지만, 그것이 언제나 진실을 비추는 것은 아닙니다. 오히려 모든 것이 떨어지고 마른 자리, 절제되고 비어 있는 공간에서야 비로소 자연 본연의 모습과 마주하게 됩니다.

인간 삶도 마찬가지입니다. 성취와 찬란함 속에서는 자아를 잃기 쉽고, 고요하고 황량한 시간 속에서 오히려 자신의 깊은 본질과 만나게 됩니다.

무너짐 속에 남은 것이 진실입니다. 우리는 허상의 풍경에 취하기보다 진정한 자기 자신을 바라볼 줄 아는 마음을 지녀야 합니다.

후집 003
鶯花茂而山濃谷艷, 総是乾坤之幻境。水木落而石瘦崖枯, 纔見天地之真吾。
꽃이 무성하고 산과 계곡이 짙고 화려할 때, 그것이 바로 천지의 덧없는 환상일 뿐입니다. 물이 마르고 나무가 지고 바위가 삭고 절벽이 메마를 때, 비로소 천지의 진짜 본모습을 볼 수 있습니다.

## 226

# 바쁨은 내 안에서 시작된다

　세월은 조용히 흐르고, 자연은 그저 넓게 펼쳐져 있습니다. 그러나 사람은 자신을 조급하게 만들고, 마음의 틈을 좁혀 세상의 여백조차 허락하지 않습니다.

　바람이 불고 꽃이 피는 순간조차도 분주한 이는 그것을 즐길 여유를 갖지 못합니다. 이처럼 바쁨은 외부에서 오는 것이 아니라 내면에서 자초하는 경우가 많습니다.

　우리가 삶을 다그치는 것이 아니라 삶의 속도에 자신을 조율할 수 있다면, 시간도, 공간도, 감각마저도 훨씬 너그러워질 것입니다.

**후집 004**
歲月本長, 而忙者自促。天地本寬, 而鄙者自隘。風花雪月本閒, 而勞攘者自冗。
세월은 본래 넉넉하게 흐르건만 바쁘게 사는 사람은 스스로 그 시간을 좁히고, 하늘과 땅은 본래 넓고도 크건만 속 좁은 이는 스스로 그 공간을 막습니다. 바람, 꽃, 눈, 달은 본래 한가한 풍경이건만 분주한 사람은 스스로 복잡하게 만듭니다.

## 227

# 기쁨은 멀리 있지 않고, 지금 여기 있다

풍요와 아름다움은 늘 크고 거창한 데 있는 것이 아닙니다. 오히려 작고 소박한 자리에서도 진정한 즐거움과 자연의 감흥은 얼마든지 피어납니다.

깊은 산에 가지 않아도, 작은 화분과 바위틈 사이에 안개처럼 스며드는 여운이 있고, 거창한 누각이 없어도 대나무로 엮은 오두막 안에 달빛은 흐릅니다.

삶의 기쁨은 멀리 있지 않습니다. 다만 우리의 눈과 마음이 얼마나 열려 있는가에 달려 있습니다.

**후집 005**
得趣不在多。盆池拳石間、煙霞具足。会景不在遠、蓬窓竹屋下、風月自賖。
즐거움은 많음에 있지 않습니다. 작은 연못과 주먹만 한 바위 틈새에도 안개와 노을의 운치가 모두 담겨 있습니다. 경치를 즐김은 멀리 있지 않습니다. 초라한 창과 대나무 오두막 아래서도 바람과 달빛은 넉넉히 흐릅니다.

## 228

## 나를 깨우는 종소리 하나

어느 깊은 밤, 문득 울려 퍼지는 종소리는 무심히 흘려보내던 일상의 환상을 깨우는 신호입니다. 마치 꿈속에서도 다시 꿈을 꾸듯 수많은 무의식 속에 자신을 묻고 살아갑니다.

그러나 고요히 비친 연못 속 달빛처럼, 문득 마음을 비춰보면 외형 너머의 참된 존재와 마주하게 됩니다.

바깥 풍경이 곧 내면을 비추는 거울이 되고, 잠든 영혼을 깨우는 종소리가 됩니다. 깨어 있다는 것, 그것은 다만 눈을 뜨는 것이 아니라 본래의 나를 알아보는 일입니다.

**후집 006**
聽靜夜之鐘聲, 喚醒夢中之夢, 觀澄潭之月影, 窺見身外之身。
고요한 밤의 종소리를 들으면, 꿈속의 꿈에서 깨어나게 됩니다. 맑은 연못에 비친 달빛을 바라보면, 육체 너머의 진정한 자아를 엿보게 됩니다.

## 229

# 모든 존재가 어느 날 문득 스승이 된다

삶의 진리는 언제나 거창한 개념 속에 숨어 있지 않습니다. 숲속의 새소리, 들판의 벌레 울음도 깨어 있는 이에게는 마음을 전하는 언어이며, 꽃의 색과 풀잎의 녹음도 진리를 써 내려간 한 문장처럼 다가옵니다.

자연은 끊임없이 우리에게 말을 걸고, 우리는 그 말을 들을 준비가 되어 있어야 합니다. 마음이 맑고 투명하다면, 세상의 모든 사물은 곧 하나의 스승이 됩니다.

학문의 길이란 단지 책 속에서 지식을 찾는 것이 아니라, 만물과의 교감을 통해 진리를 알아차리는 감수성에서 비롯됩니다.

**후집 007**
鳥語蟲聲、總是傳心之訣。花英草色、無非見道之文。學者、要天機淸徹、胸次玲瓏、觸物皆有会心處。
새의 지저귐과 벌레 소리도 모두 마음을 전하는 비결이며, 꽃잎과 풀빛조차도 모두 도를 드러내는 문장입니다. 공부하는 사람이라면 하늘의 이치를 맑고 투명하게 깨달아 가슴속이 비워져야 하며, 세상의 모든 사물 속에서 뜻을 깨달을 수 있어야 합니다.

## 230
## 빈손과 무명의 깨달음

삶을 바라보는 시선이 피상적일 때, 우리는 많은 것을 놓치고 살아갑니다. 눈앞의 글자와 형식만을 좇으며 책을 읽고, 소리 나는 줄만을 타며 음악을 즐기려 한다면, 우리는 사물의 껍질에만 머무는 것입니다.

그러나 세상에는 글자 없는 책도 있고, 소리 없는 거문고도 있습니다. 그것은 마음과 통하는 독서이며, 침묵 속에서 울리는 음악입니다. 겉모습을 벗어나 본질을 보려는 마음이 없다면, 진정한 앎과 깨달음은 우리 곁을 스쳐 지나갈 뿐입니다.

형식이 아닌 정신으로, 눈이 아닌 마음으로 보는 법을 익혀야 비로소 우리가 추구하던 의미에 도달할 수 있습니다.

---

**후집 008**
人解讀有字書, 不解讀無字書. 知彈有絃琴, 不知彈無絃琴. 以迹用, 不以神用, 何以得琴書之趣.
사람들은 글자가 있는 책은 읽을 줄 알면서, 글자 없는 책은 읽을 줄 모릅니다. 줄이 있는 거문고는 탈 줄 알면서, 줄 없는 거문고는 탈 줄 모릅니다. 겉모습만을 다루 쓰고 정신으로 다루지 않으면서, 어찌 거문고와 책의 참된 즐거움을 얻을 수 있겠습니까?

## 231

## 높고 투명한 마음을 지니라

　마음에 탐욕이 없을 때, 세계는 본래의 고요한 모습을 드러냅니다. 욕망이 사라진 마음은 가을 하늘처럼 높고, 비 갠 바다처럼 투명해집니다.

　그렇게 맑아진 마음에 거문고 한 대와 책 한 권이 곁에 놓이면, 비록 그 자리가 초라한 방이라 하더라도 신선의 경지처럼 느껴집니다.

　물질의 많고 적음이 아니라, 마음의 맑음과 고요함이야말로 진정한 삶의 품격을 만듭니다. 고요한 마음 하나가 삶을 가장 아름답게 빚어내는 것입니다.

**후집 009**
心無物欲、即是秋空霽海。坐有琴書、便成石室丹丘。
마음속에 욕망이 없으면, 가을 하늘과 맑은 바다처럼 청명해집니다. 거문고와 책을 곁에 두고 앉아 있으면, 그 자리가 곧 신선의 세계가 됩니다.

# 232

## 쾌락의 끝에는 허무만이 남는다

수많은 연회는 순간의 환희를 안겨주지만, 그 끝은 종종 허무로 이어집니다. 사람들이 구름처럼 모여 즐기던 자리는, 차가 식고 향이 사라지며 마침내 공허함만을 남깁니다.

대개 절정에 취해 있을 때 끝을 생각하지 못합니다. 그러나 그 절정은 늘 짧고, 반전은 느닷없이 찾아옵니다. 그렇기에 진정한 지혜는 즐거움의 순간에도 그 이면을 보는 눈을 갖는 데 있습니다.

일찍이 마음을 되돌릴 줄 아는 사람만이 인생의 허무를 이기고 참된 평온함에 이를 수 있습니다.

**후집 010**
賓朋雲集、劇飮淋漓樂矣。俄而漏盡燭殘、香銷茗冷、不覺反成嘔咽、令人索然無味。天下事率類此、人奈何不早回頭也。
손님들이 구름처럼 모여들고 술을 흠뻑 마시며 즐거움을 누리지만, 잠시 후 물시계는 다하고 촛불은 꺼지고, 향은 사라지고 차는 식어, 문득 구역질이 날 정도로 헛무해지고 맙니다. 세상일들이 대개 이와 같으니 어찌 일찍 돌아서지 않겠습니까?

## 233

# 한 치 마음에 담긴 무한한 세계

겉으로 드러나는 세상의 형상은 끝없이 넓고 복잡하지만, 그 핵심은 단순한 이치 하나에 수렴됩니다. 마음 깊이 그 중심을 꿰뚫는 사람에게는 거대한 자연도, 천 년의 역사도 절대 멀지 않습니다.

시인의 눈에는 안개 낀 호수의 달빛도 가슴속 한 칸에 고요히 들어오며, 철인의 시선에는 수많은 영웅의 흥망도 단 한 줄의 원리로 정리됩니다.

본질을 보는 눈을 가질 때, 우리는 그 무엇에도 흔들리지 않고, 그 누구보다 깊은 통찰을 갖게 됩니다. 작고 고요한 마음이야말로 가장 큰 세계를 담을 수 있는 그릇입니다.

**후집 011**
會得個中趣, 五湖之煙月, 盡入寸裡。破得眼前機, 千古之英雄, 盡歸掌握。
마음속 깊은 이치를 터득하면, 오호(五湖: 중국 남방 지역의 크고 작은 다섯 개 호수)의 안개와 달빛이 손바닥 안에 담기고, 눈앞의 세속적 얽힘을 꿰뚫으면, 천고의 영웅들이 모두 손안에 들어옵니다.

## 234

# 허무 속에서 진실을 꿰뚫는 눈

세상의 모든 크고 장대한 것도 결국 티끌처럼 사라질 운명을 지녔으며, 인간의 몸도 마찬가지로 덧없는 환영에 불과합니다. 이처럼 실체 없는 세계에서 참된 안목을 갖는 것은 쉽지 않습니다.

오직 깊은 지혜로 무상을 관조하는 이만이 형상 너머의 진실을 깨닫고 헛된 집착에서 벗어날 수 있습니다. 삶의 본질은 '있음'이 아니라, '비어 있음' 속에 있습니다.

**후집 012**
山河大地, 已屬微塵, 而況塵中之塵。血肉身軀, 且歸泡影, 而況影外之影。非上上智, 無了了心。
산천과 대지는 결국 티끌에 불과합니다. 하물며 그 티끌 속의 또 다른 티끌이야 어떠하겠습니까? 살과 피로 이루어진 육신도 결국 물거품 같은 그림자일 뿐입니다. 그렇다면 그 그림자 바깥의 것들은 더욱 덧없습니다. 지극한 지혜를 지닌 자가 아니고서는, 이 모든 것을 꿰뚫는 마음을 갖기 어렵습니다.

## 235

## 찰나 속의 가치는 허무하다

사람은 찰나의 삶 속에서도 우열을 다투고, 사소한 것에 집착합니다. 그러나 우리가 살아가는 시간은 마치 돌에서 튀는 불꽃처럼 순간일 뿐이며, 그 안에서의 경쟁이나 다툼은 결국 무의미한 허영에 지나지 않습니다. 세상은 광활하고 인생은 짧은데, 달팽이 뿔처럼 좁은 시야 안에서 누가 높고 낮은지를 따지는 일은 어리석기 그지없습니다.

따라서 우리는 인간이 빠지기 쉬운 집착과 허영을 경계하며, 삶을 더 넓고 깊게 바라보아야 합니다. 진정한 앎은 사소한 다툼에서 한 걸음 물러나 세상의 진폭을 느끼는 데서 비롯됩니다.

**후집 013**
石火光中、爭長競短。幾何光陰。蝸牛角上、較雌論雄。許大世界。
순식간에 사라지는 불꽃 같은 시간 속에서 길고 짧음을 다투며 살아간다면 무엇이 남겠습니까? 달팽이 뿔 위에서 수컷이니 암컷이니 논쟁한다 한들 그 얼마나 큰 세상이겠습니까?

## 236

## 고요 속에도 깨어 있으라

삶이 외형적으로 소박하고 쓸쓸하더라도 내면의 불씨만은 꺼뜨리지 말아야 합니다. 따뜻하지 않은 옷, 빛나지 않는 등불처럼 겉모습은 얼마든지 초라할 수 있습니다. 그러나 진정으로 위험한 것은 몸이 말라 죽은 나무처럼, 마음이 타다 남은 재처럼 생기를 잃는 일입니다.

그것은 단순한 고요함이 아니라 생의 방향을 잃은 공허이며, 의지 없는 무감각입니다. 따라서 우리는 "고요 속의 깨어 있음"을 알아야 합니다. 외부의 황폐함이 아니라 마음의 무기력이 진정한 타락의 시작임을 경계하라는 뜻입니다.

**후집 014**
寒灯無焰、敝裘無溫、総是播弄光景。身如槁木、心似死灰、不免墮落頑空。
불빛 없는 차가운 등불과 따뜻하지 않은 낡은 옷은 결국 시간의 장난일 뿐입니다. 몸이 마른나무 같고 마음이 식은 재 같다면, 그 삶은 무기력한 공허에 빠질 수밖에 없습니다.

## 237

## 지금 멈출 줄 아는 지혜

멈춘다는 것은 외적인 상황이 아니라 내면의 결단입니다. 인간은 늘 "조금만 더"라는 말로 쉼을 미루지만, 인생의 일은 끝이 없고 조건은 절대 완전해지지 않습니다.

평생을 일에 매달리고, 출가해도 마음이 놓이지 않는 이유는, 멈춤이 '지금'이 아닌 '나중'에 있다고 믿기 때문입니다. 그러나 참된 휴식은 결심의 순간에 있습니다.

지금 이 자리에서 멈출 줄 아는 사람만이 자유로울 수 있으며, 무한한 욕망의 사슬에서 벗어날 수 있습니다.

**후집 015**
人肯當下休, 便當下了. 若要尋個歇處, 則婚嫁未完, 事亦不少. 僧道雖好, 心亦不了. 前人云：如今休去便休去, 若覓了時無了時. 見之卓矣.
지금, 이 순간 그만두려 마음먹으면, 그 자리에서 멈출 수 있습니다. 하지만 "언젠가 마무리되면 쉬겠다"라고 한다면, 할 일은 끝이 없습니다. 출가하여 스님이 된다 해도 마음이 끊어지지 않으면 여전히 끝나지 않은 것입니다.

## 238

# 고요함의 깊이를 알 때까지

    삶은 뜨거운 열기 속에서 불타는 듯 살아가야 가치 있다고 믿는 사람이 많습니다. 그러나 바쁘게 달려온 길 위에 멈춰 서면, 그 열정이 때로는 허망했음을, 그 속도는 실체 없는 안개였음을 알아차리게 됩니다.

    마찬가지로, 번잡한 세상에서 벗어나 조용한 삶을 경험해 보아야 비로소 고요함 속에서 느껴지는 여운과 풍요로움이 얼마나 넉넉한 것인지 알게 됩니다.

    '고요한 것의 깊이'는 분주함의 끝에서야 도달할 수 있는 깨달음입니다. 우리가 누려야 할 진짜 삶의 맛은 열기가 식은 뒤 찾아오는 한 줄기 평온 속에 숨겨져 있습니다.

**후집 016**
從冷視熱, 然後知熱處之奔馳無益. 從冗入閒, 然後覺閒中之滋味最長.
차가운 시선으로 뜨거움을 바라보아야 열정 속의 분주함이 결국 무익하다는 것을 알게 됩니다. 어수선함 속에서 고요함을 경험해야만, 조용한 가운데 깃든 삶의 참 맛이 가장 깊다는 것을 깨닫게 됩니다.

## 239

# 자유는 바로 곁에 있다

진정한 자유는 장소나 형식에 있지 않습니다. 산속에 살지 않아도 마음은 청정할 수 있고, 부귀를 누리더라도 그 안에 갇히지 않을 수 있습니다.

삶의 본질을 아는 이는 남과 어울릴 줄 알되 자신을 잃지 않으며, 고요함을 사랑하되 그것을 과시하지 않습니다.

삶의 한가운데서도 한 줄기 바람처럼 유연하고 담담하게 머무를 수 있다면, 그것이야말로 세속을 벗어난 참된 해탈일지도 모릅니다.

**후집 017**
有浮雲富貴之風。而不必岩棲穴處。無膏肓泉石之癖。而常自醉酒耽詩。競逐聽人、而不謙盡醉。括淡適己、而不誇獨醒。此釋氏所謂、不爲法纏、不爲空纏、身心兩自在者。
물질적 부귀에 흔들리는 기운은 있으나, 굳이 산속이나 동굴에 은거하지는 않습니다. 자연을 지나치게 숭배하지 않으면서도, 술에 취하고 시를 즐기며 스스로를 즐깁니다. 세상과 어울리되 억지로 겸손을 가장하지 않고, 고요하고 담백하게 살아가되 혼자 깨어 있다고 자만하지 않습니다. 이는 불가(佛家)에서 말하는 '법(法)에 얽매이지 않고, 공(空)에 집착하지 않으며, 몸과 마음이 모두 자유로운 경지'입니다.

## 240

## 넓은 하루를 걸으며, 깊은 마음을 품다

    시간의 흐름은 물리적인 길이로만 측정되지 않습니다. 같은 하루라도 조급한 이에게는 찰나처럼 흘러가고, 마음이 여유로운 이에게는 천년처럼 깊고 넉넉합니다.

    공간도 마찬가지입니다. 좁은 방 안에서도 마음이 넓은 이는 우주의 품을 느끼고, 반대로 거대한 저택에서도 마음이 좁으면 갇힌 듯 답답해집니다.

    결국 외부의 조건보다 중요한 것은, 내면의 시선입니다. 지금, 이 순간 한 생각을 너그러이 돌리는 것만으로도 우리는 시간과 공간의 주인이 될 수 있습니다.

**후집 018**
延促由於一念、寬窄係之寸心。故機閒者、一日遙於千古、意廣者、斗室寬若兩閒。
시간이 길고 짧은 것은 한 생각에 달려 있고, 마음이 넓고 좁은 것은 가슴속 한구석에 달려 있습니다. 그러므로 기운이 한가로운 사람은 하루가 천 년처럼 넉넉하고, 생각이 넓은 사람은 작은 방도 온 세상처럼 여유롭게 느껴집니다.

## 241

# 덜어내고 남은 것의 진짜 무게

삶의 궁극은 덜어냄에 있습니다. 소유와 명예, 욕망과 계획을 하나씩 벗겨내다 보면, 마침내는 꽃을 심는 일마저도 내려놓게 됩니다.

그리하여 모든 것을 무(無)의 경지로 돌려보낼 때 진정한 자유가 시작됩니다. 잊고 또 잊는다는 것은 단순한 망각이 아니라 집착을 놓아주는 지혜입니다.

일상의 작은 행위들이 목적 없이도 빛날 수 있을 때, 그 삶은 오히려 본래의 길을 따릅니다. 결국, 마음을 비우는 사람만이 참된 충만을 알게 됩니다.

**후집 019**
損之又損, 栽花種竹, 儘交還烏有先生。忘無可忘, 焚香煮茗, 總不問白衣童子。
계속 덜고 또 덜어내어, 꽃을 심고 대를 심는 일조차 '무소유의 스승'에게 맡깁니다. 모든 것을 잊고 또 잊어, 향을 피우고 차를 달이는 시간조차 더 이상 흰옷 입은 동자에게도 물을 필요가 없습니다.

## 242
### 삶을 완성시키는 내면의 만족

    삶의 본질은 결국 '지금, 이 순간'에 머물 수 있느냐에 달려 있습니다. 세속과 성스러움은 따로 존재하는 것이 아니라, 만족할 줄 아는 마음이 그 경계를 가르는 법이지요.

    욕망은 늘 더 먼 것을 바라보게 만들지만, 지금 가진 것에 감사하는 이에게는 현재가 곧 낙원이 됩니다. 마찬가지로, 세상과의 인연 또한 그것을 어떻게 다루느냐에 따라 결과가 달라집니다.

    한 조각 인연도 잘 다루면 삶의 전환점이 되지만, 욕심으로 휘두르면 그 안에 위험이 숨어 있습니다. 결국, 지혜란 순간을 알고 다스릴 줄 아는 내면의 눈입니다.

**후집 020**
都來眼前事, 知足者仙境, 不知足者凡境。總出世上因, 善用者生機, 不善用者殺機。
모든 것은 눈앞의 일에 달려 있으니 만족을 아는 이는 지금 이곳이 곧 신선의 경지요, 만족을 모르는 이는 그저 속된 경계에 머무를 뿐입니다. 세상 모든 인연도 결국 그 쓰임에 달렸으니 잘 활용하는 이는 거기서 생명의 길을 찾고, 제대로 쓰지 못하는 이는 화근을 불러옵니다.

## 243

# 화려함은 순간이고, 고요함은 길게 스민다

세상의 권세와 화려함을 좇는 길은 처음엔 달콤할지 모르나, 결국은 허무하고 무너지는 비극으로 이어지기 쉽습니다. 아첨으로 얻은 관계는 바람 앞의 등불 같고, 권력 곁에 선 자는 가장 먼저 소모되기 마련입니다.

반면, 고요함을 지키며 욕망을 절제하고, 자연스럽고 담백한 삶을 살아가는 이는 겉으로는 화려하지 않더라도 내면의 평온과 긴 안목을 얻게 됩니다.

일상의 단순함 속에서 지속되는 기쁨은 요란한 향락보다 오래가고 깊습니다. 인생의 방향을 결정할 때, 무엇이 진정한 만족과 안식을 주는가를 되돌아보아야 합니다.

후집 021
趨炎附勢之禍, 甚慘亦甚速. 棲恬守逸之味, 最淡亦最長.
권세를 좇고 아첨하는 삶은 그 화가 매우 참혹하고 또 빠르게 찾아옵니다. 고요함을 지키고 한가로움을 누리는 삶은 맛은 담백하지만, 그 기쁨은 오래 지속됩니다.

## 244
# 구름과 달빛이 머무는 자리는

자연 속의 고요한 삶이 주는 깊은 평화와 충만함이 있습니다. 세속의 번다함을 떠나 지팡이를 짚고 산길을 홀로 걷는 순간, 구름마저도 길동무가 되어 줍니다.

낡은 옷을 입고 대나무 창가에서 책을 베고 잠들어, 달빛에 깨어나는 삶─이는 물질은 비록 검스하더라도, 마음은 오히려 우주처럼 넓고 깊을 수 있음을 보여줍니다.

자연과 함께 호흡하며, 아무것도 하지 않는 그 순간 속에서 진정한 충만과 자유가 태어납니다.

**후집 022**
松澗邊、携杖獨行、立處雲生破衲。竹窓下、枕書高臥、覺時月侵寒氈。
소나무 계곡 가에서 지팡이를 짚고 홀로 걷노라니 서 있는 자리에 구름이 피어올라 누더기 옷자락을 감쌉니다. 대나무 창 아래에서 책을 베고 깊이 누웠다가 깨어나니 달빛이 차가운 담요 위로 스며들고 있습니다

## 245

# 죽음을 생각할 때,
# 욕망은 저절로 식는다

욕망은 한때의 불꽃과 같습니다. 병들었을 때를 떠올리는 순간, 그 불은 재처럼 식어버립니다. 또한, 명예와 이익이 아무리 달콤하다 해도, 죽음을 생각하는 순간 그 맛은 무의미한 초처럼 씹히고 맙니다. 그러나 우리는 '죽음'과 '병'이라는 가장 본질적인 인간의 두려움을 회피하지 않고 오히려 성찰의 거울로 삼아야 합니다.

고통과 무상을 정면으로 바라볼 때, 우리는 세속의 환상에서 깨어나 진정한 삶의 길, 즉 '도(道)'에 한 걸음 더 다가설 수 있습니다.

**후집 023**
色慾火熾、而一念及病時、便興似寒灰。名利飴甘、而一想到死地、便味如嚼蠟。故人常憂死慮病、亦可消幻業而長道心。
색욕은 불처럼 타오르나 병든 때를 떠올리면 한순간에 재처럼 식어버리고, 명리(名利)는 달콤하나 죽음을 생각하면 밀랍을 씹는 듯 무미건조해집니다. 그러므로 사람은 늘 죽음을 염려하고 병을 생각해야, 헛된 욕망을 덜고 도심을 기를 수 있습니다.

## 246

## 물러나는 자리에서 담백함이 꽃핀다

　삶에서 앞서려는 마음은 곧 경쟁과 집착을 낳습니다. 길은 좁고 험하여 쉽게 충돌을 일으키지만, 한 걸음 물러서고자 하면 의외로 시야가 트이고 길은 평탄해집니다. 이는 단순히 겸양의 미덕을 말하는 것이 아니라 자연의 섭리를 따르는 삶의 방식입니다.

　또한, 감각적인 자극이나 화려한 욕망은 그 지속이 짧고 깊이를 갖기 어렵습니다. 반면, 청담하고 절제된 마음은 오래 지속되고, 잔잔하게 퍼지는 울림을 남깁니다. 참된 삶은 '강렬함'이 아니라 '담백함' 속에서 피어납니다.

후집 024
争先的徑路窄, 退後一步自寬平一步。濃艶的滋味短, 淸淡一分自悠長一分。
앞다투어 나서는 길은 좁고 거칠지만, 한 걸음 물러서면 그만큼 여유롭고 평탄해집니다. 진하고 화려한 맛은 오래가지 못하고, 맑고 담백할수록 그 여운이 길어줍니다.

## 247

# 평온 속에 길러야 할 내면의 중심

혼란한 순간에 마음을 지키는 일은 순간적인 재주로 되지 않습니다. 평온한 시간 속에서 마음을 맑히고 생각을 깊게 다듬은 사람이야말로 긴급한 상황에서도 중심을 잡을 수 있습니다.

마찬가지로, 죽음 앞에서 담담할 수 있으려면, 살아 있을 때 삶의 실체와 사물의 본질을 꿰뚫어 보는 안목이 필요합니다. 삶과 죽음 모두 단절된 사건이 아니라, 평소의 태도와 사유가 이어지는 결과입니다.

고요한 때 마음을 닦지 않으면, 소란 속에서 방황할 수밖에 없습니다. 참된 평정은 위기 속이 아니라 평상 속에서 자랍니다.

후집 025
忙處不亂性、須閒處心神養得清。死時不動心、須生時事物看得破。
바쁠 때도 마음을 잃지 않으려면, 평소 한가할 때 마음과 정신을 맑게 다스려 두어야 합니다. 죽음의 순간에도 흔들리지 않으려면, 살아 있을 때 모든 일과 사물의 허망함을 꿰뚫어 보아야 합니다.

## 248

## 세상의 저울 밖에서 사는 삶

세상의 명예와 치욕, 따뜻함과 냉대는 결국 관계와 기대의 장에서 비롯됩니다. 그러나 은둔자의 숲 혹은 도의의 길 위에 서 있는 자는 그 모든 판단의 시선을 내려놓은 이들입니다. 그곳에는 인간 세상의 들끓는 평가가 스며들 수 없습니다.

그러므로 진정한 평안과 자유는 외부의 평판이 아닌 내면의 길 위에서 찾아야 합니다.

겉으로 드러나는 성공과 실패, 대우와 냉대에 흔들리지 않을 때, 우리는 비로소 '영예 없는 고요' 속에서 도를 따르는 평정을 얻을 수 있습니다.

후집 026
隱逸林中無榮辱、道義路上無炎涼。
숲속에 숨어 사는 삶에는 영광도 치욕도 없고, 도의의 길 위에는 세상의 따뜻함도 차가움도 존재하지 않습니다.

## 249

# 덜어낸 마음이 머무는 곳,
# 참된 평안의 자리

외부 환경을 바꾸는 일은 때때로 불가능합니다. 더운 날씨를 몰아낼 수 없고, 궁핍한 형편을 즉시 바꿀 수도 없습니다.

그러나 고통은 상황 그 자체보다 그 상황을 바라보는 마음에서 비롯됩니다. 더위를 괴로워하지 않는 이에게 더위는 그저 하나의 온도일 뿐이며, 가난을 부끄러워하지 않는 이에게 가난은 장애가 되지 않습니다.

결국, 진정한 평안은 외부의 조건이 아니라, 내면의 태도에서 시작됩니다. 우리는 번뇌를 덜어냄으로써 언제든 시원한 마음과 평안한 삶에 도달할 수 있습니다.

후집 027
熱不必除, 而除此熱惱, 身常在淸凉台上。窮不可遣, 而遣此窮愁, 心常居安樂窩中。
더위를 반드시 없애야 하는 것은 아니나 더위로 인한 번뇌만 없애면 몸은 언제나 서늘한 대지 위에 있고, 가난을 꼭 벗어나야 하는 것은 아니나 가난으로 인한 근심만 없애면 마음은 언제나 평안한 집에 머무릅니다.

# 250

# 앞으로 나설 땐, 물러날 길도 생각하라

지혜로운 사람은 한 걸음 앞을 내디딜 때, 이미 두 걸음 뒤를 생각해 둡니다. 진보는 언제나 위험을 동반하고, 시작은 곧 책임의 씨앗이 되기 때문입니다.

일이 잘 풀릴 때일수록 한발 물러설 수 있는 여유와 출구를 준비하는 태도는 인생의 낭떠러지를 피하는 내면의 나침반이 됩니다. 승부에만 몰입한 자는 출구를 잃고 성공에만 몰두한 자는 위기를 간과합니다.

깊은 통찰은 언제나 '그다음'을 바라보는 데 있습니다. 앞만 보는 눈보다 돌아설 것을 생각하는 지혜가 우리를 진정한 평온으로 이끕니다.

후집 028
進步處、便思退步、庶免觸藩之渦。着手時、先圖放手、纔脫騎虎之危。
앞으로 나아갈 때는 물러설 길을 먼저 생각해야 울타리에 부딪히는 위험을 피할 수 있고, 무언가를 시작할 때는 놓을 방도를 먼저 그려야 호랑이 등에 올라타는 우 험에서 벗어날 수 있습니다.

## 251

## 만족을 아는 마음이야말로
## 가장 큰 부유함

욕망은 언제나 더 많은 것을 원하며 가진 것조차 부족하게 만듭니다. 욕심 많은 사람은 높은 지위에 올라도 더 높은 것을 바라보고, 결국 자신을 빈자처럼 느끼게 됩니다.

반대로, 만족을 아는 이는 소박한 삶 속에서도 감사와 평온을 찾습니다. 그들에게는 허름한 옷도 따뜻하고, 소박한 식사도 진수성찬입니다.

참된 부는 외부에 있는 것이 아니라 스스로 족함을 아는 마음속에 있습니다. 그 마음이야말로 욕망의 사슬을 끊고 자유에 이르게 하는 지혜입니다.

**후집 029**
貪得者, 分金恨不得玉, 封公怨不受侯, 權豪自甘乞丐. 知足者, 藜羹旨於膏粱, 布袍煖於狐貉, 編民不讓王公.
욕심 많은 사람은 금을 얻고도 옥을 탐하고, 공신에 봉해지고도 후작을 받지 못했다고 한탄합니다. 이처럼 권세를 지닌 자도 스스로 거지처럼 불만을 품습니다. 반면, 만족을 아는 사람은 풀뿌리 죽이 기름진 음식보다 맛있고, 헌 옷이 여우 가죽보다 따뜻하다고 여겨, 백성으로 살아도 왕공과 다름없다고 여깁니다.

## 252

# 드러냄보다 숨김이,
# 능숙함보다 단순함이 더 깊다

명성을 얻고자 애쓰는 삶은 끊임없는 비교와 경쟁 속에 놓이게 됩니다. 반면, 명성을 피하고 조용히 살아가는 삶에는 여유와 깊이가 깃듭니다. 또한, 세상의 일에 능숙해지려는 노력은 때로는 자신을 소모하게 만들고, 불필요한 번잡함을 낳습니다.

그러니 삶을 되돌아보며 필요 없는 일을 덜어내고, 마음을 고요히 다스리는 일이야말로 진정한 지혜라 할 수 있습니다. 명예보다는 평온을, 능란함보다는 단순함을 좇는 삶이 오래도록 자신을 지키는 길입니다.

**후집 030**
矜名、不若逃名趣。練事、何如省事閒。
이름을 드러내는 것을 자랑스러워하기보다는 차라리 이름을 피하는 삶이 더 깊이 있는 삶입니다. 세상을 익히는 데 힘쓰는 것보다는 세상일을 줄이고 조용히 지내는 것이 더욱 유익합니다.

## 253

# 스스로 만족하는 마음엔 하늘이 머문다

사람마다 기질이 달라 누군가는 적막 속에서, 또 다른 이는 흥청거림 속에서 기쁨을 찾습니다. 하지만 그 즐거움은 조건이 바뀌면 금세 사라지기 쉽습니다.

"스스로 만족을 얻은 이"는 안팎의 변화에 흔들리지 않는 넉넉한 마음을 가집니다. 밖이 시끄럽더라도 내면이 평화로우면 소음은 바람 소리로 흩어지고, 밖이 한적하더라도 마음이 초조하면 적막은 곧 고통이 됩니다.

결국, 번화 속에서는 유연함을, 적막 속에서는 깊이를 길러 나아갈 때, 우리는 어디에 있든 '자연히 편안한 하늘'을 만나게 될 것입니다.

후집 031
嗜寂者、觀白雲幽石而通玄、趨榮者、見淸歌妙舞而忘倦。唯自得之士、無喧寂、無榮枯、無往非自適之天。
고요함을 사랑하는 이는 흰 구름과 깊은 바위를 바라보며 깊은 이치를 깨닫고, 영화와 번화를 좇는 이는 맑은 노래와 화려한 춤 속에서 권태를 잊습니다. 그러나 스스로 만족을 얻은 사람에게는 시끄러움도 고요함도 번영도 쇠퇴도 따로 없으니, 어디를 가도 저절로 편안한 하늘을 누립니다.

## 254

# 흔들림 없이 흐르는 물처럼 살아가기

구름은 머무는 데도 떠나는 데도 뜻이 없고, 거울은 고요함에도 동요하지 않고, 소란함에도 흔들리지 않습니다. 이처럼 진정한 자아는 바깥의 움직임에 끌리지 않으며, 내면의 중심을 잃지 않는 데서 비롯됩니다. 삶에서 선택의 순간이나 세상과의 부딪침이 다가올 때, 우리는 종종 흘러가는 감정에 사로잡혀 "어떻게 반응해야 할까?"에만 몰두합니다.

그러나 진정으로 자유로운 사람은 상황을 가르거나 피하지 않습니다. 무엇에 머무르든 무엇을 마주하든 끝내 평온한 거울처럼 세상을 비추고, 구름처럼 자유롭게 지나갈 수 있는 것입니다.

---

**후집 032**
孤雲出岫, 去留一無所係。朗鏡懸空, 靜躁兩不相干。
외로운 구름이 산골짜기에서 흘러나오면, 머무르든 떠나든 어느 것에도 얽매이지 않습니다. 맑은 거울이 허공에 걸리면, 고요하든 소란하든 어느 것에도 흔들리지 않습니다.

## 255

# 담백함 안에 숨어 있는 진정한 기쁨

진정한 즐거움은 화려하고 자극적인 곳이 아니라, 맑고 담백한 일상에서 비롯됩니다.

반면, 풍류와 악기의 소리에 빠져드는 순간에는 오히려 마음이 휘둘리거나 허탈함이 스며들기 쉽습니다. 이는 곧 자극적인 진함은 쉽게 사라지고, 담백함은 오래간다는 삶의 역설을 말해 줍니다.

우리가 지속적으로 누릴 수 있는 기쁨은 큰 자극이 아니라, 고요하고 절제된 감각 속에 있습니다. 물러나고 비우는 삶일수록 도리어 마음은 충만해지고 깊은 여운은 거기서 비롯됩니다.

후집 033
悠長之趣、不得於醲釅、而得於啜菽飮水。惆悵之懷、不生於枯寂、而生於品竹調絲。固知濃所味常短、淡中趣獨眞也。
길고 여운 있는 즐거움은 짙은 맛에서 얻어지는 것이 아니라, 콩을 씹고 맑은 물을 마시는 소박함 속에서 얻어집니다. 마음의 쓸쓸함은 외로운 고요 속에서 생기는 것이 아니라, 악기 소리를 듣고 풍류를 즐길 때 오히려 더욱 깊어집니다. 그래서 알 수 있습니다. 진한 맛은 오래가지 않고, 담백함 속에서 비로소 진정한 즐거움이 살아납니다.

# 256
## 무심 속에서 피어나는 지혜

높은 도는 평범한 삶 속에 숨어 있고, 깊은 깨달음은 단순한 행위 속에서 비롯됩니다. 선종*이 말한 "배고프면 밥을 먹고, 피곤하면 잠을 잔다"라는 구절은 진리를 추상적이고 특별한 것이 아닌, 있는 그대로의 삶 속에서 찾으라는 뜻입니다.

시인의 눈에는 눈앞의 경치, 입에서 나오는 말이 이미 완성된 시이며, 억지로 꾸미지 않아도 진정한 아름다움은 거기에서 피어납니다. 그러니 아무 욕심 없이 지금 이 순간을 받아들이면, 가장 순수한 진리가 조용히 곁에 머물게 됩니다.

---

**후집 034**
禪宗曰:饑來喫飯倦來眠。詩旨曰、眼前景致口頭語。蓋極高寓於極平、至難出於至易、有意者反遠、無心者自近也。

선종(禪宗; 동아시아 불교의 중요한 종파 중 하나)에서는 말합니다. "배고프면 밥을 먹고, 피곤하면 잠을 잔다." 시는 이렇게 말합니다. "눈앞의 풍경과 입에 담는 말이 곧 시의 뜻이다." 가장 높은 경지는 가장 평범한 채 담겨 있고, 가장 어려운 이치는 가장 쉬운 데서 드러납니다. 무엇인가 얻고자 애쓰는 이는 오히려 멀어지고, 마음을 비운 이는 자연히 가까워집니다.

## 257

# 흐름 속에서도 고요를 찾고, 고요 속에서도 길을 걷다

겉으로는 소란한 듯 보이나 그 안에 깊은 고요가 깃들어 있는 법입니다. 물은 쉼 없이 흐르지만, 풍경은 흔들리지 않으며, 시끄러운 세상 속에서도 마음이 조용할 수 있습니다.

높이 솟은 산도 구름의 흐름을 가로막지 않듯 진정한 깨달음은 어떤 경계에도 걸림이 없습니다. 있는 것과 없는 것, 머무름과 떠남, 이 모든 대비를 넘어서는 지점에 이르러야 비로소 무심의 이치를 이해할 수 있습니다.

모든 것은 흐르되 저항하지 않고, 높되 막지 않으며, 그 안에서 우리는 자연과 같은 여유로운 깨달음을 얻습니다.

**후집 035**
水流而境無聲, 得處喧見寂之趣, 山高而雲不礙, 悟出有入無之機.
물은 흐르지만, 풍경은 고요하고 소리가 없습니다. 세속의 소란한 가운데서도 고요함의 맛을 알 수 있습니다. 산은 높지만, 구름은 그 길을 막지 않습니다. 머무름과 떠남을 초월하여 '있는 듯 없는 듯'한 깨달음의 길이 열립니다.

## 258

# 마음이 만든 천국과 고해

　인간은 외부 세계에서 즐거움을 찾으려 하지만, 그 모든 경험은 결국 마음의 상태에 달려 있습니다. 산속의 맑은 공기, 그림 한 점의 고요함도 집착이 깃들면 시끄럽고 번잡한 욕망의 장이 됩니다. 아름다운 것도 욕심으로 보면 장삿거리가 되고, 고요한 곳도 욕망이 스며들면 시끄러운 세상이 됩니다.

　진정한 고요와 기쁨은 외부에 있는 것이 아니라, 욕심을 비운 마음에 깃듭니다. '비움'은 곧 '초월'이며, 마음을 다스린 자만이 어느 곳에서도 자유롭고 평화롭게 머물 수 있습니다.

**후집 036**
**山林是勝地、一營戀便成市朝。書畫是雅事、一貪癡便成商賈。蓋心無染着、欲界是仙都。心有係戀、樂境成苦海矣。**
산과 숲은 원래 빼어난 장소이지만, 한 번 마음을 붙이면 시장터처럼 시끄러워집니다. 서화(書畫)는 고상한 일이지만, 욕심이 끼면 장삿속이 됩니다. 마음이 욕망에 물들지 않으면 세속 세상도 신선의 땅이 되지만, 마음에 집착이 생기면 즐거운 경지도 고통의 바다로 바뀝니다.

## 259

# 고요함 속에서 피어나는 기억의 등불

마음이 고요할 때, 망각했던 기억이 되살아나듯, 삶의 본질도 맑은 정신 속에서 비로소 드러납니다. 반면, 혼란과 번잡함에 휩싸이면 지혜는 그림자조차 사라지고 망상만이 떠돕니다.

고요함은 곧 앎의 문입니다. 정신이 고요해질 때 세계를 보다 깊이 이해하고, 자신을 더 분명히 인식할 수 있습니다.

결국, 내면의 고요함은 사유의 시작이며, 세상을 밝히는 등불이 됩니다.

**후집 037**
時當喧雜, 則平日所記憶者, 皆漫然忘去。境在清寧, 則夙昔所遺忘者, 又恍爾現前。可見靜躁稍分, 昏明頓異也。
마음이 어지럽고 시끄러울 때는 평소에 기억하던 것도 모두 흐릿해져 잊어버립니다. 반대로 주변이 고요하고 맑을 때는 예전에 잊었던 기억조차도 문득 떠오릅니다. 이로 보건대, 고요함과 소란함이 약간만 달라져도, 마음의 어둠과 밝음이 크게 달라짐을 알 수 있습니다.

## 260
## 고요함이 열어주는 자유의 문

소박한 자연 속에서의 삶은 화려하진 않지만 진실하고 깊습니다. 갈꽃을 이불 삼고 눈과 구름을 벗 삼아 누운 자리는 세속이 아닌 밤의 고요를 온전히 품는 곳입니다.

세속의 소음과 욕망으로부터 멀어진 자리는, 비록 외형상 가난할지라도 영혼은 누구보다 풍요롭습니다.

진정한 평온은 외부 조건의 충족이 아니라, 내면의 자유와 무욕에서 비롯됩니다. 고요한 자연에 몸을 기대고, 간소한 삶에 마음을 내려놓을 때, 우리는 비로소 번잡한 세상 너머의 자신을 만나게 됩니다.

**후집 038**
蘆花被下、臥雪眠雲、保全得一窩夜氣。竹葉杯中、吟風弄月、躱離了万丈紅塵。
갈꽃 이불 아래서 흰 눈 위에서 구름을 베개 삼아 자면, 온몸이 밤의 기운으로 보호받습니다. 대나무 잎으로 만든 잔에 바람을 읊고 달빛과 놀며 술을 마시면, 세속의 모든 번잡함에서 벗어납니다.

## 261

# 담백함이 고상함을 낳는다

진정한 품격은 겉모습이 아닌 태도에서 우러나옵니다. 산신령이 도포 입은 무리 속에 서 있을 때 느껴지는 고아한 기풍은 인위적인 장식이 아닌 자연스러운 존재감에서 비롯됩니다.

반면, 세속의 권위를 달고 자연 속에 들어서면 그 부조화가 되레 속됨을 드러냅니다.

이는 삶의 태도에 있어 과한 치장은 순수함을 해칠 뿐이며, 담백함 속에 진정한 고귀함이 숨겨져 있음을 일깨워줍니다.

**후집 039**
袞冕行中、着一藜杖的山人、便增一段高風。漁樵路上、著一袞衣的朝士、轉添許多俗氣。固知濃不勝淡、俗不如雅也。
화려한 의복을 입은 무리 속에 지팡이를 짚은 산사람이 있으면, 그 분위기에 오히려 한층 고결함이 더해집니다. 반대로, 고기잡이나 나무하는 소박한 길에 조정의 관복을 입은 사람이 나타나면 세속적인 기운만 더해집니다. 이로 보건대, 짙은 것은 담백함을 이기지 못하고, 세속적인 것은 고상함을 따르지 못함을 알 수 있습니다.

## 262

# 세속 속의 초월, 마음속의 깨달음

참된 깨달음은 세상을 떠나야만 얻을 수 있는 것이 아닙니다. 오히려 세상을 살아가며, 사람들과 관계를 맺고, 욕망을 겪어내는 일상에서 진정한 출세(出世)의 길은 열립니다. 마음을 닦는 것도 고요한 산중에 들어앉아 모든 감정을 죽이는 데 있지 않습니다.

지금 서 있는 자리에서 주어진 역할에 마음을 다하며 살아가는 것이 곧 수행입니다. 외부를 절단하는 것이 아니라 안팎을 하나로 꿰뚫는 통찰이 중요한 것입니다. 세속과 초월의 경계는 외부에 있는 것이 아니라 자기 마음의 쓰임에 달려 있습니다.

**후집 040**
出世之道、即在涉世中、不必絶人以逃世。了心之功、即在盡心內、不必絶欲以灰心。
세속을 벗어나는 도는 바로 세속을 살아가는 삶 속에 있으며, 굳이 사람들과 단절하며 도피할 필요는 없습니다. 마음을 깨우치는 공부도 자신의 마음을 다하는 실천 속에 있으며, 욕망을 끊고 마음을 죽여야 하는 것은 아닙니다.

## 263

# 고요한 마음이야말로
# 가장 흔들리지 않는 것

혼란한 세상 속에서 흔들리지 않는 방법은 외부를 바꾸는 것이 아니라, 자신을 한가롭고 고요한 자리에 놓는 일입니다.

몸이 분주하지 않고, 마음이 평온한 자리에 있다면, 세상의 영광이나 치욕도, 이익이나 손해도 쉽게 우리를 움직일 수 없습니다. 시비와 진실이 혼재된 시대일수록 더욱 중요한 것은 자기 마음의 자리를 바로잡는 것입니다.

침묵 속에 진실을 들을 줄 알고, 정적 속에서 사물의 본질을 보는 자만이 진정한 자유를 누릴 수 있습니다.

---

**후집 041**
此身常放在閒處、榮辱得失、誰能差遣我。此心常安在靜中、是非利害、誰能瞞昧我。
몸을 늘 한가한 자리에 두면, 세상의 영예나 모욕, 이익이나 손해가 감히 나를 흔들 수 없습니다. 마음을 늘 고요함 속에 두면, 시비나 손익이 감히 나를 속일 수 없습니다.

## 264

## 고요 속에서 우주의 숨결을 듣다

세속의 번잡함 속에 있을 때는 사소한 소리가 배경이지만, 고요 속에 있을 때 그것들은 세계의 전부가 됩니다.

개 짖는 소리, 닭 우는 소리조차도 구름 위의 다른 차원을 여는 문이 될 수 있습니다. 마음이 정숙할수록 감각은 더욱 깊어지고, 사소한 것에서도 전체를 보는 통찰이 열립니다.

정적은 허무가 아니라, 존재를 투명하게 비추는 거울이며, 그 속에서 우리는 새로운 세계를 만납니다.

후집 042
竹籬下, 忽聞犬吠鷄鳴, 恍似雲中世界。芸窓中, 雅聽蟬吟鴉噪, 方知靜裡乾坤。
대나무 울타리 아래서 개 짖는 소리와 닭 우는 소리를 들으면, 문득 구름 속 다른 세상에 있는 듯한 느낌이 듭니다. 서재 창가에 앉아 매미 울음과 까마귀 소리를 고요히 듣다 보면, 조용함 속에 온 우주가 들어 있음을 알게 됩니다.

## 265

# 욕망을 내려놓은 자는
# 세속도 두렵지 않다

 욕망이 줄어들면 세상의 유혹은 발붙일 곳이 없습니다. 명예를 추구하지 않는 사람에게는 지위와 이익의 미끼가 통하지 않으며, 경쟁을 멀리한 이에게는 권세의 위엄도 의미를 잃습니다.

 진정한 자유는 외부의 환경이 아니라 내면의 태도에서 시작됩니다. 탐하지 않음은 곧 흔들리지 않음이며, 바라는 것이 적을수록 위협은 작아집니다. 스스로 욕망의 근원을 줄이는 것이야말로, 세속의 덫에서 벗어나는 가장 지혜로운 길입니다.

**후집 043**
我不希榮、何憂乎利祿之香餌。我不競進、何畏乎仕官之危機。
내가 영예를 바라지 않으면, 벼슬과 녹봉이라는 달콤한 유혹을 걱정할 이유가 없습니다. 내가 앞다투어 나가려 하지 않으면, 관직의 위태로운 기회를 두려워할 이유가 없습니다.

## 266

# 풍경에 기대어 흐트러진 마음을 다스리다

현인은 물욕에 빠지지 않지만, 자연과 예술을 통해 마음을 맑게 하는 법을 압니다. 거칠어진 마음은 산림의 고요함에서 가라앉고, 혼탁한 감정은 시와 그림 속에서 정화됩니다. 외물에 휘둘리지 않으려면, 오히려 자연과 예술을 거쳐 자신을 다스리는 지혜가 필요합니다.

마음의 주인이 되려면 의도적으로 마음의 경계를 넓히는 시간과 공간을 마련해야 합니다. 물건에 끌리는 것이 아니라 경치를 통해 마음을 비우는 것, 그것이 바로 현인의 길입니다.

**후집 044**
倘佯於山林泉石之間, 而塵心漸息。夷猶於詩書圖畫之內, 而俗氣潛消。故, 君子雖不玩物喪志, 亦常借境調心。
산과 숲, 샘물과 바위 사이를 거닐다 보면 속세의 마음이 점차 사라지고, 시와 책, 그림 속에 머무르다 보면 세속의 기운이 은근히 사라집니다. 현인은 비록 물욕에 빠져 뜻을 잃지는 않지만, 경치를 빌려 마음을 다스립니다.

## 267
# 가을의 고요 속에서 마음은 정화된다

세상에는 마음을 달뜨게 하는 계절이 있고, 또 맑게 하는 계절이 있습니다. 봄의 화려함은 때로 감각을 자극하고 마음을 흐트러뜨리지만, 가을은 오히려 고요 속의 깊은 맑음을 선사합니다. 흰 구름과 맑은 바람, 은은한 향기와 비워진 하늘은 번잡한 생각을 씻어내어 내면의 고요를 일깨웁니다.

정신을 맑게 하고 싶다면 자극적인 풍경보다도 담백한 계절의 품에 머무는 것이 지혜일 것입니다. 현인은 계절조차 마음을 닦는 도구로 삼습니다.

**후집 045**
春日氣象繁華, 令人心神駘蕩。不若秋日雲白風淸, 蘭芳桂馥, 水天一色, 上下空明, 使人神骨俱淸也。
봄날의 기운은 화려하고 번성하여 사람의 마음을 흐트러뜨리기 쉽습니다. 그러나 가을날의 흰 구름과 맑은 바람, 난초와 계수꽃의 향기, 하늘과 물이 하나 되어 위아래로 텅 빈 듯 맑은 풍경은 사람의 정신과 골수까지도 맑게 해 줍니다.

PART
6

# 세상을 비추는 눈
_속세를 초월한 관조

#멀리서관조하는지혜 #본질의통찰

세속적 분별에서 벗어나 '있는 그대로의 세계'를 바라보는 태도를 다룹니다.
허명과 욕망의 허무함을 들여다보며, 초탈한 삶의 태도와 인식의 깊이를 전합니다.

## 268
# 배움을 넘어 깨달음으로 스며들다

지식은 문을 여는 열쇠이지만, 진정한 깨달음은 언제나 마음의 깊이에서 피어납니다. 글을 몰라도 시심을 지닌 사람은 이미 자연과 삶의 리듬을 체득한 시인이고, 불경 한 구절 몰라도 고요한 마음으로 선의 향기를 품은 이는 이미 깨달음을 향해 나아가는 수행자입니다.

진리는 반드시 배움의 형식을 따르지 않습니다. 오히려 무지의 순수함 속에서 직관은 더욱 명료하게 빛납니다. 고요한 삶 속에서 우러난 통찰은 학문보다도 더 깊은 진리를 품고 있습니다.

**후집 046**
一字不識, 而有詩意者, 得詩家眞趣。一偈不參, 而有禪味者, 悟禪敎玄機。
한 글자도 모를지라도 시의 정취를 지닌 사람은 참된 시인의 멋을 깨달은 자이며, 한 구절의 게송(偈頌: 불교 경전이나 선어록 등에 나오는 운율 있는 짧은 시구)도 배우지 않았더라도 선의 맛을 지닌 사람은 참된 깨달음의 이치를 안 자입니다.

# 269
## 마음으로 보는 진짜 세상

　세상을 향한 마음이 시끄럽고 불안하면, 작은 그림자에도 두려움이 생기고 평범한 존재가 위협으로 다가옵니다. 이는 외부 현실이 아니라 마음 안의 불안이 만들어낸 환영일 뿐입니다.

　반대로, 마음이 고요하면 세상은 부드럽게 다가옵니다. 위험처럼 보였던 것도 새로운 생명으로 느껴지고, 시끄러운 소리조차 즐거운 선율이 됩니다.

　세상을 판단하는 기준은 외부에 있지 않고, 자신의 내면에 있습니다. 마음을 고요히 하는 것, 그것이 진리를 여는 첫걸음입니다.

---

**후집 047**
機動的, 弓影疑爲蛇蝎, 寢石視爲伏虎。此中渾是殺氣。念息的, 石虎可作海鷗, 蛙聲可當鼓吹, 觸機俱見眞機。
마음이 동요하면 활의 그림자도 뱀이나 전갈로 의심되고, 평범한 돌도 숨은 호랑이처럼 보입니다. 그러나 마음이 고요하면, 돌 호랑이도 바닷가의 갈매기로 보이고, 개구리울음도 악기 소리처럼 들립니다. 모든 사물은 마음의 움직임에 따라 참모습이 드러납니다.

## 270

## 무심의 경지에서 만나는
## 흔들림 없는 자유

마음이 모든 욕망과 기대를 내려놓으면 집착 없는 몸은 외부에 휘둘리지 않고 세상의 모진 일에도 흔들림이 없습니다. 마음이 재처럼 사그라졌다면, 누가 칼을 대든 향을 바르든 마음은 더 이상 반응하지 않습니다.

그것은 무감각이 아니라 초연한 자유입니다. 외적 변화에 흔들리지 않는 내적 고요는 진정한 자유와 평안의 징표입니다.

마음을 비운다는 것은 도피가 아니라 세계를 받아들이는 가장 강한 태도입니다.

후집 048
身如不繫之舟, 一任流行坎止。心似旣灰之木, 何妨刀割香塗。
몸은 매인 데 없이 떠도는 배와 같으니 흐름에 맡기면 험한 물가에 머무를 뿐이고, 마음은 이미 재가 된 나무와 같으니, 도끼로 베든 향기로운 기름을 바르든 상관없습니다.

# 271

## 있는 그대로를 바라보는 투명한 시선

흔히 아름다운 소리에는 귀를 기울이고, 거슬리는 소리는 배제하려 합니다. 이는 감각과 외형에 집착하여 세상을 판단하는 방식입니다.

하지만 모든 생명은 각자의 방식으로 존재의 의미를 펼칩니다. 꾀꼬리와 개구리, 꽃과 풀 모두 자연의 일부이며, 그 자체로 완전한 생명의 표현입니다.

만물을 성급히 재단하는 대신 있는 그대로 바라볼 때 비로소 진정한 조화의 눈이 열릴 것입니다.

**후집 049**
人情聽鶯啼則喜、聞蛙鳴則厭。見花則思培之、遇草則欲去之。俱是以形氣用事。若以性天視之、何者非自鳴其天機、非自暢其生意也。

사람들은 꾀꼬리 소리를 들으면 기뻐하고, 개구리 울음소리를 들으면 싫어합니다. 꽃을 보면 가꾸고 싶어 하고, 잡초를 보면 뽑아내려 합니다. 이는 모두 외형과 기호에 따라 판단하기 때문입니다. 그러나 본래의 성품과 자연의 이치를 따라 본다면, 어느 것 하나도 자신의 자연스러운 생명력을 드러내지 않는 것이 없고, 저마다 제 방식대로 천기(天機)를 펼치고 있습니다.

## 272

# 시듦 속에 숨은 가치

노화는 누구도 피할 수 없는 자연의 이치입니다. 머리카락이 빠지고 이가 성글어지는 것도 그저 한 시절의 흐름일 뿐입니다.

그러나 겉모습이 시들어간다 해도 본래의 자아는 여전히 살아 있습니다. 봄날의 꽃과 새소리에서 느껴지는 순수한 생명력처럼, 우리의 본성도 한 점 흐림 없이 존재합니다.

육신의 변화에 집착하지 않고 본성의 자리를 지키는 이에게는, 삶의 흐름조차 평온한 진실의 일부가 됩니다.

**후집 050**
髮落齒疏, 任幻形之彫謝, 鳥吟花咲, 識自性之真如。
머리카락이 빠지고 이가 드물어지는 것은 덧없는 육체가 스스로 시들어가는 자연스러운 흐름입니다. 그러나 새가 지저귀고 꽃이 피는 순간, 우리는 그 안에서 본래 성품의 참된 이치를 깨달을 수 있습니다.

## 273

## 고요는 바깥이 아닌 마음 깊은 곳에 있다

마음이 욕망으로 가득 차면 아무리 조용한 환경도 불안하게 느껴집니다. 자연의 고요함조차 거친 파도로 왜곡되고, 평온한 숲속에서도 쉴 틈이 없습니다. 반대로, 마음이 비워진 자는 가장 시끄러운 시장에서도 자신만의 고요를 간직할 수 있습니다.

내면의 고요는 늘 모든 혼란을 관통하며 고요히 서 있습니다. 참된 평화는 고요한 장소가 아니라 고요한 마음에 있다는 사실을 잊지 말아야 합니다.

**후집 051**
欲其中者、波沸寒潭、山林不見其寂。虛其中者、凉生酷暑、朝市不知其喧。
욕심이 마음속에 가득하면 차가운 연못조차 끓는 듯 요동치고, 산림 속에서도 고요함을 느낄 수 없습니다. 그러나 마음이 비어 있으면 찌는 듯한 더위 속에서도 서늘함이 감돌고, 번잡한 장터에서도 소란함을 알지 못합니다.

## 274

# 가볍게 살아야 더 깊은 평안을 얻는다

사람들은 흔히 많은 재물과 높은 지위를 바람직한 삶의 목표로 여깁니다. 하지만 "많이 가진 자는 크게 잃고, 높이 오른 자는 쉽게 넘어진다"라는 말처럼, 외적인 풍요는 오히려 더 많은 두려움과 위험을 불러올 수 있습니다.

가난하더라도 근심 없이 사는 삶이 더 편안할 수 있으며, 소박한 삶이 더 안정되고 자유로울 수 있습니다.

중요한 것은 외형이 아니라, 마음이 얼마나 가볍고 고요한가입니다. 삶의 진정한 평안은 내려놓는 데서 시작됩니다.

후집 052
多藏者厚亡. 故知富不如貧之無慮. 高步者疾顚. 故知貴不如賤之常安.
많이 쌓아두면 크게 잃습니다. 그러므로 부유함은 근심 없는 가난함만 못합니다. 높이 오른 자는 쉽게 넘어집니다. 그러므로 귀함은 평안한 천함만 못합니다.

## 275
## 자연 속에서 이루어지는
## 가장 순수한 공부

진정한 공부는 자연과 하나 되어 이루어집니다. 새벽의 고요한 창가에서 고전을 읽고, 대자연의 이슬을 벼루에 갈아 글을 쓰는 일은 마음을 맑게 하는 행위입니다.

바람 부는 대나무숲 아래에서 나누는 경전 이야기는 단순한 지식의 전달을 넘어, 맑아지는 순간을 선사합니다.

자연의 숨결과 함께하는 배움은 사람의 심성을 가장 순수한 지혜로 인도해 줍니다.

**후집 053**
讀易曉窓、丹砂硏松間之露。譚經午案、寶磬宣竹下之風。
이른 새벽 창가에서 『주역』을 읽고, 벼루에 솔숲 이슬을 갈아 붉은 먹물을 만듭니다. 한낮 책상에서 경전을 이야기하며, 보배로운 경쇠(맑은 소리를 내는 악기)는 대나무 그늘 사이 바람에 울립니다.

## 276
# 자연스러움과 자유로움 속에 깃든 조화

생명은 본래 자유로울 때 가장 빛납니다. 화려하게 가꾼 화분 속의 꽃도, 정성 들여 기른 새도, 그 생명력은 점차 시들어갑니다.

인간 역시 마찬가지입니다. 사회가 정해놓은 틀 안에서만 살아가다 보면 자율성과 창의성은 점차 사라지고 맙니다. 반면, 산속에서 피어난 야생화와 하늘을 나는 새처럼 자신의 리듬에 따라 살아가는 삶에는 조화로운 아름다움이 깃듭니다.

진정한 생기는 규범이 아닌 자연스러움 속에서 움트며, 진심 어린 삶은 통제보다 자유 속에서 피어납니다.

**후집 054**
花居盆內, 終乏生機, 鳥入籠中, 便減天趣。不若山間花鳥, 錯雜成文, 翺翔自若, 自是悠然會心。
화분 속의 꽃은 생명의 활력을 잃고, 새장 속의 새는 하늘의 운치를 잃습니다. 산속의 꽃과 새가 어우러져 자유롭게 나는 것이야말로 참된 자연의 조화이며, 마음을 깨우는 여유로움입니다.

## 277

## '나'라는 착각에서 벗어날 때

'나'라는 감각은 모든 욕망과 번뇌의 출발점입니다. 사람들은 자신을 확고한 실체로 여길수록 소유와 비교에 집착하게 되고, 그 집착이 인생의 무게를 키웁니다.

그러나 이 몸과 마음이 고정된 '나'가 아니라는 깨달음에 이르면, 외부의 일들에 흔들릴 이유도 사라집니다. '나'라는 틀을 벗어날 때, 오히려 진정한 나 자신과 만나는 역설이 시작됩니다.

무아(無我)의 사유는 소멸이 아닌 자유로 가는 문이며, 이는 오직 깊은 내면의 성찰을 통해서만 열 수 있습니다.

**후집 055**
世人只緣認得我字太眞。故多種種嗜好、種種煩惱。前人云：不復知有我、安知物爲貴。又云：知身不是我、煩惱更何侵。眞破的之言也。
세상 사람들은 '나'라는 존재를 지나치게 참된 실치로 여깁니다. 그래서 갖가지 욕망을 따르고 끝없는 번뇌에 휘말립니다. 옛사람은 말했습니다. "내가 있다는 생각조차 없다면, 어찌 외물(外物)을 귀하게 여기겠는가-." 또 말하길, "이 몸이 곧 내가 아님을 알게 되면, 어찌 번뇌가 침범하겠는가." 이는 실로 본질을 꿰뚫은 말입니다.

## 278

## 노인의 눈으로 젊음을 볼 때

젊음에 몰두하면 우리는 빠르게 달리는 것만이 삶의 전부라 착각합니다. 하지만 자신을 한 걸음 뒤에서 노쇠한 노인의 시선으로 바라볼 수 있다면 그 속도에 휘말리지 않을 수 있습니다.

자기 시선을 바꾸는 일은 곧 욕망의 방향을 바꾸는 일이기도 합니다. 그러면 화려한 외형이나 세속적 성취에 대한 집착도 자연스레 잦아듭니다.

멈추어 돌아보는 눈, 그 안에 진정한 자유가 깃들어 있습니다.

**후집 056**
自老視少, 可以消奔馳角逐之心. 自瘁視榮, 可以絶紛華靡麗之念.
노인의 눈으로 젊음을 바라보면 세상과 겨루며 달려가는 마음을 가라앉힐 수 있고, 쇠잔한 몸의 시선으로 영화를 바라보면 화려한 치장에 대한 욕망도 끊을 수 있습니다.

## 279

# 흐름 속에 나를 놓고, 집착을 내려놓다

삶은 고정되지 않습니다. 어제의 '나'는 오늘의 '타인'이 될 수 있고, 오늘 내가 쥔 것도 내일이면 누구의 손에 들릴지 알 수 없습니다. 고정된 자아에 대한 집착은 세상의 흐름을 거스르려는 헛된 몸짓에 지나지 않습니다.

"이것이 내 것이다", "나는 이런 사람이다"라는 지나친 동일시가 괴로움을 낳습니다. 세상은 끊임없이 흐르고, 사람 또한 그 안에서 바뀌어 갑니다. 이 무상함을 받아들일 수 있을 때 얽힌 마음에서 비로소 벗어날 수 있습니다.

**후집 057**
人情世態, 倏忽萬端, 不宜認得太眞。堯夫云：昔日所云我, 而今却是伊。不知今日我又屬後來誰。人常作是觀, 便可解却胸中罥矣。

인간의 정과 세상의 모습은 눈 깜짝할 사이에 끝없이 바뀌니, 너무 진실하게 집착해서는 안 됩니다. 요부(堯夫: 송나라의 시인 진관(秦觀, 1049~1100)의 다른 이름)는 말했습니다. "옛날의 '나'라고 불리던 이가, 지금은 다른 이로 불리고 있다." 오늘의 이 '나' 또한 훗날은 누구에게로 이어질지 모릅니다. 사람이 항상 이런 관점으로 바라본다면, 가슴속 얽힘도 자연히 풀리게 됩니다.

## 280
## 내면의 균형이 주는 지혜

　세상의 열기 속에서 마음마저 휘둘리면 진실을 보기 어렵습니다. 오히려 복잡한 세상일수록 냉철한 시선이 고요를 지키는 바탕이 됩니다.

　반대로, 외롭고 차가운 자리라 하여 마음마저 식을 필요는 없습니다. 따뜻한 심성을 잃지 않을 때, 그 고요 속에서 삶의 진면목을 발견하게 됩니다. 결국 중요한 것은 "어디에 있느냐?"가 아니라, "어떤 시선과 마음으로 있느냐?"입니다.

　외적 환경에 휘둘리지 않고 내면의 균형을 유지하는 것, 그것이 인생의 깊이를 결정짓습니다.

**후집 058**
熱鬧中、着一冷眼、便省許多苦心思。冷落處、存一熱心、便得許多真趣味。
세상이 시끄럽고 혼란스러울 때 한 걸음 물러서서 냉정한 눈으로 바라보면 마음의 고통과 번민이 절로 줄어듭니다. 한적하고 쓸쓸한 자리에서는 따뜻한 마음을 지니고 있으면 오히려 깊고 진실한 즐거움을 얻게 됩니다.

# 281

## 소박함이 지켜주는 깊은 평안

　기쁨과 괴로움은 마주 보는 두 거울입니다. 한쪽이 밝아질수록 다른 쪽 그림자는 짙어집니다. 화려한 순간 뒤엔 허탈함이, 벅찬 성취 뒤엔 공허가 따라옵니다. 그래서 삶은 오히려 평범 속에서 숨을 고릅니다.

　허기를 달래 주는 따뜻한 집밥, 창문 너머 변함없이 흐르는 하늘빛의 소박함이 마음을 비웁니다. 과도한 풍요로움을 좇지 않을 때 흔들리지 않는 자리에서 평온을 얻습니다.

**후집 059**
有一樂境界, 就有一不樂的相對待. 有一好光景, 就有一不好的相乘除. 只是尋常家飯, 素位風光, 纔是個安樂的窩巢.

즐거움이 있는 곳에는 반드시 그에 상응하는 슬픔이 따라옵니다. 훌륭한 광경이 있으면 그만큼 좋지 못한 모습도 그림자처럼 따릅니다. 결국, 소박한 한 끼와 자기 자리에서 바라보는 담백한 풍경이야말로 가장 편안한 보금자리입니다.

## 282

# 자연과 나의 경계를 허물다

탁 트인 창가에서 바라보는 풍경은 그저 한 폭의 그림 정도가 아닙니다. 구름과 안개가 산수를 넘나들고, 대나무와 나무 사이로 계절을 품은 새들이 날아듭니다. 그 경이로운 순간 우리는 세상의 흐름 안에 자신을 놓고, 더는 나와 세계를 가르지 않게 됩니다.

자연과 하나 되는 감각, 그것은 단순한 감상이 아닌 '나'를 벗어난 고요한 자유입니다. 사물과 나의 경계가 희미해질수록 삶은 더욱 맑고 유연해집니다.

**후집 060**
簾櫳高敞, 看青山綠水吞吐雲煙, 識乾坤之自在。竹樹扶疏, 任乳燕鳴鳩送迎時序, 知物我之兩忘。
발 아래 창이 탁 트인 곳에서 푸른 산과 맑은 물이 구름과 안개를 삼키고 내뿜는 모습을 바라보면, 이 세상의 자유로움이 느껴집니다. 대나무와 나무들이 성글게 우거진 사이로 제비와 비둘기가 계절의 흐름을 알리듯 날아다니는 것을 지켜보면, 사물과 나, 그 둘 사이의 경계가 사라집니다.

## 283

## 성공보다 생명, 소유보다 여유

완성은 반드시 쇠퇴를 불러오고, 삶은 결국 죽음으로 향한다는 이 단순한 진리를 받아들이는 일은 집착을 내려놓는 데서 시작됩니다. 무언가를 이루려는 강한 의지, 건강을 지키려는 노력도 지나치면 마음과 몸을 해칩니다.

균형을 잃은 열정은 자신을 갉아먹기 마련입니다. 인생은 유한하다는 사실을 기억할 때 비로소 덜 애쓰고 더 깊이 살아갈 수 있습니다. 내려놓음은 포기가 아니라 통찰에서 비롯된 여유입니다.

**후집 061**
知成之必敗、則求成之心、不必太堅。知生之必死、則保生之道、不必過勞。
이루어진 것은 결국 무너지기 마련임을 안다면, 그 이루려는 마음 또한 지나치게 집착하지 않아야 합니다. 삶은 결국 죽음으로 이어짐을 안다면, 생명을 보존하려는 노력 역시 지나치게 애쓸 필요는 없습니다.

## 284

# 달빛도 물을 흔들지 않는다

    삶의 고요는 외부 환경에 의존하지 않습니다. 대나무 그림자가 땅을 지나가도 먼지가 일지 않고, 달빛이 비쳐도 연못은 파동을 만들지 않듯이, 마음이 고요하면 세상의 바람조차 나를 흔들 수 없습니다. 급류 속에서도 고요를 간직하고, 꽃이 떨어지는 풍경 안에서도 마음의 한가로움을 지킬 수 있는 사람만이 진정한 평정을 안다고 할 수 있습니다.

    외부에 휘둘리지 않고 스스로 중심을 지키는 삶이야말로 가장 단단하고 자유로운 삶입니다.

---

**후집 062**

古德云:竹影掃堦塵不動。月輪穿沼水無痕。吾儒云:水流任急境常靜。花落雖頻意自閒。

옛 선인은 이렇게 말했습니다. "대나무 그림자가 계단을 쓸어도 먼지는 움직이지 않고, 달빛이 연못을 가로질러도 물에는 자취가 없다." 또 유학(공자(孔子)를 중심으로 형성된 동아시아 전통 윤리·철학 체계)에서는 말합니다. "물이 아무리 급하게 흘러도 그 경치는 고요하고, 꽃이 아무리 자주 져도 마음은 한가롭다."

# 285

## 자연은 침묵으로 가르치는 스승

　자연은 언제나 우리 곁에서 말없이 노래합니다. 다만 번잡한 일상과 시끄러운 욕망 속에 사는 우리는 그 노래를 듣지 못할 뿐입니다. 마음을 비우고 고요 속에 귀 기울일 때 소나무 사이로 스미는 바람 소리나 바위 위를 흐르는 물소리가 곧 천지의 맑은 음악임을 깨닫게 됩니다.

　또한, 잔잔한 수면 위의 구름 그림자는 시심을 품은 자에게 우주의 가장 깊은 언어로 다가옵니다. 시는 종이에만 있지 않고, 깨달음은 스승의 입에서만 들려오지 않습니다. 조용히 자연을 대할 수 있을 때 진리는 저절로 모습을 드러냅니다.

**후집 063**
林間松韻、石上泉聲、靜裡聽來、識天地自然鳴佩。草際煙光、水心雲影、閑中觀去、見乾坤最上文章。
숲속에서 울려오는 소나무 바람 소리와 바위 위를 흐르는 샘물 소리는 고요한 마음으로 들을 때야말로 하늘과 땅이 울려주는 자연의 맑은 음악임을 알 수 있습니다. 풀잎 끝의 아지랑이 빛과 물속에 비친 구름 그림자는 한가로운 눈으로 바라보아야 비로소 이 우주의 가장 빼어난 글귀임을 읽어낼 수 있습니다.

## 286

# 아무리 채워도 비어 있는 마음의 골짜기

세상은 이미 기울고 땅은 폐허가 되었건만, 사람들은 여전히 칼을 들고 위세를 부립니다. 죽음을 목전에 두고도 황금을 손에 쥐려는 마음, 그것이 바로 인간의 끝없는 욕망입니다.

맹수는 훈련으로 길들이고, 골짜기는 흙으로 메울 수 있지만, 사람의 마음은 그 어떤 훈련보다 완고하고, 그 어떤 공간보다 공허합니다.

진정한 성찰은 외부에 있지 않고, 자기 마음을 이기는 데 있습니다. 욕망 앞에서 깨어 있는 정신, 그것이 곧 지혜의 시작입니다.

---

후집 064

眼看西晉之荊榛、猶矜白刃、身屬北邙之狐兎、尚惜黃金。語云:猛獸易伏、人心難降。谿壑易塡、人心難滿。信哉。

사람들은 서진(西晉: 중국 진(晉)나라의 한 갈래)의 땅이 이미 가시덤불로 뒤덮인 것을 눈으로 보면서도, 여전히 칼날을 자랑하고, 북망산(北邙山)의 여우와 토끼와 다름없는 처지에 놓였으면서도 아직도 황금을 아까워합니다. 옛말에 따르면, 맹수는 길들이기 쉬우나 사람의 마음은 굴복시키기 어렵고, 계곡과 골짜기는 메우기 쉬우나 사람의 욕심은 채우기 어렵다 하였으니, 참으로 옳은 말입니다.

## 287

## 고요한 마음 위에 푸른 산이 피어난다

마음이 고요하면 외부 세계가 고요하게 느껴지고, 내면이 맑으면 세상은 늘 아름답게 보입니다. 푸른 산과 푸른 나무는 실제로 바깥에 있는 것이 아니라, 우리의 마음속 고요함이 만들어낸 경치입니다. 또한, 본래의 성품에 생명력을 품고 있다면, 삶의 어느 순간에서도 생동하는 기운을 감지할 수 있습니다.

결국, 세상의 질서는 내면의 조화로부터 비롯되며, 마음의 평온함이 세상의 아름다움을 가능하게 하는 것입니다.

**후집 065**
心地上無風濤, 隨在皆靑山綠樹. 性天中有化育, 觸處見魚躍鳶飛.
마음속에 풍랑이 없으면 어디서든 푸른 산과 푸른 나무가 펼쳐집니다. 성품 속 자연의 생기가 깃들면 닿는 모든 곳마다 물고기가 뛰고 솔개가 납니다.

## 288

# 스스로에게 돌아가는 가장 조용한 길

 화려한 외양이 주는 만족은 종종 그 허망함을 깨닫는 순간, 오히려 소박한 자유에 대한 동경으로 바뀝니다. 번잡한 권세에 익숙했던 사람도, 조용한 방 안의 평온함에서 더 깊은 위안을 얻을 수 있습니다. 그러나 우리는 본래의 성정과 무관한 바람과 욕망에 스스로를 내맡기며 살아갑니다.

 삶의 진정한 멋은 외부의 조건이 아니라, 자기 성품에 맞는 자연스러움 속에 있습니다. 따라서 우리는 인생의 방향은 자신 안에 있음을 기억해야 합니다.

**후집 066**
峨冠大帶之士, 一旦睹輕蓑小笠飄飄然逸也, 未必不動其咨嗟。長筵廣席之豪, 一旦遇疏簾淨几悠悠焉靜也, 未必不增其綣戀。人奈何驅以火牛、誘以風馬, 而不思自適其性哉。

위엄 있는 관모와 띠를 두른 사대부도, 가벼운 삿갓과 도롱이를 쓰고 자유롭게 떠도는 이의 모습에 마음이 흔들리지 않을 수 없고, 호화로운 연회에 익숙한 사람도 성긴 발과 깨끗한 책상 곁의 고요함을 만나면 쉽게 미련이 생기지 않을 수 없습니다. 그런데 어찌하여 사람들은 불타는 소처럼 쫓기고, 바람처럼 휘둘리는 말처럼 유혹을 좇으면서도 자기 본성에 맞는 삶을 생각하지 않는 것입니까?

## 289

# 바람도 물도 의식하지 않는 진짜 자유

진정한 자유는 자신을 감싸고 있는 것을 초월하는 데 있습니다. 물고기는 물속을 떠나 살 수 없지만, 동시에 물을 의식하지 않고 살아갑니다. 새 또한 바람 없이 날 수 없지만, 그 존재를 굳이 생각하지 않습니다.

인간 역시 마찬가지입니다. 어떤 조건이나 환경에 의지하며 살아가면서도, 그 존재에 매이지 않고 흐르는 순간을 살아갈 수 있어야 합니다.

집착 없이 살아가는 마음이 곧 자연의 이치를 따르는 길이며, 거기서 오는 평온이야말로 참된 즐거움입니다.

**후집 067**
魚得水逝, 而相忘乎水。鳥乘風飛, 而不知有風。識此可以超物累, 可以樂天機。
물고기는 물을 따라 유유히 헤엄치되, 그 물을 의식하지 않습니다. 새는 바람을 타고 높이 날지만, 그 바람의 존재를 알지 못합니다. 이 이치를 깨달으면 사물의 속박을 벗어날 수 있고, 자연의 이치를 즐길 수 있습니다.

## 290
# 폐허 위에서 시간은 교훈을 남긴다

화려했던 궁전은 폐허가 되고, 전쟁터는 잡초만 무성한 들판이 됩니다. 세월은 모든 것을 변화시키고, 아무리 강했던 자도 쇠락을 피하지 못합니다.

역사의 흐름을 돌아보면 인간의 흥망성쇠가 얼마나 허망한지를 절감하게 됩니다. 이 무상함을 깨달았을 때 현재의 욕망에 휘둘리지 않고 겸허히 살아가는 법을 배우게 됩니다.

**후집 068**
狐眠敗砌、兎走荒台、盡是當年歌舞之地。露冷黃花、煙迷衰草、悉屬舊時爭戰之場。盛衰何常、強弱安在。念此令人心灰。
여우가 무너진 섬돌 위에서 자고, 토끼가 폐허가 된 누대를 뛰어다니니, 모두 한때 노래와 춤으로 흥청거렸던 곳이었습니다. 찬 이슬이 국화 위에 내리고, 연기가 시든 풀을 흐리게 덮으니, 모두 옛날 전쟁이 벌어졌던 장소입니다. 성하고 쇠함이 어디 일정하겠으며, 강함과 약함이 어찌 영원하겠습니까? 이런 생각을 하면 마음이 절로 쓸쓸해집니다.

# 291

# 흔들림 없이 흐름을 따르는 삶

삶의 중심을 잃지 않는다는 것은 외부의 칭찬과 비난에 휘둘리지 않는 데서 시작됩니다. 명예가 와도 들뜨지 않고, 모욕을 당해도 주눅 들지 않는 마음은 내면의 단단함에서 비롯됩니다. 그것은 마치 꽃이 피고 지는 것을 바라보는 듯한 여유이자, 구름이 흘러가듯 순리를 따르는 태도입니다.

세상은 끊임없이 변하고, 사람의 평가는 시시각각 바뀌며, 머물던 인연도 언제 떠날지 모릅니다. 그러므로 집착하지 않고, 억지로 붙잡지 않으며, 내면의 평정 속에서 세상과 조화롭게 살아가는 것이 진정한 자유입니다.

**후집 069**
寵辱不驚, 閑看庭前花開花落。去留無意, 漫隨天外雲卷雲舒。
영예를 받아도 놀라지 않고, 치욕을 당해도 흔들림 없이, 마당 앞 꽃이 피고 지는 것을 한가로이 바라보며 살아갑니다. 사람이 머물든 떠나든 집착 없이 하늘 너머 구름이 말리고 풀리는 흐름을 따라 살아갑니다.

## 292

# 잘못된 욕망과 지혜의 중요성

　세상에는 무한한 선택의 길이 열려 있지만, 사람은 종종 가장 해로운 것을 스스로 택합니다. 나방이 밝은 등불에 이끌려 자신을 불태우듯, 인간도 때로는 화려하지만 위험한 욕망을 좇다가 자신을 소진합니다. 이미 좋은 것을 두고도 왜곡된 욕망에 이끌려 더럽고 해로운 것을 탐합니다.

　이는 지혜 부족의 결과이자, 본능과 습관에 비판 없이 휩쓸린 삶의 전형입니다.

　우리가 진정 자유롭고도 맑은 삶을 살고자 한다면, 자신을 돌아보아야 합니다.

**후집 070**
晴空朗月、何天不可翶翔、而飛蛾獨投夜燭。清泉綠卉、何物不可飲啄、而鴟鴞偏嗜腐鼠。噫、世之不爲飛蛾鴟鴞、幾何人哉。
맑은 하늘과 밝은 달, 어느 하늘이라도 훨훨 날 수 있을진대, 나방은 굳이 어둠 속 등불에 몸을 던집니다. 맑은 샘물과 푸른 풀, 어느 것이든 마시고 쪼아 먹을 수 있을진대, 부엉이는 굳이 썩은 쥐를 탐합니다. 대부분의 세상 사람들은 나방이나 부엉이처럼 어리석은 선택을 하곤 합니다.

## 293
## 얻고도 놓지 못하는 마음을 놓아야 할 때

도구는 목적을 위한 수단일 뿐, 집착의 대상이 되어선 안 됩니다. 어떤 깨달음이든 어떤 위치든 마땅히 필요할 때 쓰고 나면 놓을 줄 알아야 그것이 진짜 지혜입니다. 그러나 우리는 종종 이미 얻은 것을 붙잡은 채 다시 그것을 찾고자 방황합니다.

나귀를 타고 있으면서도 나귀를 찾아 헤매는 모습처럼, 이미 있는 것에 눈뜨지 못하고 끊임없이 밖을 기웃거립니다.

참된 사람은 수단에 머물지 않고, 물질에 머물지 않고, 가볍게 떠날 줄 아는 사람입니다.

후집 071
纔就筏便思舍筏。方是無事道人。若騎驢又復覓驢、終為不了禪師。
막 뗏목을 건넜으면 곧 내려놓을 줄 알아야 참된 무위(無爲)의 수행자라 할 수 있습니다. 이미 ㄴ귀를 타고 있으면서도 다시 나귀를 찾고 있다면 끝내 깨달음에 이르지 못한 선승일 뿐입니다.

## 294

# 냉정함은 욕망을 녹이는 불꽃이다

세상은 권력과 명예를 향한 다툼으로 요동칩니다. 권세가 높은 사람은 용처럼 솟구치고, 영웅은 호랑이처럼 싸우지만, 그 모든 것이 욕망과 이기심의 응축일 뿐입니다.

고기 냄새에 모인 개미, 피 냄새에 흥분한 파리처럼 우글거리는 다툼 속에서 시비는 번지고, 이득을 위한 공격은 사방에서 날아듭니다.

그러나 마음을 차분히 가다듬고 냉정하게 마주한다면, 그 혼탁함도 결국은 스스로 맑아질 것입니다. 격정에 휘말리기보다 그것을 녹일 수 있는 냉정함이야말로 진정한 품격입니다.

**후집 072**
權貴龍驤, 英雄虎戰。以冷眼視之, 如蟻聚羶, 如蠅競血。是非蜂起, 得失蝟興。以冷情當之, 如冶化金, 如湯消雪。

권세 있는 자는 용처럼 오르고, 영웅은 호랑이처럼 싸웁니다. 그러나 차가운 눈으로 바라보면, 고기 냄새에 모인 개미 떼 같고, 피를 두고 다투는 파리 떼와도 같습니다. 시비는 벌떼처럼 일어나고, 이득을 좇는 화살은 고슴도치의 가시처럼 튀어나옵니다. 이 모든 것을 냉정한 마음으로 대하면, 마치 불 속에서 쇠를 녹이고, 뜨거운 물로 눈을 녹이듯 사라질 것입니다.

## 295
## 진정한 기쁨은 본질에 있다

사람이 물욕에 사로잡힐 때 인생은 자신도 모르게 허망한 덫에 걸립니다. 그 무엇도 채워지지 않고 얻어도 또 갈망하게 되니, 끝없는 결핍 속에 슬픔이 자리합니다. 반면에 자신의 본성과 진실에 귀를 기울일 줄 알면, 마음은 비로소 평온을 찾고 삶의 참된 기쁨을 알게 됩니다.

욕망이 아닌 자각이 중심이 될 때 세속의 흐름은 자연스레 멀어지고, 우리는 성인의 경지에 한 걸음 다가서게 됩니다. 그 기쁨은 외부의 충족이 아닌 내면의 진실에서 비롯됩니다.

**후집 073**
羈鎖於物欲, 覺吾生之可哀。夷猶於性眞, 覺吾生之可樂。知其可哀, 則塵情立破, 知其可樂, 則聖境自臻。
욕망에 얽매이면 삶이 슬프게 느껴지고, 본래의 참된 성품에 머무르면 삶이 기쁘게 느껴집니다. 슬픔을 자각하면 속세의 욕망이 저절로 끊어지고, 기쁨을 알면 성인의 경지에 자연스레 이르게 됩니다.

## 296

## 욕망이 사라진 마음, 달빛처럼 맑다

욕망이 마음에서 지워지면 정신은 마치 눈이 녹듯 얼음이 햇살에 스며들 듯 자연스럽게 투명해집니다. 억지로 닦고 치우는 것이 아니라 마음속 불순물이 스스로 사라지는 것입니다. 그러면 세상은 전혀 다른 모습으로 다가옵니다. 고요한 물결 위에 뜬 달빛처럼 선명하고도 평화로운 빛이 내면에 비칩니다.

무언가를 애써 붙잡고자 할 때는 결코 볼 수 없던 경지, 그것이 바로 물욕 없는 마음이 열어주는 진정한 자유의 시야입니다.

후집 074
胸中旣無半点物欲, 已如雪消鑪焰冰消日。眼前自有一段空明, 時見月在靑天影在波。
마음속에 물욕이 털끝만큼도 없으면 그것은 눈이 화롯불에 녹고 얼음이 햇살에 사라지듯 맑아진 상태입니다. 그 순간 눈앞에는 스스로 맑고 밝은 경지가 드러나 마치 푸른 하늘에 뜬 달빛이 잔잔한 물결 위에 비치는 듯한 평온함이 나타납니다.

## 297

### 조용한 걸음에서 피어나는 시심(詩心)

　시심은 거창한 환경이 아니라 마음이 열린 자리에 피어납니다. 다리 위를 거닐며 조용히 읊조릴 때, 주변의 숲과 산이 내면의 울림이 되어 감정을 깨웁니다. 한가로이 호숫가를 걷는 순간, 자연은 스스로 그 조화를 드러내며 감동을 불러일으킵니다.

　인간의 진정한 감흥은 인공의 무대가 아닌 자연의 품에서 생겨나며, 그때야말로 산과 물, 나와 세계가 하나 되어 고요한 울림을 나눕니다. 이러한 정서는 인위가 아닌 무심의 자리에 깃드는 법입니다.

**후집 075**
詩思在灞陵橋上、微吟就、林岫便已浩然。野興在鏡湖曲邊、獨往時、山川自相映發。
시의 감흥은 파릉교(중국 장안(長安)의 파수(灞水)라는 강에 놓인 다리) 위에서 떠오르며, 그저 낮게 읊조리기만 해도 숲과 산 그림자 속에서 이미 가슴이 탁 트입니다-. 자연의 정취는 거울처럼 맑은 호수 굽이에서 일어납니다. 혼자 그곳을 거닐다 보면 산과 강이 저절로 어우러져 서로의 아름다움을 더욱 밝혀 줍니다.

## 298

# 오래 엎드린 자만이 가장 높이 난다

모든 일에는 때가 있으며, 그에 맞는 준비가 있습니다. 깊이 엎드려 오래 숙성된 뜻은 언젠가 높이 솟아오르며, 반대로 너무 이르게 드러낸 성취는 쉽게 시들 수 있습니다. 오늘 당장의 성과에만 몰두하면, 내일의 뿌리마저 약해질 수 있습니다.

조급한 마음은 오히려 큰 실패를 부르고, 느림 속의 인내는 깊고 튼튼한 성장을 가져옵니다. 결국, 진정한 비상은 기다림 끝에 피는 꽃이라는 사실을 기억할 때, 우리는 초조에서 벗어나 묵묵히 나아갈 수 있습니다.

**후집 076**
伏久者, 飛必高, 開先者, 謝獨早。知此, 可以免蹭蹬之憂, 可以消躁急之念。
오랫동안 몸을 낮추고 준비한 자는 반드시 높이 날 수 있고, 일찍이 꽃을 피운 자는 홀로 먼저 시들게 됩니다. 이 이치를 알면 실패의 근심을 피할 수 있고, 조급한 마음도 잦아들게 됩니다.

## 299

## 끝에 이르러 비로소 드러나는 진실

　삶의 진실은 끝자락에서야 모습을 드러냅니다. 살아 있는 동안 자식의 번성이나 재물의 값음을 자랑스러워하지만, 마지막 순간에는 그것들이 본질적인 도움이 되지 않음을 비로소 깨닫게 되지요. 진실한 삶은 결국 내면의 뿌리, 즉 덕성과 정신의 깊이에 달려 있습니다.

　외형의 풍요보다 내면의 단단함을 갈고닦는 것이야말로, 끝내 후회 없는 삶으로 이끄는 길입니다.

**후집 077**
樹木至歸根, 而後知華萼枝葉之徒榮。人事至蓋棺, 而後知子女玉帛之無益。
나무는 뿌리로 돌아갈 때 비로소 꽃과 잎의 화려함이 헛된 영광임을 알게 되고, 인간은 죽음을 맞이해야 비로소 자식이나 재물의 덧없음을 깨닫게 됩니다.

## 300
# 텅 비지도, 가득 차지도 않은 진실의 자리

비우는 것조차 집착하면 도는 멀어집니다. '진공'이라 불리는 진정한 공(空)은 단지 아무것도 없는 공허가 아닙니다. 형상을 붙잡으면 그릇된 길이고, 그것을 부수는 행위마저도 또 하나의 분별입니다.

진리는 양극단 어디에도 머물지 않습니다. 세상의 갈등과 열락에서 벗어나고자 한다면, 자신의 마음을 되돌아보고 조화롭게 다스리는 것밖에는 길이 없습니다.

삶이란 참됨과 공허의 경계를 타는 내면의 수행입니다.

**후집 078**
真空不空。執相非真。破相亦非真。問:世尊如何發付。在世出世、徇欲是苦、絶欲亦是苦。聽、吾儕善自修持。
진공(眞空)은 텅 빈 것이 아닙니다. 형상을 집착하면 참된 것이 아니며, 형상을 깨뜨려도 역시 참됨은 아닙니다. 묻건대, "부처님께서는 이 모든 것을 어떻게 전하셨나요?" 세상에 있든 출세간에 있든, 욕망을 좇는 것도 괴로움이요, 욕망을 끊는 것도 괴로움입니다. 우리 스스로 잘 닦아야 합니다.

# 301

## 마음의 무게가 곧 삶의 무게다

사람은 지위나 부귀로만 판단할 수 없습니다. 한 사람은 황금과 보석의 수레를 사양하고도 담담한데, 또 다른 이는 단돈 한 푼에 목숨을 겁니다. 이처럼 마음의 크기는 결코 외형으로 가늠할 수 없습니다. 위대한 임금이 나라 전체를 걱정하고, 가난한 이는 오늘의 끼니를 걱정하지만, 마음의 번뇌는 놀랍도록 닮았습니다.

지위의 높고 낮음보다 더 중요한 것은 마음이 욕망에 끌려다니느냐, 아니면 자유로이 다스릴 수 있느냐입니다. 결국, 인간의 고통은 외부의 처지보다 그 처지를 바라보는 '마음의 무게'에서 비롯됩니다.

**후집 079**
烈士讓千乘、貪夫爭一文。人品星淵也、而好名、不殊好利。天子營家國、乞人号饔飧。位分霄壤也、而焦思、何異焦聲。
절개 있는 이는 천 승의 수레도 사양하고, 탐욕스러운 이는 한 푼을 다툽니다. 사람됨이 하늘의 별과 바다의 깊이만큼이나 차이 나건만 명예를 좇는 이와 이익을 좇는 이는 다를 바가 없습니다. 임금이 온 나라를 경영하고, 거지는 한 끼 식사를 구걸합니다. 지위의 차이는 하늘과 땅만큼인데도, 근심하고 애타는 마음은 크게 다르지 않습니다.

## 302
# 다 겪고 나면 조용히 웃을 수 있다

인생의 풍파를 겪고 나면 더 이상 세상의 시끄러운 변화에 쉽게 흔들리지 않습니다. 겉으로는 조용히 고개를 끄덕일 뿐 마음은 이미 천천히 세상의 이치를 통과해 온 상태입니다. 인간사의 얽힘과 계산, 관계의 유혹과 탐욕을 꿰뚫고 나면, 모든 것이 다 지나가는 연기 같을 뿐입니다.

진정한 고수는 더 이상 말하지 않고, 반응하지 않으며, 그저 조용히 미소 짓습니다. 그것이 가장 깊은 깨달음의 태도이기 때문입니다.

후집 080
飽諳世味、一任覆雨翻雲、總懶開眼。會盡人情、隨教呼牛喚馬、只是点頭。
세상의 맛을 다 겪고 나면, 비가 오고 구름이 뒤집히듯 변하는 세상일에 굳이 눈을 뜰 필요를 느끼지 않게 됩니다. 사람 마음의 속내를 다 깨닫고 나면, 누가 소를 부르건 말을 몰건 그저 고개만 끄덕일 뿐입니다.

## 303

# 무념은 애써 구하지 않아도 스며드는 것

무념을 향한 갈망은 흔히 오해되곤 합니다. 무념이란 모든 생각이 사라진 상태가 아니라 생각에 닿이지 않는 상태입니다. 지나간 생각에 얽매이지 않고, 아직 오지 않은 생각을 서두르지 않으며, 지금 이 순간의 흐름에 가볍게 몸을 맡기는 태도야말로 무념의 시작입니다.

억지로 공허해지려 애쓰기보다는 하나의 생각이 일어났다가 스스로 사라지도록 두는 것. 그 자연스러운 과정을 받아들일 때, 마음은 저절로 고요해집니다.

**후집 081**
今人專求無念, 而終不可無。只是前念不滯, 後念不迎, 但將現在的隨緣, 打發得去, 自然漸漸入無。
요즘 사람들은 '무념(無念)'의 경지를 추구하지만, 결국 완전한 무념은 쉽게 이룰 수 없습니다. 다만 앞선 생각에 머물지 않고, 뒤따라 생각을 붙잡지 않으며, 지금 이 순간의 인연에 따라 생각을 흘려보낼 수 있다면, 차츰 무념의 상태에 가까워질 수 있을 것입니다.

# 304
## 자연스러움 속에서 피어나는 참된 아름다움

진정한 아름다움과 깨달음은 억지로 만들어내는 것이 아니라, 우연히 맞아떨어지는 자연스러움에서 비롯됩니다. 인위적인 장식은 감흥을 죽이고, 계산된 감탄은 진실을 흐리게 합니다.

백거이*의 말처럼, 아무 의도 없이 마음이 흐를 때 비로소 그 자리에 진정한 맑음이 깃듭니다. 세상의 많은 일은 조율보다 흐름을, 연출보다 진심을 필요로 합니다.

꾸밈없는 자연의 경지가 삶의 진미를 드러내는 길입니다.

---

**후집 082**
意所偶會、便成佳境、物出天然、纔見真機。若加一分調停布置、趣味便減矣。白氏云：意隨無事適、風逐自然清。有味哉、其言之也。

마음이 우연히 맞아떨어지는 곳, 그 자체가 아름다운 경지가 되며, 사물이 자연스레 드러날 때 비로소 진정한 이치가 보입니다. 거기에 억지로 손을 더하거나 꾸미면 오히려 그 맛은 줄어들고 맙니다. 백거이(중국 당나라의 시인)도 말했습니다. "뜻이 한가로이 흘러갈 때 참으로 적절하고, 바람도 자연스러울 때 맑다." 참으로 맛있는 말입니다.

## 305

# 맑은 마음 하나가 수행의 전부다

깨달음은 특별한 경지에서만 찾는 것이 아닙니다. 본래의 마음이 맑고 고요하면 일상의 행위조차도 도의 실현이 됩니다. 단순한 식사도 육신의 충족을 넘어 마음을 안정시키는 수행이 될 수 있습니다.

반면에 마음이 흐리고 욕망에 빠져 있다면, 고상한 말을 아무리 늘어놓아도 그것은 자신을 꾸미는 수단일 뿐 진실한 변화는 일어나지 않습니다.

마음의 투명함은 곧 도의 바탕이 되며, 깨달음은 삶의 순간 속에서 드러나는 것입니다.

**후집 083**
性天澄徹, 即饑喰渴飲, 無非兼濟身心。心地沈迷, 縱譚談禪演偈, 総是播弄精魂。
본래의 성품이 맑고 투명하면, 배고프면 밥을 먹고 목마르면 물을 마시는 일조차도 몸과 마음을 경안히 하는 수행이 됩니다. 그러나 마음이 어지럽고 미혹에 빠져 있으면, 아무리 선(禪)을 말하고 게송을 읊는다고 해도 결국은 정혼(精魂; 죽은 사람의 영혼)을 어지럽히는 헛된 짓에 불과합니다.

## 306
# 비워낸 자리에서 피어나는 향기

참된 평온은 외부에서 오는 것이 아닙니다. 음악이나 향, 차와 같은 감각적 자극 없이도 마음이 고요하면 그 자체로도 깊은 기쁨과 맑음이 솟아납니다.

이를 위해선 마음속의 번잡한 생각을 비우고, 자기 존재에 대한 집착을 내려놓아야 합니다. '비움'은 무기력함이 아니라 고요함 속의 자유입니다.

마음이 정화되면 굳이 무엇을 붙잡지 않아도 삶은 깊고 향기롭게 다가옵니다. 이 경지는 소유가 아닌 '존재'의 고요한 힘에서 비롯되는 것입니다.

**후집 084**
人心有個眞境, 非絲非竹, 而自恬愉。不煙不茗, 而自淸芬。須念淨境空, 慮忘形釋, 纔得以游衍其中。
사람의 마음속에는 하나의 참된 경지가 있어, 비록 거문고 소리도 피리 소리도 없지만 저절로 평온하고 즐겁습니다. 향을 피우거나 차를 마시지 않아도 스스로 맑고 향기로우며, 생각을 비우고 경계를 텅 비우며, 마음을 내려놓아야 비로소 그 경지 속에서 자유롭게 노닐 수 있습니다.

## 307

# 속세 속에서 발견한 진리,
# 진흙 속에서 건진 옥

진리는 늘 순수한 환경에서만 발견되는 것이 아닙니다. 금이 광석 속에서, 옥이 거친 돌 틈에서 나오듯, 진정한 깨달음 또한 세속과 혼탁함 속에서 피어나는 경우가 많습니다.

현실의 허상과 모순, 갈등과 욕망조차도 진리를 드러내는 거울이 될 수 있습니다. 일상의 순간마다 성찰과 깨달음의 길이 숨어 있는 것입니다.

아무리 고상한 이여도 결국 인간사 속에서 살아야 하고, 그곳에 속됨 없는 삶은 없습니다. 중요한 것은 속세를 버리는 것이 아니라, 속세 속에서 본질을 꿰뚫는 안목입니다.

**후집 085**
金自鑛出、玉從石生。非幻無以求真。道得酒中、仙遇花裡。雖雅不能離俗。
금은 광산에서 나오고, 옥은 돌에서 태어납니다. 환상을 통하지 않고는 진실에 이를 수 없으며, 도는 술을 마시는 가운데서도 깨달을 수 있고, 신선은 꽃 속에서도 만날 수 있습니다. 아무리 고상하다 하더라도 속세를 완전히 떠날 수는 없습니다.

## 308
# 옳고 그름을 넘어선 시선

우리의 눈은 늘 세상을 분별하려 합니다. 아름다움과 추함, 좋음과 나쁨, 옳고 그름, 모두를 가르고 판단하려 듭니다. 그러나 도를 깨달은 눈으로 보면, 이 모든 것은 다 자연의 한 흐름이며, 고요한 진실 안에 포함된 일부분일 뿐입니다.

이처럼 모든 것을 있는 그대로 받아들이고, 그것을 끌어안을 수 있다면 마음은 한결 가벼워집니다. "무엇이 더 낫다"라는 욕심을 덜어내면, 삶은 복잡함 속에서도 단순한 지혜를 드러냅니다.

---

**후집 086**
天地中萬物、人倫萬情、世界中萬事。以俗眼觀, 紛紛各異, 以道眼觀, 種種是常。何煩分別, 何用取捨。
하늘과 땅 사이의 만물, 인간 세상의 온갖 감정, 이 세상의 모든 일도 속된 눈으로 보면 모두 다르게 보이지만, 도의 눈으로 보면 모두 한결같습니다. 굳이 따지고 분별할 것이며, 무엇을 취하고 버릴 이유가 어디 있겠습니까?

## 309

## 소박함 속에 숨어 있는 진짜 맛

삶의 참된 기쁨은 외부의 화려함이나 풍족함에서 오지 않습니다. 편안한 정신과 담백함 속에서 오히려 가장 깊은 만족을 체험하게 됩니다. 비단 이불이 아니어도 마음이 맑고 조화로우면, 우주와 연결된 감응을 느낄 수 있고, 진수성찬이 아니어도 마음에 평화가 있다면 한 그릇의 소박한 밥상이 감동으로 다가옵니다.

진정한 행복은 소유가 아닌 깨달음에서 비롯되며, 그 깨달음은 언제나 가장 단순한 순간에 머뭅니다. 진정한 만족은 외부가 아니라 내면에서 길러지는 것입니다.

**후집 087**
神酣、布被窩中、得天地冲和之気。味足、藜羹飯後、識人生澹泊之真。
정신이 온전히 깨어 있을 때, 헝겊 이불 속에 누워 있더라도 하늘과 땅의 순수하고 조화로운 기운을 느낄 수 있습니다.
입맛이 만족스러울 때, 거친 나물국과 밥 한 그릇만으로도 인생의 담백한 진미를 깨달을 수 있습니다.

## 310
# 극락세계는 마음 안에 있다

　마음이 열리지 않으면 아무리 고요한 숲속에 있어도 번뇌는 따라오고, 마음이 맑아지면 세속의 시장통조차도 한없는 평화가 깃드는 곳이 됩니다. 외형이나 환경이 아닌 내면의 지향이 진정한 구원의 출발점입니다. 세속을 떠난다고 해서 곧바로 성인의 길로 들어서는 것은 아닙니다.

　오히려 욕망을 멈추고 자기 안의 어지러움을 거두는 이가 진정으로 자유로운 사람입니다. 모든 깨달음은 내 마음 하나에서 시작됩니다.

**후집 088**
纏脫只在自心。心了, 則屠肆糟廛、居然淨土。不然, 縱一琴一鶴、一花一卉, 嗜好雖淸, 魔障終在。語云:能休塵境爲眞境, 未了僧家是俗家。信夫。
얽힘과 벗어남은 모두 자신의 마음에 달려 있습니다. 마음이 깨치면 도살장이나 술집조차도 곧 정토(淨土; 불교에서 말하는 극락세계)가 됩니다. 그렇지 않으면, 비록 거문고 한 대와 학 한 마리, 꽃 한 송이와 풀 한 포기가 곁에 있다고 해도, 취향이 아무리 고상하더라도 번뇌와 장애는 여전히 남아 있을 뿐입니다. 말에 이르길, "세속의 경계를 떠날 수 있어야 그것이 참된 경지요, 깨달음이 없으면 절집도 결국 속된 집이다"라고 하였으니, 실로 옳은 말입니다.

## 311

# 단순한 것들이 보여주는 진짜 풍경

화려함은 그리 오래가지 못합니다. 누각의 곡선, 구슬발의 물결도 결국은 눈앞의 허상일 뿐입니다.

오히려 좁은 방, 소박한 공간 안에서 번뇌를 버리고 나면 마음은 천 리 밖까지 퍼집니다. 술 몇 잔 뒤에 맑아진 정신은 본래의 단순함으로 돌아가고, 그곳에서야 비로소 자연과 삶의 아름다움이 선명하게 느껴집니다.

복잡함을 내려놓고 단순한 기쁨을 받아들이는 것, 그것이 진정한 자유요, 가장 깊은 만족입니다.

**후집 089**
斗室中,萬慮都捐,說甚畫棟飛雲、珠簾捲雨。三杯後,一真自得,唯知素琴橫月、短笛吟風。
작은 방 안에 앉아 온갖 번뇌를 내려놓으니, 구슨 화려한 누각에 떠다니는 구름이며, 구슬발이 비를 말아 올리는 풍경이 그리 중요하겠습니까. 술 석 잔이 지난 뒤 진실한 깨달음이 절로 찾아오니, 그저 달빛 아래 비스듬히 놓인 거문고와 바람 속에 울리는 짧은 피리 소리만이 삶의 진정한 풍경임을 알아야 합니다.

## 312

## 고요함 속에서 다시 깨어나는 나

삶이 아무리 고요하고 침묵에 잠긴 것 같아도, 어느 순간 예상치 못한 작고 맑은 울림이 우리 내면을 흔들어 깨우는 법입니다. 한 마리 새의 노래, 바람에 스친 한 줄기 향기, 시든 세상 속의 단 하나의 초록.

인간의 본성은 본디 생기를 품고 있으며, 아무리 무기력해 보여도 아주 작은 자극 하나로도 깊은 감동과 각성이 피어날 수 있습니다.

고요는 죽음이 아니라 준비이며, 메마름은 끝이 아니라 시작입니다. 오늘도 무심히 피어난 한 가지 꽃 앞에서 자신에게 묻습니다. "나는 아직 깨어 있는가?"

후집 090
萬籟寂寥中、忽聞一鳥弄聲、便喚起許多幽趣。萬卉摧剝後、忽見一枝擢秀、便觸動無限生機。可見、性天未常枯槁、機神最宜觸發。
온 세상이 고요한 가운데, 문득 들려오는 새 한 마리의 울음소리에 깊은 정취가 깨어납니다. 모든 꽃이 지고 잎이 시든 뒤, 홀연히 솟아오른 한 가지의 싱그러움은 다시 무한한 생명력을 불러일으킵니다. 이로 보건대, 인간의 본성 또한 결코 메말라 있지 않으며, 참된 감각은 작은 자극 하나로도 깊이 깨어납니다.

PART
7

# 자연과 하나 된 삶
## _삶의 해탈

#해탈 #도 #고요한밤

자연을 삶의 벗이자 스승으로 삼아, 도(道)를 깨닫고 삶의 해탈에 이르는 과정을 노래합니다.
구름, 달, 고요한 밤, 흐르는 물 등 시적 이미지를 글로 나타냅니다.

## 313

# 수렴과 방임 사이에서 찾는 균형의 길

자연에 맡기듯 흐르게 두는 것도, 자신을 고요히 다스리는 것도 각기 다른 지혜의 방식입니다. 그러나 이 둘 중 하나에 치우치면, 삶은 방향을 잃습니다. 놓는 자는 무질서에 빠지고, 거두는 자는 메마름에 사로잡힙니다. 중요한 것은 흐름과 멈춤을 스스로 조절할 수 있는 내면의 균형감각입니다.

인생은 마치 손에 쥔 고삐와 같아서 너무 느슨하면 말을 잃고, 너무 조이면 길을 놓칩니다. 흐를 땐 흐르고, 멈출 땐 멈추되, 그 모든 결정은 '의식'의 중심에서 이루어져야 합니다.

**후집 091**
白氏云:不如放身心冥然任天造。晁氏云:不如收身心凝然歸寂定。放者流為猖狂、收者入於枯寂。唯善操身心的、欛柄在手、收放自如。
백 씨가 말하길, "몸과 마음을 놓아 무심히 하늘의 조화에 맡기는 것이 낫다"라고 하였고, 조 씨가 말하길, "몸과 마음을 거두어 고요하게 적정으로 돌아가는 것이 낫다"라고 하였습니다. 그러나 지나치게 놓아버리면 방탕으로 흐르고, 지나치게 거두면 메마른 고요에 빠지게 됩니다. 오직 몸과 마음을 잘 다스릴 줄 아는 사람만이, 마치 손에 고삐를 쥔 듯 수렴과 방임을 자유자재로 조절할 수 있습니다.

# 314

# 마음은 자연을 비추는 거울이다

사람의 마음은 결코 자연과 분리된 것이 아닙니다. 고요한 눈 내리는 밤에 달빛을 마주할 때 마음이 투명해지고, 봄바람이 불어올 때 마음도 풀어지는 것은, 내면이 곧 자연의 일부이기 때문입니다.

인간의 내면과 자연은 언제나 혼연일체로 맞닿아 있으며, 그 사이에는 구분이 없습니다. 삶에 지치고 마음이 흐려질 때, 밖을 바라보는 일만으로도 치유가 시작되는 이유도 여기에 있습니다. 내 안의 자연성을 회복하는 일, 그것이 곧 가장 깊은 사유의 시작입니다.

**후집 092**
當雪夜月天、心境便爾澄徹、遇春風和気、意界亦自沖融。造化人心、混合無間。
눈 내리는 밤에 달이 떠 있는 하늘을 마주하면, 마음은 절로 맑아지고 투명해지며, 봄바람이 부드럽게 불어오는 날엔, 뜻과 기운도 자연히 너그러워집니다. 자연의 조화와 사람의 마음은 본래 서로 어우러져 경계가 없습니다.

## 315

# 서툰 것이야말로 진심을 담는 그릇

세상은 능숙하고 유려한 것을 추구하지만, 진정한 깊이는 오히려 '서투름' 속에 숨어 있습니다. 단순하고 투박한 문장은 마음을 움직이고, 조심스럽고 거친 행위가 오히려 도에 이르게 합니다.

복숭아꽃 피는 마을에서 들려오는 개 짖는 소리, 뽕밭에서 들리는 닭의 울음 등은 꾸밈없이 생생하게 우리의 마음을 정화합니다. 반면, 지나친 정교함은 오히려 생명력을 앗아가고 시들한 기운을 품게 마련입니다.

자연스러움, 소박함, 진솔함은 세속의 교묘함보다 훨씬 더 깊고 큰 울림을 줍니다. 그리하여 삶의 본질은 능숙함이 아니라 순수한 마음에서 비롯된 '진심'에 있음을 깨닫게 됩니다.

**후집 093**
文以拙進、道以拙成。一拙字有無限意味。如桃源犬吠、桑間鷄鳴、何等淳龐。至於寒潭之月、古木之鴉、工巧中便覺有衰颯氣象矣。
글은 서투름으로 나아가고, 도는 서투름으로 이루어집니다. '서툴다'라는 글자 안에 무한한 의미가 담겨 있습니다. 복숭아꽃 피는 마을의 개 짖는 소리, 뽕나무 사이의 닭 우는 소리는 얼마나 순박하고 소박한가요. 반면, 차가운 연못 위의 달빛이나 마른 고목에 앉은 까마귀는 아무리 정교해 보여도 그 속에는 쇠잔한 기운이 서려 있습니다.

# 316

## 내 마음의 주인이 되는 단단한 걸음

삶에서 진정한 자유는 "내가 세상을 다스리는가?" 혹은 "세상이 나를 지배하는가?"에 달려 있습니다. 내가 중심을 잡고 사물과 관계를 맺는다면, 얻더라도 들뜨지 않고 잃더라도 흔들리지 않습니다

반대로, 사물이나 욕망이 나를 이끄는 삶은 끊임없는 갈등의 연속입니다. 털끝만 한 작은 일에도 얽히고 휘말려 중심을 잃게 되는 것입니다.

진정한 평온은 외부의 조건이 아니라 내가 마음의 주인이 되어 다스릴 때 비로소 찾아옵니다.

**후집 094**
以我轉物者、得固不喜、失亦不憂、大地盡屬逍遙。以物役我者、逆固生憎、順亦生愛、一毛便生纏縛。
내가 사물을 다스리면 얻었다고 기뻐하지 않고, 잃었다고 슬퍼하지 않으니, 온 세상이 자유로워집니다. 그러나 사물에 얽매이면 일이 뜻대로 되지 않으면 미움을 낳고, 뜻대로 되어도 집착을 낳아, 털끝 하나에도 마음이 얽히고 매이게 됩니다.

## 317

# 비워낼수록 더 단단해지는 고요의 힘

바깥세상의 복잡함은 때로 내 마음의 반영입니다. 마음이 고요해지면 세상도 조용히 가라앉고, 마음이 들뜨면 평범한 일상도 혼란스러워 보이기 마련이지요.

일을 떠나 이치만 집착하면 본래의 맥락과 생기를 잃게 되고, 마음을 비우지 못한 채 경계를 품고 있으면 오히려 괴로움이 마음을 잠식하게 됩니다.

진정한 평온은 "무엇을 없앨까?"가 아니라 "무엇을 비울까?"에서 시작됩니다. 내면이 고요하면 외부의 소음조차 스스로 사라집니다.

---

**후집 095**
理寂則事寂。遺事執理者、以去影留形。心空則境空去。境在心者、如聚羶却蚋。
이치가 고요하면 일도 고요해집니다. 일은 버리고 이치만 붙잡는 사람은, 그림자는 없애고 형상만 남기는 것과 같습니다. 마음이 비면 바깥 경계도 저절로 사라집니다. 그러나 경계를 마음속에 품고 있다면, 이는 썩은 고기 냄새에 파리가 몰려드는 것과 같습니다.

# 318

## 꾸밈없는 삶이 주는 맑고 자유로운 기쁨

삶을 맑고 자유롭게 사는 사람은 격식과 의무가 아닌 스스로 만족하는 마음에서 기쁨을 찾습니다. 억지로 권하지 않아도 술자리가 즐겁고, 반드시 이기지 않아도 놀이가 재미있습니다.

모양과 형식에 갇히지 않은 음악이 더 큰 울림을 주며, 예정에 없던 만남이 오히려 더 진솔하고 따뜻할 수 있습니다. 반면, 매사에 규범과 격식만 따지다 보면 마음은 자유를 잃고, 인생은 고단한 연극이 됩니다. 진정한 여유는 꾸밈에서 벗어난 자리, 있는 그대로의 순간에 머무는 능력에서 옵니다.

**후집 096**
幽人清事總在自適。故酒以不勸為歡、棋以不淨為勝、笛以無腔為適、琴以無絃為高。会以不期約為真率、客以不迎送為坦夷。若一牽文泥迹、便落塵世苦毒矣。

속세에서 벗어난 사람의 맑은 삶은 늘 스스로 만족하는 데 있습니다. 그러므로 술은 권하지 않아도 즐겁고, 바둑은 이기려 하지 않아야 참된 승부입니다. 피리는 정해진 곡이 없어야 운치 있고, 거문고는 줄이 없어야 오히려 그윽함이 있습니다. 모임은 약속 없이 자연스러울 때 진솔하고, 손님은 따로 맞이하거나 배웅하지 않아야 편안합니다. 이 모든 것을 억지로 꾸미고 격식에 얽매이면, 곧 세속의 고통스러운 바다에 빠지고 맙니다.

## 319

# 태어나기 전,
# 사라진 뒤의 나를 묻는다

인생의 본질을 묻고 싶다면 태어나기 전과 죽은 이후를 상상해 보세요. 생명의 시작도 끝도 알 수 없는 그 자리에 마음을 놓을 때, 우리는 삶의 집착과 번뇌를 잠시 멈추게 됩니다.

무수한 생각들이 서서히 식고, 존재의 근원이 다시 고요하게 드러납니다. 삶을 채우는 온갖 욕망과 걱정은 이 질문 앞에서 빛을 잃습니다. 본래의 '나'는 욕망이나 이름, 형상이 아닌 더 깊은 곳에 있습니다.

존재의 경계를 뛰어넘어, 삶 이전의 평온함으로 회귀하려는 사유. 이것이 곧 참된 고요이며, 인간이 도달할 수 있는 깊은 초월의 문입니다.

**후집 097**
試思未生之前有何象貌、又思既死之後作何景色、則萬念灰冷、一性寂然、自可超物外遊象先。
태어나기 이전엔 어떤 모습이었는지를 생각해 보고, 죽은 뒤에는 어떤 풍경이 펼쳐질지를 떠올려본다면, 모든 생각은 차분히 식어가고, 본래의 성품은 고요해져서, 자연히 만물의 경계를 넘어 참된 본래로 돌아가게 됩니다.

## 320

# 행복 속의 위험,
# 삶 속의 죽음을 아는 지혜

　인간은 종종 고통 속에서야 비로소 소중한 것을 인식합니다. 병들어야 건강이 귀하고, 혼란이 닥쳐야 평온이 축복임을 알게 됩니다. 그러나 이러한 뒤늦은 자각은 진정한 지혜라고 보기 어렵습니다. 진정한 통찰은 기쁨 속에서도 그늘을 보고, 생명의 풍요 속에서도 죽음의 그림자를 감지하는 능력입니다.

　즉, 표면의 안락함에 안주하지 않고 그 이면을 꿰뚫는 시선이야말로 삶을 주도적으로 살아가는 사람의 자격입니다. 미래를 내다보는 지혜는 항상 현재의 경계 너머에서 시작됩니다.

**후집 098**
遇病而後思强之爲寶、處亂而後思平之爲福、非蚤智也。倖福而知其爲禍之本、貪生而先知其爲死之因、其卓見乎。
병이 들고 나서야 건강이 소중한 보물임을 알고, 혼란을 겪고 나서야 평온이 큰 복임을 깨닫는 것은 진정한 예지라 할 수 없습니다. 행복 속에서도 그것이 화의 씨앗임을 알아차리고, 삶을 탐하면서도 그 안에 죽음의 원인이 있음을 먼저 아는 것이 바로 뛰어난 통찰이라 할 수 있습니다.

## 321

# 막이 내린 뒤에 남는 것의 의미

　삶이란 연극과도 같아 인생이란 무대 위에서 우리는 다양한 역할을 연기합니다. 그러나 막이 내리고 조명이 꺼지면, 그 모든 분장과 표정은 덧없게 사라집니다.

　바둑판 위에서도 마찬가지입니다. 승부에 집착하고 앞서려 애쓰지만, 판이 끝난 뒤엔 흑과 백의 돌만 남고, 승패의 여부는 허무하게 흩어집니다.

　우리는 스스로에게 묻습니다. "결국 무엇이 남는가?" 순간의 치장은 허상일 수 있고, 승패도 지나가는 안개일 뿐입니다. 본질을 잊지 말고, 그 너머의 가치를 바라보아야 하는 것입니다.

**후집 099**
優人傅粉調硃、效妍醜於毫端、俄而歌殘場罷、妍醜何在。弈者爭先競後、較雌雄於着子、俄而局盡子収、雌雄安在。
배우는 얼굴에 분을 바르고 붉은 입술을 그려 예쁜 모습과 추한 모습을 붓끝으로 흉내 내지만, 곧 노래가 끝나고 무대가 닫히면, 그 아름다움과 추함은 어디에 남아 있을까요? 바둑을 두는 이는 앞서거니 뒤서거니 하며 한 수 한 수에 승부를 겨루지만, 판이 끝나고 돌을 거두고 나면 그 승패는 어디로 사라져 버렸을까요?

## 322
# 고요한 사람들만의 세계

자연의 아름다움은 그 자체로 존재하나, 그 풍경을 온전히 받아들일 수 있는 이는 마음이 고요한 자뿐입니다. 세상은 바쁘게 돌아가고, 감각은 끊임없이 자극을 좇지만, 진정한 아름다움은 정적 속에서 피어납니다.

눈과 달, 꽃과 바람이 아무리 빼어나도, 분주한 마음엔 닿지 않습니다. 더 나아가 자연의 변화, 인생의 부침조차 조용한 관조 속에서야 비로소 이해되고 수용됩니다.

고요는 단순한 침묵이 아닙니다. 그것은 세상의 흐름과 조화를 이루는 능동적 여백이며, 욕망과 분주함을 넘어선 깊은 내면의 주권입니다.

**후집 100**
風花之瀟洒、雪月之空淸、唯靜者爲之主。水木之榮枯、竹石之消長、獨閒者操其權。
바람과 꽃의 우아함, 눈과 달의 맑고 고요한 기운은 오직 고요한 마음을 지닌 이만이 그 주인이 될 수 있습니다. 나무와 물의 성하고 쇠함, 대나무와 바위의 번성과 쇠퇴 또한 오직 한가로운 이가 그 흐름을 주재할 수 있습니다.

## 323

# 소박함이 열어주는 첫 번째 깨달음의 문

　가장 낮은 자리에서 가장 높은 경지에 도달하는 사람이 있습니다. 누군가는 세속의 화려한 양식이나 고급문화를 알지 못하지만, 오히려 그것이 그의 삶을 단단하게 만듭니다.

　지식과 부를 쌓는 것이 인생의 성장이 아니라, 본래의 자신으로 돌아가는 것이 진짜 성숙입니다. 욕망이 줄어들수록 삶은 더욱 충만해지고, 외물에 기대지 않아도 마음은 부유해집니다.

　자연스러운 욕망의 담박함은 결핍이 아니라 충족의 다른 이름이며, 그것이야말로 인생에서 처음으로 마주해야 할 내면의 경지입니다.

**후집 101**
田父野叟, 語以黃雞白酒, 則欣然喜, 問以鼎養食, 則不知, 語以藥袍袒褐, 則油然樂, 問以袞服, 則不識。其天全, 故其欲淡, 此是人生第一個境界。
들에서 일하는 농부에게 누런 닭과 흰 술 이야기를 하면 기쁜 마음으로 반응하지만, 진귀한 음식을 어떻게 조리하느냐고 물으면 알지 못합니다. 거칠지만 몸을 보호해 주는 약포(藥袍; 초라한 옷)와 삼베옷 이야기를 하면 기뻐하지만, 화려한 제왕의 옷을 물으면 알지 못합니다. 그 마음은 하늘 그대로여서, 그 욕망은 담박합니다. 이것이야말로 인생에서 도달해야 할 첫 번째 경지입니다.

## 324
## 차별 없이 바라보는 지혜로운 시선

자신의 마음을 들여다보겠다고 애쓸수록 마음은 더욱 요동칩니다. 불가에서는 '관심'조차 번뇌라 하였고, 장자는 만물을 굳이 나누려는 그 생각 자체가 차별이라고 말합니다.

모든 것은 본래 하나입니다. 좋고 나쁨, 옳고 그름, 귀하고 천함은 인간이 부여한 이름일 뿐. 만물의 본질은 구분되지 않습니다. 평등함을 논하는 순간 이미 경계를 만들고 있는 셈입니다.

참된 고요는 '보려는 마음조차 없는 상태'에서 오며, 참된 평등은 '비교하지 않는 마음'에서 시작됩니다.

**후집 102**
心無其心、何有於觀。釋氏曰：觀心者、重增其障。物本一物、何待於齊。莊生曰：齊物者、自剖其同。
마음이 마음을 두지 않으면, 무엇을 논들 관찰이라 할 수 있겠습니까? 불가에서는 "마음을 관찰하려는 이는 도리어 번뇌만 더할 뿐이다"라고 하였습니다. 만물은 본래 하나이거늘, 굳이 평등함을 따질 필요가 있습니까? 장자는 말하기를 "만물을 평등하게 본다는 것은 스스로 차이를 나누는 것이다"라고 하였습니다.

## 325

# 떠날 줄 아는 자, 머물지 않는 자의 지혜

삶의 한가운데서 모든 것이 흥청거릴 때 미련 없이 자리를 털고 나설 수 있는 사람은 얼마나 깊은 지혜를 지닌 사람일까요? 세상의 음악이 절정에 달했을 때, 그의 내면은 조용히 퇴장할 때를 알고 있었습니다.

반면, 많은 이들은 밤이 다 지나도록 쉬지 않고 달립니다. 그들의 바쁨은 어떤 목적도 초월하지 못한 채, 고통의 수레바퀴를 스스로 돌리는 일과 다르지 않습니다. 진정한 지혜는 적절한 때 손을 놓을 줄 아는 데 있습니다.

세상의 즐거움도 수고도 모두 흐르는 물과 같아, 무릇 깨어 있는 자는 집착하지 않고 홀연히 떠날 줄 아니 그것이야말로 고통으로부터의 해방입니다.

후집 103
笙歌正濃處, 便自拂衣長往, 羨達人撒手懸崖。更漏已殘時, 猶然夜行不休, 哂俗士沈身苦海。
노랫소리와 음악이 한창일 때도 조용히 옷깃을 털고 자리를 떠나는 사람을 보면, 절벽 끝에서도 미련 없이 손을 놓을 수 있는 지혜로운 그를 부럽게 여깁니다. 밤이 깊어 종각마저 멎었는데도 여전히 바삐 살아가는 이들을 보면, 세속의 사람들은 자신을 괴로움의 바다에 빠뜨리고 있음을 새삼 느낍니다.

## 326

## 고요로 지키고, 세속 속에서 단련돼라

세속의 욕망은 때론 연기처럼 흐릿하고, 때론 칼날처럼 날카롭습니다. 마음이 아직 정립되지 않았을 때, 그 욕망은 사람을 쉽게 무너뜨립니다. 이때는 물러나 고요함 속에서 마음을 맑게 하고, 본성의 근본을 되찾는 것이 중요합니다. 그러나 마음이 단단히 서고 나면, 도리어 세속으로 걸어 들어가야 합니다.

그 속에서도 흔들리지 않을 때, 비로소 지혜는 현실의 시험을 이겨내며 더욱 깊어집니다. 바깥을 막고 지키는 것도 필요하지만, 안에서 자유롭고 균형 있는 내면은 바깥과의 조화를 통해 더욱 단련됩니다.

**후집 104**
把握未定、宜絶迹塵囂。使此心不見可欲而不亂、以澄吾靜體。操持旣堅、又當混迹風塵。使此心見可欲而亦不亂、以養吾圓機。
마음의 중심이 아직 확고하지 않다면, 세속의 번잡함을 멀리하여야 합니다. 욕망을 마주하지 않음으로써 마음을 흐리지 않고, 고요한 본성을 맑히는 데 힘써야 합니다. 그러나 뜻이 이미 굳건해졌다면, 오히려 세속으로 들어가야 합니다. 욕망이 앞에 있어도 흔들리지 않는 상태를 통해 완전한 지혜를 길러야 하기 때문입니다.

# 327

# 고요에 머물지 말고, 놓아라

많은 이들이 조용한 삶을 동경합니다. 하지만 고요를 구하기 위해 세상을 등지는 순간, 오히려 "나는 고요를 좋아한다"라는 또 하나의 자아가 생겨납니다.

고요함에 대한 집착은 시끄러움과 다르지 않으며, 마음속의 움직임은 그렇게 다시 자라납니다. 진정한 평안은 외부의 소리를 피하는 것이 아니라, 고요와 소란 모두에 흔들리지 않는 내면에서 시작됩니다.

나와 타인을 구분하지 않고, 움직임과 정적을 함께 받아들이는 경지에 이를 때, 마음은 비로소 자유로워집니다.

후집 105
喜寂厭喧者, 往往避人以求靜。不知, 意在無人便成我相, 心着於靜便是動根。如何到得人我一視, 動靜兩忘的境界。
고요함을 좋아하고 시끄러움을 싫어하는 사람은 종종 사람을 피하여 고요함을 구합니다. 그러나 무인(無人)을 바라는 그 마음이 곧 나라는 분별심을 낳고, 고요함에 집착하는 그 마음이 곧 동요의 씨앗이 됩니다. 사람과 나를 함께 바라보고, 움직임과 고요함을 모두 잊는 경지에 어떻게 이르겠습니까?

## 328

# 자연 안에서 깨어나는 마음의 빛

고요한 산속에 들면 마음은 자연스레 맑아지고 세상 모든 것이 사색의 단서가 됩니다. 자연의 한 장면, 흐르는 물소리, 휘어진 노송 한 그루마저도 인간에게 도를 일깨우는 스승이 됩니다. 그러나 도시의 번잡한 세계로 발을 옮기는 순간, 이러한 감흥은 쉽게 사라지고, 자기 자신의 존재마저도 세속의 짐처럼 느껴지곤 합니다.

우리 안의 참된 생명력은 고요한 외부가 아닌 조화롭고 맑은 내면으로부터 비롯된다는 사실을 기억해야 합니다.

**후집 106**
山居胸次淸洒, 觸物皆有佳思. 見孤雲野鶴, 而起超絶之想, 遇石澗流泉, 而動澡雪之思. 撫老檜寒梅, 而勁節挺立, 侶沙鷗麋鹿, 而機心頓忘. 若一走入塵寰, 無論物不相關, 卽此身亦屬贅旒夷.

산중에 거처하면 마음이 맑고 깨끗해져 만나는 모든 사물마다 아름다운 생각이 떠오릅니다. 외로운 구름과 들판의 학을 보면 세속을 초월한 사유가 일고, 바위 사이로 흐르는 샘물을 만나면 마음이 씻기는 듯한 느낌을 받습니다. 늙은 향나무와 차가운 매화를 어루만지면 강직한 절개가 떠오르고, 갈매기와 사슴과 함께하면 세속의 계산이 사라집니다. 그러나 한 걸음만 속세로 들어서면, 사물과 마음이 어긋나는 것은 말할 것도 없고, 이 몸조차 불필요한 무게가 됩니다.

## 329

# 구름 머무는 그 자리에 마음도 쉰다

자연과 마음이 조화를 이루는 순간, 인생은 더없이 단순하고 고요한 선물이 됩니다. 욕망과 분주함을 내려놓고 풀밭에 맨발을 디딜 수 있는 여유, 들새와 구름조차 친구가 되어 주는 고요한 자리에서 우리는 진정한 자신과 마주하게 됩니다.

자연의 무심함 속에서 오히려 가장 진실한 감정과 사유가 피어나듯, 우리는 복잡한 세계 한복판에서도 그러한 고요와 여백을 되찾아야 합니다. 그 순간이야말로 가장 인간다운 시간일 것입니다.

**후집 107**
興逐時來、芳草中撒履閒行、野鳥忘機時作伴。景与心会、落花下披襟兀坐、白雲無語漫相留。
흥이 때에 따라 일어나면, 향기로운 들풀 사이를 신을 벗고 한가로이 거닐고, 마음을 내려놓은 들새가 벗이 되어 줍니다. 풍경이 마음과 어우러질 때, 지는 꽃잎 아래 옷깃을 풀고 가만히 앉으며, 말 없는 흰 구름이 조용히 곁을 지켜줍니다.

## 330
# 한 생각이 운명을 가르고, 삶을 바꾼다

인생의 복과 화는 외부의 사건보다 내면의 한 생각에서 비롯됩니다. 이익을 좇는 욕망은 타오르는 불이 되고, 사랑이라는 이름의 집착은 자신을 고통에 가두는 덫이 됩니다. 하지만 단 하나의 맑은 생각이 들 때, 불길은 연못처럼 잦아들고, 깨어 있는 의식은 삶을 피안의 세계로 이끕니다.

사소한 생각의 차이가 삶 전체의 풍경을 바꾸기에, 우리는 끊임없이 자신의 마음을 들여다보고, 그 흐름을 조심스레 다스려야 합니다.

인생의 가장 깊은 지혜는 생각의 출발점에 있으며, 그 한 생각이 바로 운명을 가릅니다.

**후집 108**
人生福境禍區, 皆念想造成. 故釋氏云: 利欲熾然, 即是火坑, 貪愛沈溺, 便爲苦海. 一念淸淨, 烈焰成池, 一念警覺, 船登彼岸. 念頭稍異, 境界頓殊. 可不愼哉.
인생의 복된 상태와 재앙의 영역은 모두 마음의 생각이 만들어낸 것입니다. 그래서 불가에서는 이르길, 이익과 욕망이 불타오르면 그것이 곧 불구덩이고, 탐욕과 집착에 빠지면 그것이 고통의 바다라 말합니다. 한 생각이 맑고 깨끗하면, 불꽃도 연못이 되고, 한 번의 깨어남이 있으면 배는 저 언덕에 닿습니다. 생각이 조금만 달라져도, 삶의 풍경은 전혀 다르게 변합니다. 그러니 어찌 조심하지 않겠습니까.

## 331

# 자연의 흐름, 그 사이의 길을 걷다

　가는 톱도 무한히 반복하면 두꺼운 나무를 자르고, 연약한 물방울도 시간이 지나면 바위를 뚫습니다. 도를 배우는 이는 그러한 끈기와 힘으로 자신을 단련해야 합니다. 그러나 노력만으로 다 되는 것은 아닙니다. 어느 순간에는 자연의 흐름을 받아들이는 지혜가 필요합니다.

　물이 채워져야 수로가 트이고, 열매가 익어야 떨어지는 것처럼, 인간의 삶도 성숙한 때가 있습니다. 노력은 씨앗이고, 성취는 열매입니다.

　중요한 것은 조급함 없이 자신의 걸음을 믿고, 때가 오면 내려놓을 줄 아는 태도입니다. 진정한 깨달음은 억지가 아니라 순리에 따를 때 찾아옵니다.

**후집 109**
繩鋸木斷、水滴石穿。學道者須加力索。水到渠成、瓜熟蒂落。得道者一任天機。
가는 줄톱도 나무를 자르고, 물방울도 돌을 뚫습니다. 도(道)를 배우는 사람은 꾸준한 노력으로 정진해야 합니다. 물이 차오르면 수로가 열리고, 열매가 익으면 줄기에서 저절로 떨어지듯, 도에 이른 사람은 모든 것을 자연의 이치에 맡깁니다.

## 332

## 마음이 쉬는 곳이 곧 고요한 산이다

고요함은 외부 환경보다 내면의 상태에서 비롯됩니다. 달빛과 바람이 애써 부르지 않아도 조용히 다가오듯, 욕심과 번뇌가 멈추면 자연의 평화가 곁에 머뭅니다.

마음이 먼 데 있으면 그곳이 어디든 그윽한 정처가 됩니다. 고요함을 찾기 위해 산을 오를 필요는 없습니다. 중요한 것은 '어디에'가 아니라 '어떻게' 존재하는가입니다.

내면의 소란을 다스린다면 속세에서도 산속처럼 고요히 살 수 있습니다.

**후집 110**
機息時, 便有月到風來, 不必苦海人世。心遠處, 自無車塵馬迹, 何須痼疾丘山。
속된 계산과 욕심이 멈추면, 달빛이 들고 바람이 스며들 듯 자연의 고요가 찾아옵니다. 굳이 인생을 고통의 바다라 여기지 않아도 됩니다. 마음이 세속에서 멀어지면, 수레의 먼지나 말 발자국도 사라집니다. 굳이 산속으로 들어가 고요함을 찾을 필요는 없습니다.

## 333

## 마지막 순간 다시 피어나는 뜻 하나

겉으로는 쇠퇴해 보이는 순간에도 생명은 이미 다시 시작되고 있습니다. 잎이 떨어지고 가지가 앙상해질 때, 뿌리는 다시 숨을 고르며 새로운 생장을 준비합니다.

이는 단순한 자연의 이치가 아니라 인간 존재에 대한 은유이기도 합니다. 외로움과 절망, 상실의 시기에도 우리 안에는 다시 시작할 씨앗이 자라고 있습니다.

이 순환의 심연에서 우리는 천지의 깊은 의지, 곧 '살고자 하는 뜻'을 발견하게 됩니다.

**후집 111**
草木纔零落、便露萌穎於根底。時序雖凝寒、終回陽氣於飛灰。肅殺之中、生生之意、常爲之主。即是可以見天地之心。
풀과 나무가 시들어 떨어지면, 그 뿌리 밑에서는 이미 새싹이 움트고 있습니다. 계절이 아무리 얼어붙어도, 결국 따뜻한 기운은 재 속에서도 다시 피어오릅니다. 엄숙하고 삭막한 가운데서도 생명의 뜻은 끊임없이 살아 있습니다. 그 안에서 우리는 천지자연의 마음을 엿볼 수 있습니다.

## 334

## 고요한 마음에 울리는 세상의 진짜 소리

삶의 풍경은 언제나 똑같아 보여도, 마음이 맑아지면 모든 것이 새롭게 다가옵니다. 비가 지나간 후, 뿌옇게 보이던 산빛이 선명하게 되살아나는 것처럼, 고요한 밤에 울리는 종소리가 평소보다 더 길고 깨끗하게 다가옵니다.

외부 세계가 아니라 내면의 고요함이 감상과 감동의 깊이를 결정짓는다는 뜻입니다. 결국 사물의 아름다움은 존재 그 자체가 아니라, 그것을 바라보는 사람의 맑은 마음이 의해 완성됩니다.

삶을 새롭게 느끼려면, 풍경을 바꾸기보다 마음의 먼지를 걷어내는 일이 먼저입니다.

---

**후집 112**
雨余觀山色、景象便覺新姸。夜靜聽鐘聲、音響尤爲淸越。
비가 그친 뒤 바라보는 산의 풍경은 더욱 새롭고 아름답게 느껴집니다. 고요한 밤, 멀리서 들려오는 종소리는 유난히 맑고 깊게 울려 퍼집니다.

## 335

# 자연 안에서 깨어나는 본래의 나

환경은 곧 마음의 거울입니다. 폭우가 내리는 밤, 책을 펼쳐 마음을 고요히 하거나, 언덕 위에서 자연과 함께 숨을 내쉬는 일은 일상의 답답함을 풀어내는 치유의 방식이 됩니다.

인간은 자연과의 교감 속에서 본래의 고요와 기상을 회복합니다. 그 속에서 마음은 맑아지고, 생각은 멀리까지 뻗어나가며, 삶에 대한 의지와 감각은 다시 생기를 얻습니다.

외부 세계는 우리를 가르치고, 우리는 그 풍경 안에서 진정한 내면의 여백을 발견하게 됩니다.

후집 113
登高使人心曠、臨流使人意遠。讀書於雨雪之夜、使人神淸、舒嘯於丘阜之嶺、使人興邁。
높은 곳에 오르면 마음이 탁 트이고, 흐르는 물가에 서면 생각이 멀리까지 미칩니다. 눈비 오는 밤에 책을 읽으면 정신이 맑아지고, 언덕 위에서 바람을 쐬며 소리 내어 외치면 기운이 활기차게 솟아납니다.

# 336

## 넓은 마음이 만들어 내는 가벼운 세상

마음의 크기는 세상을 받아들이는 방식 그 자체입니다. 여유 있는 사람에게는 큰 소리도 소란이 되지 않고, 삶의 번잡함도 한낱 일상의 일부로 스며듭니다.

반면, 마음이 막히고 메마른 이에게는 사소한 자극도 감당하기 어려운 무게가 됩니다. 세상은 변하지 않았지만, 그것을 담는 그릇이 다르면 모든 것이 달리 보입니다.

결국, 평온은 외부 환경이 아니라 내면의 공간에서 비롯됩니다. 작은 일에 흔들리지 않는 넉넉함은 세상과 화해하는 지혜에서 비롯됩니다.

후집 114
心曠則萬鐘如瓦缶, 心隘則一髮似車輪.
마음이 넓으면 만 개의 종 소리도 기왓장 두드리는 소리처럼 가볍게 들리지만, 마음이 좁으면 머리카락 하나도 마치 수레바퀴처럼 무겁고 거슬리게 느껴집니다.

# 337

## 욕망을 다스리는 자가 세속을 초월한다

자연의 조화는 바람과 달, 꽃과 버들처럼 구체적인 사물들을 통해 완성되며, 인간의 마음도 감정과 욕망이라는 요소 없이 존재할 수 없습니다.

문제는 그것들의 존재가 아니라, 그것에 휘둘리느냐의 여부입니다. 욕망이 있다고 하여 반드시 타락하는 것이 아니며, 감정이 있다고 하여 본질을 잃는 것도 아닙니다.

내가 그것들을 주도하면, 세속적인 것들조차 진리로 이끄는 다리가 됩니다. 참된 자유란 금욕이 아닌 중심을 잃지 않으면서도 모든 것을 품을 줄 아는 통찰에서 비롯됩니다.

---

후집 115

無風月花柳、不成造化。無情欲嗜好、不成心体。只以我転物、不以物役我、則嗜慾莫非天機、塵情即是理境矣。

바람과 달, 꽃과 버들이 없으면 자연의 조화는 완성되지 않으며, 감정과 욕망, 기호가 없으면 인간의 마음 또한 온전하지 않습니다. 다만 내가 사물을 주관하고, 사물에 지배당하지 않으면, 모든 욕망도 하늘의 이치가 되고, 세속의 감정도 곧 이치의 경지가 됩니다.

## 338
# 세속을 넘어가려면
# 먼저 나를 내려놓아야 한다

세상을 내려놓으려면 먼저 자신을 내려놓아야 합니다. '나'라는 존재에 대한 집착이 남아 있는 한, 외부의 것에도 끊임없이 개입하고 통제하려 들게 됩니다. 자신의 마음을 깨끗이 하고, 몸을 가볍게 비운 사람만이 비로소 만물을 제자리에 두고 조화롭게 흐르게 할 수 있습니다.

천하를 움켜쥐려 하지 않고, 자연히 그 흐름에 맡길 줄 아는 사람. 그가 곧 세속의 한가운데서도 초연할 수 있는 자입니다. 진정한 초월은 도피가 아니라 완전한 자기 통찰과 내려놓음에서 비롯됩니다.

**후집 116**
就一身了一身者、方能以万物付萬物。還天下於天下者、方能出世間於世間。
자기 한 몸을 먼저 다스리고 비우 낸 자만이, 만물도 만물에 맡길 수 있습니다. 천하를 천하에 돌려줄 수 있는 자만이, 세속 안에서 세속을 초월할 수 있습니다.

## 339

# 고요와 분주함 사이, 삶의 중심을 지키는 법

삶의 균형은 긴장과 여유 사이에서 피어납니다. 너무 한가하면 마음은 방심하여 헛된 욕망에 물들기 쉽고, 너무 바쁘면 정신은 소란스러워 자신의 본성을 잊게 됩니다.

진정한 삶의 지혜란 바쁨과 고요함 사이에서 중심을 잡는 데 있습니다. 고통과 책임의 무게를 감내할 줄 알되, 동시에 자연의 아름다움을 즐길 줄 아는 여유를 간직해야 합니다.

현인이란 고요함 속에 깨어 있고, 분주함 속에서도 흔들리지 않는 사람입니다.

**후집 117**
人生太閑, 則別念竊生, 太忙則眞性不現。故士君子不可不抱身心之憂, 亦不可不耽風月之趣。
삶이 지나치게 한가하면 잡된 생각이 슬그머니 일어나고, 지나치게 바쁘면 본래의 참된 성품이 드러나지 않게 됩니다. 그러므로 현인은 몸과 마음의 근심을 품지 않을 수 없고, 동시에 자연을 즐기는 풍월의 기쁨도 잃지 않아야 합니다.

## 340

# 고요한 마음이 비추는 세상의 진실

인간의 마음은 움직임 속에서 쉽게 본래의 모습을 잃습니다. 욕망이 들고 감정이 흐르면, 진심은 흐려지고 현실은 뒤틀리기 쉽습니다.

그러나 마음이 고요할 때, 모든 사물과 장면에서 존재의 진실함을 마주하게 됩니다. 세속과 자연, 고요와 변화 모두가 진리의 형상입니다.

중요한 것은 그것을 느낄 수 있는 '고요한 마음'입니다. 그것만이 삶의 본질을 마주하게 하는 창(窓)입니다.

**후집 118**
人心多從動處失眞。若一念不生、澄然靜坐、雲興而悠然共逝、雨滴而冷然俱淸、鳥啼而欣然有会、花落而瀟然自得。何地非眞境、何物無眞機。
사람의 마음은 흔들릴 때 진실을 잃기 쉽습니다. 만약 한 생각도 들지 않고 맑게 가라앉아 고요히 앉아 있다면, 구름과 함께 자연스럽게 흐르고, 빗방울 떨어짐은 차가움 속에 마음까지 맑아지며, 새가 울면 기쁘게 교감하고, 꽃잎이 질 때는 담담히 그 이치를 깨닫게 됩니다. 이처럼 어디든 진실한 경계가 아니며, 무엇 하나 진리를 담지 않은 것이 없습니다.

# 341

## 기쁨과 근심을 함께 건너는 지혜

삶은 늘 기쁨과 근심이 맞물려 흐릅니다. 새 생명이 태어날 때조차 위험이 따르고, 재물이 쌓이면 도둑의 그림자가 따라붙습니다.

반면, 가난은 절제를 가르치고 병은 건강의 소중함을 일깨워주며 내면을 돌아보게 합니다. 이처럼 기쁨 속에도 근심이 있고, 근심 속에도 기쁨의 씨앗이 숨어 있습니다.

현명한 이는 세상만사의 순리와 역경을 한결같은 시선으로 바라보며, 기쁨에도 집착하지 않고 슬픔에도 휘둘리지 않습니다. 그것이 바로 초연한 지혜입니다.

**후집 119**
子生而母危, 鏹積而盜窺, 何喜非憂也. 貧可以節用, 病可以保身, 何憂非喜也. 故達人當順逆一視而欣戚兩忘.

자식이 태어나는 기쁨 뒤에는 어머니가 목숨을 잃을 수도 있는 위태로움이 있고, 돈이 쌓이면 도둑의 눈길을 끌기 마련이니, 어떤 기쁨이 근심이 아니겠습니까. 반대로 가난은 검소함을 배우게 하고, 병은 몸을 아끼게 하니, 어떤 근심이 또한 기쁨이 아닐 수 있겠습니까. 그러므로 통달한 사람은 순조로움과 역경을 똑같이 바라보며, 기쁨과 슬픔을 함께 잊을 줄 알아야 합니다.

# 342

## 비움이야말로 평온의 첫걸음

마음이란 그릇은 가득 찰수록 세상의 소음과 분별에 쉽게 흔들립니다. 듣되 머물지 않으면 시비가 사라지고, 나와 세상의 경계도 함께 사라집니다.

또한, 마음이 고요한 연못처럼 비어 있다면 달빛처럼 맑은 세상을 그저 있는 그대로 비출 수 있습니다. 이때, 나와 세상을 가르는 경계도 사라지고, 존재의 본질과 온전히 마주할 수 있는 여백이 열립니다.

참된 평온은 외부를 없애려는 것이 아니라 내면의 작용을 가볍게 놓아주는 데서 시작됩니다.

---

**후집 120**
耳根似颷谷投響、過而不留、則是非俱謝。心境如月池浸色、空而不着、則物我兩忘。
귀는 바람 부는 골짜기에 메아리 던지듯, 들리되 머물지 않으면 시비가 함께 사라지고, 마음은 달빛이 연못에 스며들 듯 비워서 집착하지 않으면 나와 세상의 경계가 함께 사라집니다.

## 343

# 속세를 탓하기 전에 마음을 먼저 돌아보라

사람들은 종종 세상을 탓합니다. 일은 고되고 인간관계는 고달프며, 모든 것은 속세의 괴로움이라고 말하죠. 하지만, 고통은 세상이 만든 것은 아니라 자신의 집착이 빚어낸 허상일 뿐입니다.

구름은 여전히 하얗고, 산은 푸르며, 꽃과 새는 본래의 리듬으로 존재하고 있습니다. 만약 우리가 마음의 올가미를 풀어낼 수 있다면, 세상은 고해가 아닌 하나의 조화로운 풍경으로 다시 다가올 것입니다.

세상을 바꾸기보다 세상을 바라보는 내 마음을 먼저 비추어 본다면, 평화는 자연스레 되찾을 수 있을 것입니다.

**후집 121**
世人爲榮利纏縛, 動曰塵世苦海。不知雲白山靑, 川行石立, 花迎鳥咲, 谷答樵謳。世亦不塵, 海亦不苦, 彼自塵苦其心爾。
세상 사람들은 명예와 이익에 얽매여, 세상을 일컬어 늘 "속세의 고통스러운 바다이다"라고 말합니다. 그러나 그들은 알지 못합니다. 흰 구름과 푸른 산, 흐르는 강물과 우뚝 선 바위, 꽃에 다가오는 새와 노래에 화답하는 골짜기의 소리를. 세상이 본래 속되고 괴로운 것이 아니라 그들의 마음이 스스로를 속세와 고통 속에 놓은 것입니다.

# 344
# 반쯤 피었기에 더욱 아름다운 것들

꽃의 가장 아름다운 순간은 언제일까요? 그것은 만개한 꽃이 아니라, 막 피어나는 반쯤 열린 꽃봉오리일지 모릅니다. 술잔도 마찬가지입니다. 흥취는 약간의 취기에서 나오지, 정신이 흐려질 만큼 취한 뒤엔 기쁨은커녕 후회만 남습니다.

삶의 모든 즐거움은 넘침이 아니라, 부족함에서 비롯되는 깊이와 여운에서 자랍니다. 무엇이든 지나치면 오히려 본래의 의미를 잃는 것입니다.

자신의 욕망이 넘치려 할 때, 이 구절을 떠올려야 합니다. 중도와 절제의 미학은 일상의 가장 깊은 품격입니다.

**후집 122**
花看半開, 酒飮微醉。 此中大佳趣。 若至爛漫酕醄, 便成惡境矣。 履盈滿者, 宜思之。
꽃은 반쯤 피었을 때 바라보는 것이 가장 아름답고, 술은 약간 취했을 때 마시는 것이 가장 즐겁습니다. 그 속에 큰 즐거움이 깃들어 있습니다. 만약 꽃이 지나치게 피고, 술에 흠뻑 취하면 오히려 흉한 경지가 됩니다. 가득 차고 넘치려는 사람은 이 점을 깊이 생각해야 합니다.

## 345

# 세상에 물들지 않는 향기를 품고 살다

자연의 산나물과 들새는 사람의 손길을 거치지 않아도 그 자체로 빼어난 맛과 향을 지니고 있습니다. 그 순수함은 세상의 간섭 없이 자라난 생명만이 지닐 수 있는 고유한 빛입니다.

사람도 마찬가지입니다. 세속의 기준, 타인의 기대, 사회의 장식에 물들지 않고 살아갈 수 있다면, 그 삶은 분명히 다른 깊이와 향기를 띨 것입니다.

진정한 품격이란 세상에 적당히 길드는 것이 아니라 자신만의 고요하고 또렷한 선을 지키는 데서 비롯됩니다.

**후집 123**
山肴不受世間灌溉, 野禽不受世間拳養, 其味皆香而且冽。吾人能不爲世法所点染, 其臭味不逈然別乎。
산속의 나물은 세상의 인위적 물주기를 받지 않고, 들의 새는 사람의 손에 길러지지 않지만, 그 맛과 향은 맑고도 깊습니다. 사람도 세속의 법칙에 물들지 않는다면, 그 품격과 향취가 어찌 뚜렷이 다르지 않겠습니까?

## 346

# 풍경 너머에서 찾는 조용한 즐거움

아름다운 자연을 가꾸고 즐기는 일은 단순한 취미를 넘어선 마음의 수양이 되어야 합니다. 그 안에서 삶의 이치를 깨닫고, 자신을 돌아볼 수 있어야 진정한 여유가 피어납니다.

만일 외면적인 풍경과 형식만을 좇는다면, 그것은 철학 없는 감상이며, 실체 없는 공허에 불과합니다. 진정한 안목이란 사물의 아름다움을 넘어, 그 속에 깃든 의미와 나 자신과의 교감을 찾아내는 데 있습니다.

자연과 마주할 때, 그 안에서 나 자신을 발견하는 일이야말로 가장 깊은 즐거움입니다.

**후집 124**
栽花種竹、玩鶴觀魚、亦要有段自得處。若徒留連光景、玩弄物華、亦吾儒之口耳、釋氏之頑空而已。有何佳趣。
꽃을 심고 대나무를 기르며, 학을 감상하고 물고기를 바라보는 일이라도 반드시 거기서 마음으로 느끼는 즐거움이 있어야 합니다. 그저 경치에 머물며 사물의 아름다움단을 탐닉한다면, 그것은 유가(공자(孔子)의 학설, 학풍 등을 신봉하고 연구하는 학자나 학파, 유가(儒家))를 닦는 사람의 겉치레이거나 불가의 공허함에 불과할 뿐입니다. 그 안에 무슨 진정한 즐거움이 있겠습니까?

## 347
# 맑게 살아가는 단단한 품격

    삶이란 무엇을 좇느냐에 따라 그 깊이와 향기가 달라집니다. 겉으로 보기엔 가난하고 투박한 삶일지라도, 그 안에 고요함과 진실한 본성이 있다면 그것은 진정한 삶입니다.

    반면, 세속의 이익에 끌려 자신을 파는 삶은 비록 화려해 보여도 내면의 맑음을 잃게 되는 삶입니다. 영혼의 순도를 지키기 위해 때론 불편함을 감수하는 용기, 그것이야말로 인생을 고결하게 만듭니다.

    무엇을 버리고, 무엇을 지킬지를 스스로 선택해야 합니다. 진정한 삶은 외형이 아니라 마음의 결에 달려 있습니다.

**후집 125**
山林之士, 清苦而逸趣自饒, 農野之夫, 鄙略而天真渾具. 若一失身市井侩儈, 不若轉死溝壑神骨猶清.
산에 사는 선비는 비록 청빈하고 고되더라도 고요하고 깊은 즐거움이 넘치며, 농촌의 농부는 비록 투박하고 소박하지만 천진한 본성이 온전히 살아 있습니다. 만약 한순간의 욕심으로 자신을 속된 장터의 중개인 신세로 떨어뜨린다면, 차라리 개울과 골짜기에서 죽더라도 그 정신과 뼈가 맑은 편이 낫습니다.

## 348
# 분수 밖의 복은 결국 덫이 된다

뜻밖의 행운과 노력 없이 얻은 이익은 달콤해 보이지만, 그것이 진정한 축복인지 의심해 봐야 합니다. 때로는 그것이 우리를 시험에 들게 하는 미끼이자 덫이 됩니다. 사람은 무엇을 '얻었는가'보다 그것이 어떤 과정을 통해 왔는지를 살펴야 합니다.

눈앞의 이익에 집착하면 더 큰 손실로 이어지고, 내면의 기준 없이 살아간다면 외부의 장치에 쉽게 걸려들게 됩니다. 세상에 '공짜'는 없습니다.

분수를 지키며 높은 시야로 본질을 꿰뚫을 때, 삶의 덫에서 벗어날 수 있습니다.

**후집 126**
非分之福、無故之獲、非造物之釣餌、即人世之機阱。此處着眼不高、鮮不墮彼術中矣。
분수에 맞지 않는 복이나 아무 이유 없이 얻은 이익은 천지가 던지는 미끼이거나, 세상이 놓은 함정일 수 있습니다. 이 지점에서 눈높이를 높이지 않으면, 거의 빠짐없이 그 꾀에 빠지기 마련입니다.

## 349

# 실을 쥔 자가 삶의 방향을 정한다

    삶은 마치 실로 조종되는 꼭두각시와 같습니다. 그러나 그 실의 주도권을 자신이 쥐고 있는가에 따라 삶의 질은 전혀 달라집니다. 실을 쥐고 있는 자가 타인이라면, 삶은 타인의 손에 따라 흔들리며 끝없이 끌려다니는 여정이 됩니다.

    하지만 실의 뿌리, 즉 내 삶의 주체성을 굳건히 잡고 있다면, 외부의 소란에도 중심을 지키며 자유롭게 펼치고 거둘 수 있습니다.

    조용히 자기 내면을 들여다보고, 삶의 실타래를 스스로 감아쥐는 사람이야말로 이 세상이라는 무대를 초월한 진정한 자유인이라 할 수 있습니다.

**후집 127**
人生原是一傀儡。只要根蒂在手。一線不亂、卷舒自由、行止在我。一毫不受他人提掇、便超出此場中矣。
인생이란 본래 꼭두각시와도 같습니다. 그러나 그 뿌리와 실의 중심만 내가 쥐고 있다면, 실이 엉키지 않아 펼치고 거두는 것도 자유롭고, 움직이고 멈추는 것도 내 뜻대로 됩니다. 조금도 남에게 조종당하지 않는다면, 이미 이 인생의 무대를 초월한 것입니다.

350

# 고요함은 가장 크고 깊은 공(功)이다

크고 뜻있는 일을 이루려는 욕망은 언뜻 고귀하게 보이지만, 그것이 반드시 공덕이나 복을 가져다주는 것은 아닙니다. 역사 속의 수많은 업적 뒤에는 셀 수 없는 희생이 있었고, 그 화려한 승리의 문턱에는 이름도 남기지 못한 무수한 이들의 고통이 묻혀 있습니다.

우리는 아무 일 없는 평온한 삶, 그 자체가 얼마나 귀중한 축복인지 종종 잊습니다. 조용한 일상은 두위 속에서 가장 큰 가치를 품습니다.

진정한 웅대함은 세상을 흔들지 않고도 지킬 수 있는 자기 절제에 있다는 사실을 잊지 않아야 합니다.

**후집 128**
一事起則一害生。故天下常以無事為福。讀前人詩云:勸君莫話封侯事、一將功成万骨枯。又云:天下常令萬事平、匣中不惜千年死。雖有雄心猛氣、不覺化為冰霰矣。
어떤 일이 일어나면 반드시 해가 따릅니다. 그래서 세상에서는 일이 없는 것이 오히려 큰 복이라 여겨집니다. 옛사람의 시에 이런 말이 있습니다. "그대여, 공을 세워 후주가 되는 일은 말하지 마오. 한 장군이 공을 세우는 그 뒤에는 만 개의 백골이 말라가나니." 또 다른 시에는 이렇게 나옵니다. "천하가 항상 평온하다면, 칼집 속 검이 천 년을 썩어도 아깝지 않으리라." 이런 시를 읽고 나면 아무리 가슴속에 웅대한 포부가 있어도 저절로 싸늘하게 식어버리는 것이 느껴집니다.

## 351

## 극단은 언제나 또 다른 극단을 부른다

인간은 흔히 극단에서 극단으로 치닫습니다. 방종했던 이가 돌연 수도자가 되고, 탐욕에 찌들었던 이가 돌연 무욕을 말하며 도를 운운하기도 합니다. 하지만 그 변화를 마냥 숭고하게 받아들일 수 없는 이유는, 그 출발점이 진정한 각성이 아닌 내면의 왜곡된 반동에서 비롯된 경우가 많기 때문입니다.

따라서 청정함의 탈을 쓴 이들이 오히려 혼탁의 그림자를 숨기고 있을 수 있습니다.

결국 진정한 청정은 갑작스러운 반전이 아니라 오랜 시간의 성찰과 균형 위에 놓인 침묵인 것입니다.

**후집 129**
淫奔之婦, 矯而爲尼, 熱中之人, 激而入道。淸淨之門, 常爲婬邪之淵藪也如此。
방탕하던 여인이 돌연히 출가하여 비구니가 되고, 세속에 뜨겁게 집착하던 이가 돌연히 도를 닦는 사람으로 변하기도 합니다. 이렇듯 '청정함의 문'은 종종 음탕과 방종이 모이는 연못이 되곤 합니다.

## 352

# 한가운데 있으면서도
# 마음은 바깥에 머무는 법

    세상일에 깊이 빠져들면, 그 흐름 속에 자신도 모르게 물들기 쉽습니다. 마치 거센 파도 위에 있는 사람이 그 위험을 체감하지 못하고, 오히려 그 광경을 멀리서 바라보는 이가 더 근심하게 되는 것처럼 말입니다.

    따라서 '내면의 거리 두기'라는 중요한 지혜를 기억해야 합니다. 현인은 일에 깊이 관여하되, 마음은 언제나 한걸음 물러서 있어야 한다는 말입니다.

    바람 속에 서 있으되 바람에 휘둘리지 않는 것, 그것이 진정한 현인의 품격입니다.

---

**후집 130**
波浪兼天, 舟中不知懼, 而舟外者寒心。猖狂罵坐, 席上不知警, 而席外者咋舌。故君子身雖在事中, 心要超事外也。

파도가 하늘까지 일어도 배 안 사람은 두려움을 모르고, 오히려 밖에서 보는 이가 더 가슴을 졸입니다. 좌중에서 거침없이 욕설이 오가도, 자리에 앉은 사람들은 경계심이 없고, 오히려 밖에서 듣는 이가 놀랍니다. 그러므로 현인은 몸은 일의 중심에 있더라도, 마음은 항상 그 일 밖에 있어야 합니다.

## 353
# 덜어냄에서 시작되는 비움의 철학

더하는 삶보다 덜어내는 삶이 더 어렵습니다. 현대는 무엇이든 소유하고 채우는 데 집중하지만, 하나를 덜어내는 순간 비로소 한 겹의 얽매임에서 벗어날 수 있습니다.

관계를 덜어내면 마음은 가벼워지고, 말을 줄이면 마음의 허물을 막을 수 있습니다. 생각이 지나치면 마음은 지치고, 지식이 지나치면 오히려 내면의 균형을 해칩니다.

덜어냄은 무기력이나 포기가 아니라 본래의 자리를 찾는 일입니다. 삶을 가볍게 만드는 것이 아니라 깊게 만드는 일입니다.

**후집 131**
人生減省一分, 便超脫一分。如交遊減便免紛擾、言語減便寡愆尤、思慮減則精神不耗、聰明減則混沌可完。彼不求日減而求日增者, 真桎梏此生哉。
인생에서 하나를 덜어내면 그만큼 더 자유로워집니다. 사람과의 교제를 줄이면 번잡함을 피할 수 있고, 말을 줄이면 실수가 줄어들며, 생각을 줄이면 정신이 고갈되지 않습니다. 알려는 욕심을 줄이면 오히려 혼란이 맑아집니다. 그런데도 날마다 더하려고만 하고 덜어내려 하지 않는다면, 스스로 삶을 옥죄는 일이 아니겠습니까?

## 354
## 마음의 얼음과 불을 다스릴 때, 봄은 스스로 온다

사람의 마음은 늘 외부보다 안에서 시달립니다. 세상의 냉혹함이나 따뜻함은 조건이나 상황에 따라 달라질 수 있지만, 진짜 힘든 것은 마음속에 도사린 분노와 냉소, 또는 시기와 탐욕 같은 감정입니다.

외부를 통제할 수는 없지만, 내면을 조율할 수 있다면 우리는 어떤 환경 속에서도 평온할 수 있습니다.

인생에서 진정한 봄은 바깥에서 오는 것이 아니라 자기 내면에서 피어납니다.

**후집 132**
天運之寒暑易避, 人世之炎涼難除。人世之炎涼易除, 吾心之氷炭難去。去得此中之氷炭, 則滿腔皆和氣, 自隨地有春風矣。
하늘의 계절, 즉 더위와 추위는 피할 수 있지만, 세상의 차가움과 따뜻함은 쉽게 벗어나기 어렵습니다. 세상의 인정은 차라리 피할 수 있을지 몰라도, 내 마음속의 얼음과 숯불 같은 감정은 떨쳐내기 더 어렵습니다. 그러나 그 얼음과 불같은 마음을 다스릴 수 있다면, 가슴속은 온화함으로 가득 차고, 어느 곳이든 봄바람이 부는 것처럼 따뜻해질 것입니다.

## 355

## 모자람 속에 숨겨진 충만의 미덕

인생의 진정한 풍요는 지나친 정제나 극단적인 추구에서 오는 것이 아닙니다. 차가 반드시 최고급이 아니어도 그 맛은 깊고, 술이 맑지 않아도 그 자리에는 온기가 깃듭니다. 거문고에 줄이 없어도 마음은 소리를 듣고, 피리에 정해진 가락이 없어도 가슴은 스스로 울림을 느낍니다. 이는 삶에서 '형식'을 내려놓고 '의미'에 집중할 때 비로소 느낄 수 있는 여유이자 자유입니다.

완벽을 향한 욕망이 아니라 불완전 속의 충만함을 아는 태도야말로 진정한 고요와 교양을 빚습니다.

**후집 133**
茶不求精而壺亦不燥。酒不求冽而樽亦不空。素琴無絃而常調、短笛無腔而自適。縱難超越義皇、亦可匹儔嵇阮。
차가 꼭 진귀하지 않아도 다기(茶器)는 메마르지 않습니다. 술이 진하지 않아도 술독은 비지 않습니다. 줄이 없는 소박한 거문고도 늘 조화를 이루고, 가락 없는 짧은 피리도 스스로 흥취롭습니다. 비록 고대 성인인 희황(義皇; 전설 속 태고 시대 문명의 시조)을 능가할 수는 없어도, 고고한 지조의 인물들인 혜강(嵇康; 삼국 말의 '죽림칠현(竹林七賢)' 중 한 사람), 완적(阮籍; 혜강과 함께 죽림칠현의 한 사람)과는 견줄 수 있을 것입니다.

# 356

# 흐름에 순응하며,
# 제자리에 머무는 기술

불가의 '인연을 따름'과 유가의 '본분을 지킴'은 서로 다른 듯 보이지만 같은 지혜를 품고 있습니다.

자신이 선 자리에 충실하고, 다가오는 흐름에 저항하지 않으며 살아가는 것입니다. 모든 것을 통제하려는 욕망을 내려놓을 때, 우리는 어떤 상황에서도 길을 찾고 편안함을 누릴 수 있습니다.

흐름을 거슬러 넘지 말고, 내 자리를 지키며 순응하는 것. 그것이야말로 삶의 참된 항해법입니다.

**후집 134**
釋氏隨緣, 吾儒素位。四字是渡海的浮囊。蓋世路茫茫, 一念求全, 則萬緖紛起。隨寓而安, 則無入不得矣。
불가에서는 인연에 따르기를 말하고, 유가는 자신의 자리에서 본분을 지키는 것을 말합니다. 이는 인생이라는 큰 바다를 건너는 부력 있는 주머니와 같습니다. 세상 길은 아득하고, 모든 것을 다 가지려는 한 생각이 들면, 온갖 복잡한 욕망이 뒤얽힙니다. 그러나 주어진 곳에서 편안함을 찾으면, 들어가지 못할 곳이 없습니다.

에필로그

## 마음을 비우고, 세상을 비추며, 자연과 하나 되다

마흔 이후의 인생은 앞만 보고 달리던 여정을 잠시 멈추고, 천천히 뒤를 돌아보는 시간입니다. 마치 『채근담』 후집이 그렇듯이 말입니다. 『채근담』의 진짜 알맹이는 오히려 후집(이 책의 PART 5~7)에 담긴 고요하지만 단단한 울림 속에 숨어 있습니다.

세속의 번잡한 일들을 잠시 내려놓는 연습을 통해 우리는 삶의 여백을 배우게 됩니다. 백지 같은 마음 위에 다시 삶을 새기는 것, 그것이야말로 진정한 마음공부의 시작입니다. 더 가지려는 욕망이 줄어들수록 삶은 가벼워지고, 더 놓으려는 마음이 자랄수록 인생은 단단해집니다.

그다음으로 찾아오는 깨달음은 세상을 멀리서 조용히 바라보는 눈입니다. '속세의 열기'가 아니라 '관조의 시선'으로 인생을 들여다보게 됩니다. 타인의 시선이나 명예, 분주한 세상의 흐름이 아닌 자신만의 속도로 천천히 흘러가는 시간을 살아야 함을 깨닫습니다. 그 거리를 두는 눈길 속에 본질을 꿰뚫는 힘이 숨어 있는 것입니다.

그리고 마침내 우리는 자연과 하나 됩니다. 달빛 속에서 홀로 깨어 있고, 밤바람에 마음을 식히며, 흐르는 물소리에서 도(道)의 숨결을 듣습니다.

그곳에서 인간은 더 이상 가르치려 하지 않고, 배우려 애쓰지 않으며, 자연스럽게 스며드는 삶의 리듬 속에서 존재 자체로 살아갑니다.

이 책을 끝까지 함께한 당신은 이미 이 모든 여정을 같이 걸어온 독자입니다. 이제 남은 것은 단 하나, 책을 덮은 후의 삶에서 이 지혜를 조용히 실천해내는 일뿐입니다.

당신의 하루하루가 고요하고 단단한 『채근담』의 한 구절처럼 피어나기를 바랍니다.

무너지지 않는 마음공부

# 고요하고 단단하게, 채근담

초판 1쇄 발행 2025년 8월 25일
2쇄 발행 2025년 10월 1일

지은이 | **홍자성**
엮은이 | **최영환**
기획 편집 총괄 | **호혜정**
편집 | **최서윤**
기획 | **김민아**
디자인 | **이선영**
교정교열 | **김가영 최민아**
마케팅 | **이지영 김경민**
펴낸곳 | **리텍 콘텐츠**
주소 | 서울시 용산구 원효로 162 세원빌딩 606호
이메일 | ritec1@naver.com
홈페이지 | http://www.ritec.co.kr
ISBN | 979-11-86151-79-2 (03100)

- 잘못된 책은 서점에서 바꾸어 드립니다.
- 책값은 뒤표지에 있습니다.
- 이 책의 내용을 재사용하려면 사전에 저작권자와 리텍콘텐츠의 동의를 받아야 합니다. 책의 내용을 재편집 또는 강의용 교재로 만들어서 사용할 시 민형사상의 책임을 물을 수 있습니다.

상상력과 참신한 열정이 담긴 원고를 보내주세요. 책으로 만들어 드립니다.
원고투고: ritec1@naver.com